JN485645

충북대학교 인문사회 연구총서

이효석의 서정미학

삶과 문학, 그리고 단편소설

CBNU PRESS

목차

저자 서문

작가 이효석은 행복했던 작가라고 생각해 본다. 작가 개인적으로는 자기가 하고 싶은 것을 하면서 살다가 간 사람이기 때문이라는 점과 구한말의 끝자락에 태어나 식민지 시대만을 살았기 때문에 해방과 전쟁으로 이어지는 역사의 격변기를 겪지 않아 이념적 제약과 관련된 일들을 겪지 않았다는 점에서 행복했을 것이다. 그리고 이효석은 불행한 작가였을 수도 있다고 생각해 본다. 일찍 상처하고 비교적 젊은 시절에 유명을 달리했다는 개인적 차원에서 작가 자신의 문학 세계를 충분하게 펼쳐 보이지 못했다는 점에서 그렇고, 독립된 조국의 시민으로는 단 하루도 살지 못했고 식민지 피지배 계층으로만 살았다는 점에서 그렇다. 물론 한 작가의 행복과 불행에 대해 지금의 입장에서 재단할 수는 없지만, 필자가 이효석의 삶과 문학을 정리하면서 결론적으로 말하면 그의 삶과 문학은 양극을 오락가락했었고, 그의 문학에 대한 평가 역시 왔다 갔나 했다고 생각해 본다.

필자가 작가 이효석의 소설을 처음 접한 것은 중고등학교 시절 집에 있던 단편문학 전집에서 그의 대표작으로 일컬어지는 일련의 작품으로 기억된다. 지금 생각하면 1960년대에 나온 텍스트로 〈모밀꽃 필무렵〉이라는 작품이 아닌가 한다. 그리고 대학에 들어와서 정한모 선생님의 강의, 아마도 2학년 시절 현대문학 강독 시간에 이효석의 작품을 읽으면서 관심을 가지고 시험 보고 리포트를 내던 기억이 새롭다. 그리고 1980년대 중후반에 대학원에 다니면서는 이효석 초기의 동반자적 경향의 작품을 읽었지만, 이것이 나의 연구 대상이 될 것이라고는 생각하지는 못했다. 그리고 석사 논문을 준비하면서 이태준의 단편 소설을 논문의 주제로 삼으면서까지도 효석문학이 나를 이렇게 괴롭힐 줄을 몰랐다. 그리고 육사에서 교관 생활을 하면서 이태준을 비롯한 1930년대 단편 소설 중에서 서정적인 면모를 보이는 일련의 작품을 대상으로 작업을 시작하기 시작했다. 그 결과 "서정적 단편 소설"과 관련하여 박사 논문을 제출하고, 지방의 대학에서 자리를 잡고 이효석의 문학에 대한 몇 편의 논문을 쓰게 되었다. 그러면서 이효석의 삶과 문학에 대한 생각을 정리하여 글을 써야겠다는 생각을 하고 있었다. 그러던 중 서울의 모 출판사에서 이효석 평전에 대한 제안을 받고 떠듬떠듬 평전 준비를 하던 중에 이런 저런 이유로 무산되고 말았다. 그리고 또 몇 년이 흘러 학교에서 인문학 총서 계획 소식을 듣고 출판 계획서를 제출하게 되었다. 그 계획서가 채택되어서 이번에 학교 출판부에서 책을 내게 되었다. 쓰고는 싶었지만 출판부에서 원고 마감의 기한이 걸려서 쓰는 것이 어찌 됐든 나에게 큰 고역이었다. 애초에 계획서는 "이효석 단편소설의 서정 미학"이라는 제목이었는데, 책을 집필하는 과정에서 제목과 내용이 다소 수정되어 현재의 모습이 되었다.

처음 한국의 현대 문학 그중에서도 현대 소설에 대해 관심을 두고 식민지 시대와 분단 이후의 소설 작품을 읽기 시작 무렵인 1980년대 한국 문학에 대한 학계의 관심은 리얼리즘과 관련된 것이었다. 1989년의 월북 작가에 대한 해금이 되기 전에 분단 시대의 극적 대립과 그 극복이라는 과제가 이념적 제약 속에서 일정한 한계를 보이는 시대에 소설에 있어서 리얼리즘의 문제는 당대의 연구자들에게 한국의 현대문학의 가장 주요한 과제였다. 그러나 1990년대에 들어서면서 쏘련의 몰락과 동구권에 있어서 사회주의 정권의 붕괴는 한국 현대 문학을 새롭게 보는 시각을 요구하게 되었다. 분단 시대가 지속되는 현재 한국적 상황 속에서 문학 특히 현대

소설을 어떻게 읽고 연구할 것인가 지금 필자의 주요 관심사이다. 어떻게 보면 소설을 시대 상황과 결별시키고 작품 자체의 미학적 관점에서만 접근하는 것이 순수하게 학문적으로 의미있는 작업일 수도 있을 것이다. 그러나 이러한 형식미학적 관점은 문학의 매체인 언어의 특성중의 하나인 사회적 성격을 의도적으로 외면한 작업이기 때문에 일정한 한계를 지닐 것으로 생각된다. 필자는 사회적 상황물인 소설을 작가와 관련하여 설명하는 것이 좋을 것으로 생각하고 있다. 이글은 이러한 생각에서 시작하였다. 2011년 현재의 입장에서 이효석의 문학과 삶을 정리하고자 노력하였다. 그러나 필자의 우둔한 머리와 느려터진 행동력, 그리고 민감하지 못한 문학적 센스 때문에 이 정도에서 만족하고 책을 출판하기로 하였다. 이 책에서의 부족한 점은 이러한 필자의 능력과 결부시켜 이해해 주기를 바란다.

그럼에도 불구하고 지금까지 내가 있기까지 그리고 변변치 못한 책이 나오기까지 주변의 도움에 감사하고 싶다. 우선 부천의 집과 청주의 연구실을 오르락 내리락 하면서 집안 일에 노움을 주지 못하는 남편을 싫은 내색하지 않고 살림, 그리고 자기의 일을 묵묵히 하고 있는 내 아내와 학교 생활을 별탈 없이 해내고 씩씩하게 자기 일에 열심인 규희와 규진이 두딸에게 감사와 사랑의 말을 하고 싶다. 그리고 어줍지 않은 내용의 글을 다듬어서 책으로 만들어 준 대학 출판부장님과 편집을 맡았던 쪽에게도 감사의 말을 전하고 싶다.

2011년 여름

청주 연구실에서 저자

제1장
이효석과 그의 시대

1. 프롤로그

이효석의 소설을 처음 접한 것은 필자가 1970년대 중반 중학교를 다니면서 집에 있던 단편 문학 전집에서 실린 〈모밀꽃 필 무렵〉이라는 작품을 읽은 것이다. 이 작품은 필자가 어린 시절을 보낸 강원도의 춘천 근처에서 흔하게 보던 장날의 풍경 묘사로 시작한다. 그 당시 독서의 기억은 소설이란 무엇인가에 대한 막연한 생각에 대한 문제제기 정도였을 것이다. 그리고 고등학교 시절에 입시를 위한 공부에 찌들어 있던 나에게 〈메밀꽃 필 무렵〉은 소설답지 못한 시적인 세계를 그려내는 것으로 보였다. 대학을 다니면서 다시 읽었을 때, 이 작품에서 작가는 주인공이 봉평장에서 대화장이라는 다음 장터로 가면서 그려지는 무더운 여름날의 풍경과 그 속에서 살아가는 장돌뱅이들의 애환을 그려내고 있는 것으로 생각 하였다. 그리고 본격적으로 이효석의 작품을 주의 깊게 읽고 분석을 하게 된 것은 대학원을 졸업하고 육군사관학교에서 교관 생활을 할 때에, 석사학위 논문을 쓰면서 이태준의 소설에서 보이는 단편소설의 서정적인 면모와 관련하여 이효석의 소설 작품을 대하면서 부터였다.

그리고 필자가 이효석의 작품 세계에 대해 다시 생각하게 된 것은 모교에서 조교로 근무하였던 시기로 기억된다. 당시에 국문과의 현대문학 선생님들, 학부 학생들, 그리고 대학원생들과 봉평에 답사를 가게 되었다. 낮의 더위를 피해 한밤에 봉평에서 대화로 가는 길을 직접 걸으면서 본격적으로 이효석의 〈메밀꽃 필 무렵〉의 공간적 배경을 몸소 체험하게 된 것이 중요한 계기가 되었던 것 같다.

몇 년 뒤 박사 논문을 작성하면서 이효석의 소설을 연대기적으로 점검하면서 서정적 단편소설이라는 이론의 틀 속에서 이효석의 단편 작품에 대한 거칠은 분석을 시도하였으며, 이것이 〈한국현대서정소설론〉이라는 이름으로 하여 일단락되었다. 그러면서 이효석에 대한 작가론적 차원의 연구 작업이 필요한 것이 나의 뇌리에서 떠나지 않았다. 그러던 중에 모 출판사에서 이효석의 평전과 관련된 제의가 들어왔고, 초고를 썼지만 출판사와의 연락이 유야무야되고, 충북대학교의 인문학 연구 총서에 지원하여 원고를 다시 점검하면서 새롭게 이효석의 단편소설의 서정미학과 관련하여 전집을 사서 꼼꼼히 살펴보면서 작업을 시작하기 시작하였다. 그러면서 제일 먼저 떠오른 것은 이효석의 전기를 재구성하는 것이었다. 그리고 이어 그의 소설 세계를 검토하는 것이었으며, 마지막으로 그의 문학 예술론과 소설 창작론을 검토하는 것이었다. 그리고 부록에서는 첫째로 이효석 문학에 연구에 대한 검토와 관련하여 지금까지의 논의 과정 속에서 전환점을 마련한 평문을 제시하고, 둘째로는 앞에서 언급한 전기를 중심으로 년표를 작성하였고, 자료와 연구 목록을 제시하기로 하겠다.

단편소설이 그릴 수 있는 문학 세계가 과연 무엇일까? 필자 생각에 단편 소설이 그려내고 있는 세계는 크게 보아 두 가지 문제와 관련된다고 할 수 있다. 첫 번째는 단편소설의 장르적 특징과 관련된 것이다. 이것은 작가가 당대 상황에서 가장 문제시되는 중요한 것에 대해 직감적으로 다룸으로써 작가가 보여주는 문제의 해결 방식을 통해 문제점을 독자에게 던져준다는 것이다. 그리고 두 번째는 문학작품을 통해 독자가 정서적 정화작용을 체험하게 하는 것이다.

이효석의 단편소설의 작품 경향은 첫 번째에서 출발하여 마지막으로 두 번째의 작품 세계로 기울어 갔다. 그런데 어느 것이 이효석다운 것이냐 하면 두 번째의 작품 경향과 관련된 것이라고 생각된다. 특히 21세기 한국의 산업화된 현재의 상황에서 독자들에게 보여주고 있는 이효석의 단편소설의 작품 세계는 후자와 관련하여 더욱 중요하다고 할 수 있다. 현재의 입장에서 보면 그의 단편소설은 심각한 주제의식을 제기하는 것이 아니라 서정적 감수성을 환기시키는 분위기와 관련된 것이 그의 소설의 본질에 가까운 것이라고 하겠다. 그러므로 이효석의 단편소설은 단편소설의 본질의 어느 한쪽만을 지나치게 강조한 것이라고 할 수 있다. 이것은 우리 문학에 대한 연구사적 맥락에서 보면 한국전쟁에서 기원한 분단 상황 속에서 1930년대 작가들의 이념적 지향이나 굴곡 많은 한국의 현대사를 살았던 작가들의 운명과 연관된 부분이라고 하겠다. 즉 1930년대의 활동하던 많은 작가들이 해방이후 한국의 현대사 속에서 좌익과 연관되어 이념적이거나 대사회적 비판 의식을 보였고, 이들이 분단 초기의 이념적 제한에서 작품이 일부분에 국한되어 읽히고 연구되있다는 문학사적 맥락에서 이효석은 해방 이전에 유명을 달리하여 비교적 접근이 용이하였다는 것과 관련된 것이다. 이는 김유정 소설에 대한 접근이 전후의 연구사가 집중된 것과 일맥상통한 부분이기도 하다.

2. 시대적 배경 – 식민지 조선의 정치 · 사회 · 문화적 상황

작가 이효석(李孝石)의 아호(雅號)는 가산(可山)이며, 필명은 아세아(亞細兒), 효석(曉晳)이다. 그는 1907년에 태어나서 1942년에 사망하였다. 한반도가 일본에 의한 식민지로 되어가기 직전에 태어나서 해방 직전에 죽은 것이다. 즉 이효석은 일제에 의한 식민지 지배 체제 속에서 살다가 죽은 것이다. 우리는 이렇게 그가 살았던 시대가 일제 식민지 치하로 식민지 조선의 정치 사회적 배경이라는 사실을 기억하여야 할 것이다. 이효석의 삶을 이해하려고 한다면, 우리는 그가 살았던 정치 사회적 배경이 제공하는 문화사적 틀을 정확하게 인식하여야 한다. 이러한 의미에서 작가 이효석을 이해하는 데 있어서 식민지 조선의 여러 가지 특징을 아는 것이 선결과제라고 생각한다.

그러면 식민지 조선의 정치적 특징을 이해하기 위해서는 일제의 식민지 정책의 변화와 그로부터 야기된 사회 문화적 양상을 이해하는 것이 가장 중요하다. 주지하다시피 일본은 19세기 중반에 개항을 시작하였다. 소위 메이지 유신을 통해 개항을 하고 근대적 개혁을 통해 산업화의 과정을 겪었고, 급속한 자본주의화 과정을 이루어 갔다. 이 과정에서 쇄국 정책을 고집하던 조선을 일본 자신의 경험을 조선에 적용하여 1876년 개항시켰다. 그리고 조선을 둘러싸고 식민지화하려던 여러 나라들을 하나 하나 제거(?)하고 조선을 식민지화하는 과정을 이루어 내었다. 영국과는 영일 조약을 통해서 미국과는 카스라테프트 밀약을 통해 조선에 대한 일본 자신의 야욕을 이루었고, 중국과는 중일 전쟁에서 승리하여 조선에 대한 영향력을 키워 왔고, 이어서 러시아와는 러일 전쟁을 통해 조선에 대한 패권을 차지하게 되어 1910년에는 한반도를 자신의 식민지화하는데 성공하였다.

그리고 일본은 식민지화된 조선에 대해서는 헌병 경찰제도를 확립하여 한반도에 대한 무력적 지배를 시작하였다. 이러한 일제의 무력에 의한 정치적 지배는 한반도의 영구적이고 완전한 장악을 위해 치안 조직에 역점을 두고 있는데, 이는 한반도 내의 치안 조직 최고 책임자를 일본군 헌병 사령관이 겸직하고 있으며, 각도의 경무부장 역시 이에 준하고 있음에서 확인할 수 있다. 그리고 한일합방 당시에 한반도에 설치되어 있었던 헌병 분주소가 1,642개에 달했는데, 1910년 한반도의 행정 구역이 220개 군, 2,517면이라는 사실에 비추어 보면 일제의 총독 정치의 실상을 확인 할 수 있는 것이다. 이러한 수적인 면과 더불어 당시 헌병이 떠맡은 임무를 살펴보면 당시의 정치적 상황을 짐작할 수 있다. 그 임무란 첩보의 수집, 폭도의 토벌은 물론 범죄의 직결에서 당시의 헌병 장교와 하사관이 검사 직무대리 역할을 하였으며, 법령의 보급, 납세의 권고 등 총 29개의 항목에 걸쳐 있다는 사실에서 가히 짐작할 수 있다[1]. 이는 당시 우리 민족 전원에 대해 일거수 일투족도 놓치지 않고 헌병이 감시, 규제, 취체, 처벌할 수 있음을 의미하는 것이다.

그리고 위에서 말한 정치적 사회적 여건과 더불어 지적하지 않을 수 없는 것이 경제적 상황이었다. 한일 합방 이전에 동양척식 회사를 설립하고 운용하면서 농토와 자원을 포함한 경제력에 대해 수탈하기 시작한 일제는 합방을 계기로 회사령, 토지조사, 임야조사를 실시하게 되는데, 한반도 내의 모든 기업 활동을 회사령을 통해 일제의 손아귀에 넣었고, 토지와 임업 조사령을 근거로 하여 일제의 강력한 행정력과 경찰력의 도움을 받아 한반도 내의 경지와 임야들을 조사하여 일본 이주민에게 불하하여 침탈하여 간 것이다. 이는 일본이 한국에 근대적 제도를 확립한 것이 자신의 지배의 편리를 위한 것이다.

이러한 정치적 폭압 속에서 출판을 포함한 언론에 대한 규제는 합방 이전부터 여전히 전개 되었다. 통감부 시절인 1907년 신문지법

---

1) 山邊健太郎, 『日本 統治下의 朝鮮』(岩波新書, 1979), 17쪽.(김용직, 『韓國近代詩史』(새문사, 1982), 121-2.에서 재인용)

을 1909년에 출판법을 통해 언론과 출판에 있어서 사전 검열을 공식적으로 규정하고 있었던 것이다. 그리고 일제는 조선의 민중을 효율적으로 지배하기 위한 교육제도를 만들어 간 것이다. 이는 합방 이듬해 일제가 제정 공포한 〈朝鮮教育令〉에서 확인된다. 이 법령은 전문이 30개조로 이루어져 있는데, 그 내용의 핵심은 2조에 단적으로 드러난다. "교육은 교육에 관한 칙령에 입각하여 충량한 국민을 육성하는 것을 본의로 한다"라는 조문으로, 여기서 '충량한 국민'이란 그들의 천황에게 충성하는 사람들을 이르는 것으로 한반도에서 실시한 일제의 교육의 근본의도가 우리 민족의 정신적 말소와 그에 대체하는 괴뢰의 양성에 있음을 의미하는 것이다.

그리고 이러한 식민지 조선에 대한 일제에 의해 기획된 교육 제도에 대해 간략하게 살펴 볼 필요가 있다. 기본적으로 일본의 교육 제도는 5-5-3-3의 소학교-중학교-고등학교-대학교가 근간을 이루고 있었다. 이에 비해 1920년대 중반에 경성제국대학을 만들기 전까지 식민지 조선의 공식적 교육은 대학이 존재하지 않았으며, 5-5의 소학교와 중학교를 기반으로 기존에 있었던 사립 전문학교와 일제의 필요에 의해 직업인 양성 기관으로서 2-3년의 공립의 전문학교만 존재하였다. 즉 일제는 식민지 조선에 보통 교육 기관으로 "국민학교"로서 소학교를 만들어 그들의 식민지 정책에 순종하는 "보통의 사람"을 창출하려고 하였다. 그리고 이러한 보통의 인간형은 일제가 만들어낸 학교 제도에서 찾을 수 있다. 일제는 그들의 필요에 의하여 식민지 조선에 소학교, 고등보통학교, 그리고 전문학교만을 만들었다. 그러나 식민지 조선에서 일본의 이러한 교육 정책에 대한 반발로 시작하여 고등교육 기관을 만들려는 민립 대학교 설립 운동이 일어나자, 이러한 운동에 대한 반응으로 1925년에 이르러서야 식민지 조선에 대한 지배를 확고히 하기 위한 필요에 의해 경성 제국대학을 만들기에 이른다. 그러나 이것 역시 식민지 지배의 효율성 제고를 위한 도구에 불과한 것이었다.

이제 일제의 식민지 지배의 변화 양상을 간략히 살펴보는 것으로 이효석이 삶을 영위했던 시대와 사회의 배경에 대한 논의를 일단락하기로 하자. 일제 식민지 시기를 거칠게 시기 구분하면 무단 통치기(1910-1920), 문화 정치기(1921-1930), 만주 사변에서 군국주의화의 시기(1931-1941), 암흑기(1941-1945)로 나누어 볼 수 있다. 그리고 이 시기에 일본의 천황은 明治(1868-1912), 大正(1912-1926), 小和(1926-1989)였다. 먼저 무단 통치기는 한일 합방이 이루어 졌던 1910년에서 기미 삼일 만세 사건 이후 표면적으로나마 문화 정치를 표방하기 시작한 1920년을 전후로 한 시기이다. 이 시기는 앞에서 말한 헌병 경찰 제도를 통한 강압적 통치 기간으로 식민지 통치를 위한 각종의 근대적 제도를 강압적으로 구비하였던 시기라고 할 수 있다.

그리고 소위 문화 정치기라고 할 수 있는 두 번째 식민지 시기는 삼일 만세 사건을 계기로 문화적 억압을 풀음으로 해서 각종의 문화 활동이 활발하게 전개되었던 시기로 1920년대로 일괄할 수 있다. 일본에 있어서 대정 데모크라시의 여파가 한반도에 영향이 전래되었고, 삼일만세사건의 영향으로 일제가 기존의 무단 통치기에 보여준 행태가 다소 누그러진 시기라고 할 수 있다. 그러나 실제 저변에는 사회주의 사상이 지식인들에게는 상당한 영향력을 발휘하였던 시기라고 할 수 있다.

그러나 1931년 만주 사변을 계기로 일본은 군국주의적 파시즘의 시기로 접어들면서 대외적으로 중국에 대한 침략이 노골화되고 내부적으로는 천황제를 강화하면서 군국주의를 강화하면서 정치적으로는 사상적 탄압이 행해지기 시작한 시기라고 할 수 있다. 이를 통해 식민지 조선에 대해서는 기존의 원료 공급지에서 벗어나 병참 기지화를 추가적으로 시행하면서 각종의 광업과 공업에 있어서의 개발을 추진하여 식민지 조선에 대해 억압과 착취를 가속화하였던 시기이다.

그리고 마지막 시기인 소위 일제 암흑기로 일컬어지는 일제 말기는 하와이의 진주만 사건을 계기로 미국을 상대로 제2차 세계 대전을 감행하면서 동남아와 태평양으로 전선이 확대되었던 시기이다. 이 시기를 일제 말기의 암흑기라고 하는 이유는 창씨 개명과 조선어 사용에 대한 전면적인 탄압이 행해지면서 일제가 한반도에 대한 폭압과 탄압이 전면적으로 이루지면서 조선민을 전쟁에 총동원했던 시기이기 때문이다.

지금까지 우리는 작가 이효석이 살았던 시대적 배경으로서 식민지 조선의 정치 문화적 기반의 성격과 특징에 대해 검토하였다. 그런데 우리가 이효석의 작가적 특징을 이해하고자 할 경우, 먼저 이효석의 개인적 교육적 이력을 먼저 간략하게 살펴 볼 필요가 있다. 먼저 그의 학력 사항을 참고하면 다음과 같다. 그는 1920년 평창 공립 보통학교를 졸업하고 경성 제일 중학교(현재 경기고등학교의 전신)를 거쳐, 1925년 경성 제국대학(일제시대 유일한 정규 대학) 예과에 입학하여 1930년에 법문학부 영문과를 졸업하기에 이른다. 이 당시 이효석이 다닌 경성 제국 대학의 분위기는 사회주의 사상이 팽배해 있었다. 이러한 사실과 직접적으로 관련되어 있었으며, 대학을 다니면서 당대의 조류에 휩쓸려 경향적 작품을 다수 발표하여 나름대로 문명(文名)을 얻었다. 이러한 사실은 그의 문학 행위가 당대 조선의 문단 중심에 위치하고 있음을 웅변적으로 보여 주고 있다. 그러므로 어떠한 의미에서든지 작가 이효석은 당대의 최고 학벌을 소유한 인텔리였다.

우리는 그의 이력에서 다소 특이한 경력 하나를 인식하여야 할 것이다. 그것은 그가 총독부 경무국의 검열계에 잠깐 근무하였다는 사실이다. 이곳에서 하는 일은 당시에 출판되는 잡지나 신문에서 불온한 내용(일제 식민지 체제를 부정하는 일체의 내용)을 찾아서 내용을 지적하여 내용을 바꾸거나 삭제할 것을 요구하는 것이다. 물론 작가 이효석은 잠깐 동안 일을 하다가 이 자리를 그만 두고 전문학교에서 영어를 가르치는 일을 하였지만, 이는 그의 이력에서 그가 처해 있는 사회적 위치를 드러내 보여 주고 있다. 이 시기 일제는 1931년 만주 사변을 일으키고 사상적 탄압을 행하기에 이른다. 작가 이효석에게 있어서 새로운 도피가 필요한 시기가 되었다.

그리고 그는 1932년 부인의 고향인 함경북도 경성(鏡城)의 경성농업학교에서 영어 선생을 하였고, 바로 평양에 와서 숭실전문학교에서 영어 선생을 한다. 그런데 일제가 민족주의적 색채가 강한 숭실전문학교에 대한 폐교 조치를 1938년에 행함에 따라 교수직을 사퇴하기에 이른다. 그리고 대동전문학교에서 영어를 가르치다가 1942년 결핵성 뇌막염으로 사망하였다. 35년 3개월이라는 짧은 생애를 살다 간 나날은 일제에 의한 우리 민족의 식민지 경험과 거의 동일하다.

3. 작가의 문학적 삶

1) 출생과 학창 시절

이효석은 1907년 2월 23일 강원도 평창군 봉평면 창동리 남안동 68번지에서 태어났다[2]. 그의 부친 이시후(李始厚)에게 이효석은 매우 오래 기다려온 귀한 아들이었다. 1882년 6월 20일에 태어난 이시

2) 그의 출생지에 대해서는 이상옥(『이효석-문학과 생애』(민음사, 1992))에서는 호적과 경성제일고등보통학교의 학적부와 경성제국대학교 본과의 학적부를 조사하여 정리한 것임을 밝힌다. 그러나 그의 전집에서는 그의 딸 이나미여사의 주장으로 1927년 본적에 나온 하진부리 197번지라고 밝히고 있다.(이효석, 『이효석전집8』(창미사, 1983), p.281.) 【이하 전집으로 약칭하고 인용면만 표기하기로 한다】

후는 함경도 출신으로 난을 피하여 봉평에 정착하여 첫 번째 아들을 얻은 것으로 되어 있다. 그의 첫딸인 이나미(李奈美)의 주장에 의하면 충주 출신의 생모가 이효석이 다섯 살 되던 해인 1911년 죽었다고 한다. 그리고 계모인 강효경이 부친인 이시후의 부인이 되었다. 이효석을 100여리나 되는 40키로 떨어진 평창읍의 평창 초등학교에 입학시켜 6년간 하숙을 시킨 것으로 보아 계모와의 관계는 그리 돈독하지 않았던 것으로 추정된다. 그리고 이효석은 평창 읍내의 "평창국민학교"에 이어 중등교육과 대학교육을 위해 서울로 유학을 하였으니 사실상 작가에게 있어서 고향 봉평은 실제적인 추억의 대상이라고 보기에는 어려움이 있다. 즉 이효석은 중등교육을 받기 시작하면서 사실상 강원도에 발길을 끊다시피 한 것으로 알려져 있다. 중학 시절과 대학 시절을 통해 이효석과 각별한 친분 관계를 유지한 유진오는 훗날 이나미에게 이효석이 학창 시절에 한번도 강원도 고향으로 자기를 데리고 가지 않은 것을 이상하게 여겼다라는 말을 종종했다고 한다. 그리고 함경북도 경성에서 결혼을 할 때에도 부친만 올라왔을 뿐 계모는 따라오지 않았다고 한다. 계모인 강홍경이 이효석의 유자녀에게 처음 모습을 보인 것은 이효석이 죽은 다음이었다. 평양에서 1940년 모친을 잃고 1942년 부친마저 여읜 후 당시 열한살이던 장녀 이나미는 함경북도 경성에 있는 외가에 가서 1948년까지 머물렀고 여덟 살이던 차녀 유미와 여섯 살이던 우현은 친할아버지가 살고 있던 평창으로 내려왔는데 이 때 처음으로 할머니를 보았다고 한다.

이효석은 1910년 부친을 따라 서울로 가기까지 약 3년 봉평에서 살았다. 잠시 서울에 살다가 이효석이 1912년 다시 봉평으로 내려온 후에 보통학교에 입학하기까지 서당에 다닌 것으로 알려져 있다. 그는 체구가 작았으나 귀가 유난히 컸기 때문에 '귀대장'으로 불렸으며, 동네 어른들에게는 재주꾼으로 통하였다. 이 당시 봉평에서의 생활에서 그는 〈메밀꽃필무렵〉 창작의 결정적 단서를 얻은 것으로 되어 있다. 그 단서란 서당 근처에 충주집이라는 주막이 있었다는 것, 이 주막에 드팀전을 벌이던 "곰보영감"이라는 장돌뱅이가 드나들면서 주인 송씨와 통정하였으며 그 영감의 성씨가 허씨였다는 사실, 그리고 그의 집과 가까이 지내던 성씨 일가가 있었으며 나중에 그 집의 옥분이라는 딸이 허씨와 물방앗간에서 인연을 맺은 일이 있었다는 소문이 있었으며, 그 후에 성씨 일가가 충북 제천으로 이주하였다는 사실 등이다. 이것이 〈메밀꽃 필 무렵〉이라는 단편 소설의 모티브가 되었다.

1914년 창동리에서 백여리(40km) 떨어진 평창읍내의 평창고등보통학교에 입학한 이효석은 1920년 이 학교를 졸업하기까지 하숙생활을 하였다. 이 시절 작가 이효석의 기억은 그의 단편 소설 〈석류〉에서 부분적으로 찾아 볼 수 있다.

이효석의 어린 시절은 모친과 결부된 위의 사실과 결부될 경우 상모증(喪母症) 혹은 고아의식(孤兒意識) 같은 정신적 결손이 그의 작품에 드러나는 인간혐오증이나 이기주의적인 탐미의 습성과 직결될 수 있지나 않은지 등의 문제를 제기할 수 있을 것으로 생각된다. 그러나 이러한 정신분석학적 과제는 보다 면밀한 논의가 이루어 질 수도 있을 것으로 여겨진다. 그러나 이러한 접근은 그의 작품 중에서 〈메밀꽃 필 무렵〉 이외에는 별다른 작품이 없어서 부분적일 수 밖에 없다는 점을 지적하고 싶다.

1920년 3월 25일 평창 공립 보통학교를 졸업한 이효석은 무시험 전형을 거쳐 경성제일고등보통학교에 입학하였는데, 이 학교가 해방 이후 경기고등학교로 이름이 바뀌었다. 처음에 그는 종로구 수송동 89번지에서 하숙을 하였는데, 이 집은 부친인 이시후의 친구인 이우

경의 집이었다. 그리고 2학년에서 3학년까지의 2년간은 그가 학교 기숙사에 머문 것으로 되어있다. 그의 고보시절 학업 성적은 늘 우수하였다. 학적부에 의하면 1학년 때에는 학년 석차가 172명 중 4위였고, 2학년 석차는 143명 중 4위, 3학년 때에는 133명 중 8위, 4학년 때는 83명 중 3위, 5학년 때는 78명 중 3위였다. 성적 평균은 85점대를 유지하고 영어와 역사 성적이 일관되게 좋은 편이었다. 그리고 1925년 제21회 졸업식장에서 그는 우등상을 받았고, 이 사실은 《동아일보》에 그의 사진과 함께 보도되기도 하였다.

제일고보를 졸업한 이효석은 그 해에 경성제국대학 예과로 진학하였다. 그가 택한 계열은 문과 A반, 즉 법학계열이었다. 제일 고보 시절부터 이효석보다 한해 선배인 유진오에 의하면 예과 시절에 이효석은 조선인 예과생들의 모임인 문우회(文友會)에서 엮은 〈文友〉를 통해 습작품을 발표하는 한편 예과의 학생회 기관 〈淸凉〉에는 일어로 쓴 작품을 발표하기도 하였다. 예과 시절의 문학 작품의 발표는 본격적이라는 수식어를 붙이기는 다소 미흡하지만 창작 활동 중에서 비교적 본격적인 단편 소설은 1927년 2월에, 그러니까 그가 대학 본과에 진입하기 앞서 〈청년〉이라는 잡지에 실린 〈주리면 - 어떤 생활의 단편〉이다. 이 작품은 그의 인간관과 사회관 그리고 생활에서 아끼던 취향 등이 거의 이 단편 속에 들어 있기 때문이다. 구체적 작품은 이후 작품론에서 살피기로 한다.

1927년 4월 이효석은 경성제국대학 법문학부 문학부에 진입하면서 당시 명칭으로 '영길리어학영길리문학(英吉利語學英吉利文學)'인데 요사이 일반적으로 쓰이는 영어영문학을 전공하였다. 예과에서 문과 A반 과정을 마친 후에 법과에 진학하지 않고 영문학을 전공과목으로 택했다는 것은 일종의 방향전환이었지만 당시에는 크게 이례적인 것은 아니었다. 이 당시 그의 생활은 이효석보다 열한 살이나 연상이었으나 그와 동기생이었던 조선어를 전공한 국어학자인 일석 이희승의 증언을 통해 알 수 있다. 일석 선생의 증언에 따르면 동료 세 명과 더불어 자취를 하기도 하였으며, 은사인 일인 교수의 집에서 오랫동안 기거하였다든가, 관동팔경을 탐승하기도 하였다고 한다.

유진오에 의하면 영문학과에 다니던 이효석은 희곡작가인 싱과 예이츠 같은 아일랜드 작가의 작품을 애독했다고 한다. 그의 학부 졸업 논문이 극작가인 싱에 관한 것이라는 사실을 이와 밀접하게 관련되어 있음을 알게 한다. 이러한 아일랜드 문학에 관심을 가진 것은 본격적인 영국의 문학적 전통과는 달리 저항적인 경향과 관련이 있는 것이다. 그리고 그는 창작 활동을 병행하였다. 졸업하기 전 작가 이효석이 작품을 통해 당대 문단의 주목을 받기 시작한 것은 1928년 7월, 그러니까 그가 본과 2학년 여름에 〈朝鮮之光〉 7월에 〈都市와 幽靈〉을 발표하면서부터이다. 이 작품의 발표를 도와준 사람은 파인 김동환으로, 이후 계속해서 이효석을 도와주었다. 이렇게 해서 문단에 데뷔한 이효석은 1929년 단편 〈奇遇〉와 〈行進曲〉을 발표하는 한편 시나리오 〈火輪〉을 〈중외일보〉에 발표하면서 본격적인 창작활동에 뛰어들게 되었다.

이러한 이효석의 초기 작품들에 공통적으로 나타나는 것은 좌익 이념을 드러내는 것으로, 소위 동반자적 작품 경향(사회주의 사상에 동조하여 조직에 가입하지는 않지만 심정적으로 동조하는 작품을 창작하는 것을 동반자라고 한다)을 보여준다. 이는 이효석이 대학에 재학하던 1925년에서 1930년까지 우리나라 현대 문학사에 있어서 프롤레타리아 문학 운동이 최고조에 달했던 시기와 일치된다는 사실을 감안할 때 별로 놀라운 사실은 아니다. 즉 이 시기는 1925년 7월에 조선 프롤레타리아 예술 동맹 소위 KAPF가 결성되어 이 조직체 안팎으로 이론적 논쟁을 벌이며 세력을 펴나가다가 1931년 6월에 카프 맹원의 제1차 검거 사건을 고비로 퇴조하기까지의 시기와 겹치고 있기 때문에, 이효석의 사상적 행적이 카프 예술 운동의 전개 과정과 거의 일치하고 있다는 것은 어느 정도 당연하다. 어쨌든 이효석이 1930년 3월 경성제국대학 영문학과를 졸업하고 문학사가 되었을 때 그는 이미 문단에서 프롤레타리아 문학에 경도하고 있는 신진 작가로 꽤 이름이 알려져 있었다.

2) 본격적 문학 활동- 동반자적 작품 경향

대학을 졸업한 이효석은 작품 창작에 몰두하여 상당한 양의 단편 소설을 쏟아 냈다. 1930년의 〈깨뜨리는 紅燈〉을 시작으로 같은 해에 〈追憶〉, 〈上陸〉, 〈北國私信〉, 〈麻雀哲學〉, 〈弱齡記〉, 〈露領近海〉등을 발표하였다. 그리고 1931년에는 그간 발표한 작품들을 모아서 『露領近海』를 발간하였으며, 〈프레류드〉와 〈오리온과 林檎〉, 그리고 〈北國點景〉 등의 작품을 창작 발표하였다. 이러한 작품들은 이효석이 의도했던 사회주의에 대한 호의적인 태도와 관련된 동반자적 작가다운 면모를 보여주고 있다는 평가는 받고 있지만 작품 자체의 완결성과 어조에 있어서 미숙하고, 감상적이고 비분강개조의 어조를 보이고 있다. 즉 이 시기의 작품들은 사회주의에 대한 호의를 보이는 작가의 동반자적 의도와는 달리 그 단편 소설에는 그의 전 작품에 지속적으로 드러나는 이국정서(Exoticism)가 강하게 드러나고 있다.

한편 이효석이 대학을 졸업하고 난 직후에 일정한 직업이 없었기 때문에 가난한 생활을 해야만 했다. 이 무렵 작가로서의 인기가 상승하여 이효석의 작가적 위치는 1930년 여름에 《조선일보》에서 유진오, 방인근, 이기영 등과 함께 5대 작가 중의 한 사람으로 지칭되는 영광을 누릴 정도였다. 그러나 이러한 인기에도 불구하고 그의 경제적 상황은 작품을 통해 얻는 수입만으로는 생활을 유지하기 어려운 상태였다. 이 무렵 작가의 이러한 어려운 경제적 상황과 관련하여 이효석은 그의 생애 가운데 돌이킬 수 없는 오점을 남기게 된다. 이 오점이란 1931년 3월경에 경제적으로 극히 빈궁한 상태에 있던 그는 조선총독부 경무국 도서과장으로 있던 중학 시절의 은사인 쿠사오카 조오지(樵深 常治)를 찾아가 취직 알선을 부탁하게 되고, 쿠사오카가 그를 경무국 도서과 검열관으로 취직시켜 주었다는 사실이다. 이 취직은 그에게 일생일대의 실수라고 하겠다. 왜냐하면 이 무렵 우리나라의 지식인들, 특히 글을 써서 발표하는 작가들에게 있어서 경무국의 엄중한 감시와 검열을 받고 있기 때문에 이효석의 취직은 배반과 변절로 비춰질 수 밖에 없었다. 그래서 이효석은 취직을 한 지 얼마 되지 않아서 이갑기라는 카프계열의 청년을 길에서 만나 봉변을 당하게 된다. 이 봉변이란 광화문에서 이효석을 만난 이갑기라는 청년이 그를 보고 "너두 개가 다 됐구나" 하더라는 것이다. 이와 같은 욕설을 들은 심약한 이효석이 졸도를 하기에 이른 것이다. 이갑기라는 인물은 정치 만화가이면서 문학 평론을 한다는 인물로 카프 계열의 다른 문사들의 의견을 직설적으로 표현한 것으로 보아야 할 것이다.

이렇게 이갑기에게 봉변을 당한 후 이효석은 한 동안 사회적 지탄을 받으며 도덕적으로 고립에 빠진 채 침통한 생활을 해야만 했다. 그리고 검열계에 사표를 제출하고 이 일을 그만두게 되었다. 이를 계기로 이효석은 좌익 이념에서 탈피를 진지하게 생각하면서 새로운 창작 노선의 궤를 그리기 시작하였다. 이와 더불어 그는 서울생활을 정리하고 함경북도 경성으로 내려가 새로운 전기를 마련하기도 하였다.

3) 결혼과 중반 이후 작품세계

이효석은 1931년 7월 함경북도 경성 출신으로 일본인 학교인 나남공립고등보통학교를 졸업한 6년 연하의 이경원과 경성에서 결혼하였다. 그녀는 경성에서 널리 알려진 부유한 양반 토호 집안에서 부친을 일찍 여의고 모친 슬하에서 성장하여 고등여학교를 졸업하고 일본 유학을 꿈꾸고 있었으나 결혼으로 유학의 꿈을 접고 남편 이효석과의 결혼 생활을 영위하기에 이른 것이다. 서울 시내의 중심가라고 할 수 있는 수송동에서 검열관 취직 사건 이후 의기소침한 생활을 하던 이효석은 1932년에 부인의 고향인 함경북도 경성으로 내려가서 경성농업학교 영어 교사로 취임하면서 시골로 내려가게 되었다. 그의 경성으로의 이주는 자기가 서울에서 처해있던 답답한 형편으로부터 도피하자는 의도를 띠고 있다고 추측할 수 있게 하는 대목이다. 경성은 1906년 당시의 대한 제국이 13도로 나누어졌을 때 관찰사가 부임했던 곳이며 1923년 도청이 나남으로 옮겨가기까지 함경북도의 도청소재지였다. 그러므로 경성이란 도시는 도읍의 크기와는 관계없이 역사가 비교적 길고 유서가 깊은 고장이라고 할 수 있다.

이효석에게 경성 생활은 1934년 평양으로 이사하기 전까지 2년에 불과했다. 그러나 이 시기는 그에게 있어서 두 가지 면에서 주목을 끈다. 그 하나는 이 시기 그의 창작 의욕이 상당히 침체되어 있었다는 사실이다. 이 침체는 1931년 그가 이갑기에게 봉변을 당한 후부터 1933년 〈豚〉을 발표할 무렵까지 약 2년간 계속되었다. 이 기간에 그는 〈프레류드〉, 〈오리온과 林檎〉을 발표하였을 뿐 이렇다 할 만한 작품 활동을 하지 않았다. 그리고 나머지 하나는 이효석의 경성시절은 그의 창작 경향이 변화를 보이는 시기와 일치하고 있다는 점이다. 〈豚〉이라는 작품이 이 시기에 창작되었다는 사실에서도 명

시적으로 드러나거니와, 그는 이 기간에 작가 자신이 그간에 보여주었던 동반자 작가로서의 면모를 벗어나고 있었다. 이는 경성이라는 지역적 특성이 이효석의 작풍 변화와 이국정취 추구의 구체적 계기가 되었음을 의미하는 것이다. 특히 단편소설 〈오리온과 林檎〉, 〈가을의 서정〉, 그리고 미완성 장편 소설〈朱利耶〉는 1932년 3월에서 1933년 4월에 걸치는 기간에 씌어진 작품들로서 이효석이 조심스럽게 좌익이념으로부터의 탈출을 시작하고 있음을 보여 주고 있지만, 그가 앞으로 어떤 방향으로 창작해 나갈 것인가를 뚜렷이 가리키고 있지는 않았다.

이효석에게 있어서 새로운 창작 방향을 부각시킨다는 의미에서 각별한 흥미를 끌 수 있는 작품은 1933년 10월 《朝鮮文學》에 발표된 〈豚〉이다. 이 작품은 그동안 이효석이 꾸준히 보여 주던 좌익이념에 대한 관심이 전혀 드러나지 않고 있다. 그리고 이 작품은 이효석에게 있어서 긍정적이든 부정적이든 좌익이념을 전혀 내비치지 않고 있다는 면과 이후 창작의 방향을 뚜렷하게 나타내고 있다는 면에서 그 의미를 부여할 수 있다. 이 작품에서 수인공 식이는 자신의 개인적 체험의 폭을 자기가 키우고 있던 암퇘지가 종돈장(種豚場)에서 겪은 일과 결부 시키고 있다. 즉 동네 처녀에 대한 자신의 간절한 애정과 암퇘지가 겪은 일과 관련하여 소설화함으로써 작가 이효석이 이데올로기의 문맥을 벗어나 애욕의 문제를 소설의 중심에 놓기 시작하였다. 이런 의미에서 〈豚〉은 창작 방향이 일대 전환을 가리키는 획기적인 작품이라고 할 수 있다. 물론 이와 같은 좌익 이념으로부터의 전환이 그의 창작 속에서만 일어나고 있지는 않았다고 할 수 있다. 왜냐하면 경성 시절에 쓴 몇몇의 글에서도 그가 지향하는 문학의 단초가 있기 때문이다. 1933년 정초에 《조선일보》에 발표한 "소포클레스로부터 고리키까지"라는 글을 시작으로 1934년

2월 《조선일보》에 쓴 "낭만, 리얼 중간의 길"에 이미 이러한 특징이 드러난다. 즉 첫 번째 글에서는 좌익 이데올로기의 일원적 문예관을 부정하고 있으며, 두 번째 글에서는 이효석 자신이 전환기의 자기 성찰을 꾀하고 있음을 보여 주고 있다.

그리고 이러한 글들과 함께 주목할 부분이 있다. 이것은 그가 〈豚〉을 발표하기 직전에 "구인회(九人會)"라는 순수문학 단체에 창립회원으로 가입한 사실이다. 주지하는 바와 같이 구인회는 1933년 7월 결성된 문학 동호인들의 단체이다. 이 단체의 성격에 대하여는 여러 가지 견해가 있지만, 대체적으로는 다음의 회고에서 엿볼 수 있다.

> 〈구인회(九人會)〉란 처음에 모인 회원들이 이태준(李泰俊), 이효석(李孝石), 박태원(朴泰遠), 정지용(鄭芝溶), 김기림(金起林), 이무영(李無影), 이종명(李鍾鳴), 유치진(柳致眞), 김유영(金幽影) 등의 구(九)인이라는 데서 온 명칭인데 그 뒤에 이 구인회에는 이상(李箱), 조용만(趙容萬), 조벽암(趙碧巖) 등이 참가하였다. 이 구인회는 물론 종래의 프로 동맹과 같이 행동 강령이 있는 단체가 아니고 다만 "순연(純然)한 연구의 입장에서 상호의 작품을 비판하고 다독다작(多讀多作)을 목적으로 하고 문인적 사교 그루우프를 만든다"는데 그 목적을 둔 것이었다. 보는 바와 같이 이 구인회의 구성원은 이태준, 박태원, 정지용, 김기림 등과 그 뒤 이상을 더하여 당시 예술파적인 작가 또는 기교파적 시인으로 불려지던 문인들이다.(백철, 『한국신문발달사』, 박영사, 1975, 214쪽)

그러나 이효석은 구인회의 회원으로 오래 남아 있지 않았다. 그가 탈퇴한 시기는 정확하게 알 수는 없지만 1936년 간행된 《시와 소설》지의 편집 후기에 의하면 위에서 언급한 구인회의 회원 중에서 정지용, 이태준, 박태원, 이상의 이름만 보이고 박팔양, 김상용, 김유정, 김환태 등의 새 이름이 들어있다. 다만 이효석의 이름이 없는 이유를 우리는 추측할 수 있다. 그것은 아마도 이효석이 함경북도 경성이라는 벽지에서 교원 생활을 하다가 평양으로 옮겨 숭실전문학교 교수가 되어 친목 모임에 자주 참석할 수 없었다는 이유와 더불어 그의 성격상 단체적인 친목활동을 별로 즐기지 않았을지도 모른다는 등의 이유 때문일 것이다. 어떻든 이효석은 구인회라는 모임의 창립이념이나 활동 내용과는 하등의 관계가 없었다.

경성시절은 비교적 짧았지만 이효석에게 있어서 중요한 의미를 가진다. 우선 경성에서의 생활은 1920년 이후 고향을 떠나 도시 생활을 해온 그에게 자연과 자연의 변화에 대해 새삼스럽게 눈을 뜨게 해주었다. 그가 1930년대 중반에 경성에서의 생활을 주제로 해서 많은 산문들을 창작하고 있다는 것이 이를 증명해준다. 〈북위 42도〉, 〈6월에야 봄이 오는 북경성의 춘정〉이라든가 〈처녀 해변의 결혼〉, 〈산협의 가을〉에서 자연에 대한 정서와 러시아와 인접한 이국정서를 엿볼 수 있다.

1934년 이효석은 평양으로 옮겨 가서 창전리 48번지에서 살기 시작했다. 평양에 이주하여 숭실 전문학교에서 강의를 시작하였다. 처음에 강사자격으로 강의하다가 이후 전임교수로 발령받은 것으로 추정된다. 그런데 우리가 주목해야 할 것은 평양에서 왕성한 창작활동을 전개한 것이다. 이 시기에 창작된 작품으로 〈季節〉, 〈聖畵〉(이상 35년), 〈粉女〉, 〈산〉, 〈들〉, 〈人間散文〉, 〈고사리〉, 〈메밀꽃 필 무렵〉(이상 36년), 〈揷話〉, 〈개살구〉, 〈거리의 牧歌〉(이상 37년), 〈薔微 病들다〉, 〈附錄〉, 〈해바라기〉(이상 38년), 〈旅愁〉, 〈山精〉, 〈皇帝〉, 〈鄕愁〉(이상 39년), 〈碧空無限〉, 〈하르빈〉(이상 40년)을 들 수 있다. 그리고 그는 〈靑葡의 思想〉, 〈낙엽을 태우며〉 등의 수필을 이 당시에 창작하였다. 이러한 창작은 숭실전문학교라는 평양 최고의 학부의 교수로서 상당한 사회적 지위와 일정한 수입을 기반으로 가능하였으며, 장녀 나미와 차녀 유미, 장남 우현, 그리고 부인과 더불어 다섯 명의 가족이 창전리에서 단란하게 생활함으로써 얻어진 정신적 여유로움의 소산이라고 생각된다.

여기서 이효석 문학에 있어서 변화를 차분히 살펴볼 필요가 있다. 1928년 〈도시와 유령〉을 발표하면서 시작된 동반자 작가로서의 편력은 1937-8년경에 〈삽화〉와 〈장미 병들다〉 등을 창작하여 발표하면서 일단 마감하였다. 그의 창작 활동이 1942년 죽음을 통해 중단되었다고 한다면, 그의 창작 생활 15년 중에서 10년 가까운 작품 활동에서 보여주는 동반자 작가적 특징은 그의 문학에서 중요한 주제임에 분명하다. 이 경우 1933년부터 전원적 서정성과 도회적 일상성을 고민하는 과정이 바로 좌익 이념에 대한 고민과 직접적으로 관련된다. 이효석은 이러한 고민의 과정에서 이전부터 지속적으로 관심을 가진 "성(性)"이 창작의 방법론으로 작용한다. 이효석이 동반자적 작품 경향을 보이는 초기의 작품에서 성(性)을 문제 삼으면서 좌익이념을 용해시키려고 했다면, 1933년에 발표된 〈돈(豚)〉을 기점으로 성(性) 자체를 하나의 이데올로기로 받아들이다시피 하는 작품을 창작하기에 이른다. 특히 1936년에 창작된 〈산(山)〉, 〈粉女〉, 〈들〉, 〈고사리〉, 〈메밀꽃 필무렵〉 등에서 이효석은 그가 새롭게 문제 삼고 있는 성의 문제를 서정적 특징과 관련하여 집중적으로 다루고 있다. 〈산(山)〉은 자연의 포용력 속에서 인간이 누릴 수 있는 행복의 문제를 그리고 있는 단편소설이다. 여기서 성은 어떤 다른 이데올로기의 틀에 매이지 않은 순수히 그 자체로만 절실한 문제로 부각된다. 이러한 문제는 주인공 "중실"이 산속에서 이웃집 처녀 용녀를 불러 살림을 차려야 할 필요가 절실하다는 결론에서 뚜렷하게 드러나고 있다. 〈들〉은 〈산〉에 비해 좀더 명확히 성의 문제를 다루고 있다. 그리고 작가의 동반자적 경향에 대한 회의문제와 결부된다. 즉 주인공 "나"는 좌익 운동 끝에 학교에서 퇴학당한 후 집으로 돌아와 운동에 대한 열정을 자연에 대한 사랑으로 치환하게 되는데, 동네 처녀 옥분과 연분을 맺음으로써 성의 가능성에 대해 눈을 뜬다는 내용에서 이효석의 작가적 변모가 드러나고 있다. 〈粉女〉와 〈고사리〉는 천진무구한 소녀와 소년이 각각 성에 눈떠가는 과정을 그려내고 있다. 〈고사리〉는 주인공 인동이 한 동네의 조숙한 소년 홍수와 조숙한 소녀 순자와의 사귐을 통해 성의 세계에 대해 입문하는 과정을 그린 통과제의적(通過祭儀的) 내용을 중심적으로 다루고 있고, 〈粉女〉는 주인공 분녀가 성에 눈떠가는 과정을 그리고 있다. 분녀라는 여성이 남성들을 겪어 나가는 동안 성숙한 성의 세계에 입문해 가는 일련의 사건을 통해 성의 문제를 다루고 있다. 그리고 〈메밀꽃 필무렵〉은 작품 전면에 흐르는 서정적 특징 때문에 성의 문제가 뚜렷하게 들어나지 않지만, 작품의 내용을 곰곰이 생각해 보면 이 작품의 주제는 성과 직접적으로 관련되어 있다. 이들 작품에서 성은 훔치고 뺏는 대상으로 설정되어 있지만 본질적으로는 건전하고 자연스러운 것이라는 명제가 은연중에 부각되고 있다.

4) 말년의 창작 활동

이효석은 1938년에서 1942년의 사망에 이르는 시기까지 이전의 작품 경향과 매우 다른 작품들을 발표한다. 이러한 작품 경향의 변화는 그가 1938년 3월 31일 숭실전문학교가 폐교되어 퇴임함에 따라 개인적 신분의 변화와 더불어 일제의 군국주의화로 인한 상황의 어려움과 관련된다. 우선 숭실전문학교의 폐교는 숭실전문학교의 역사와 관련된다. 숭실전문학교의 숭실학당은 1897년 미국인 배위량(裵緯良, W.M. Baird)에 의해 세워진 미션계통의 학교로, 1905년 우리나라 최초의 대학으로 승격하기까지 했다. 그러나 일제가 1925년 경성제국 대학이 생겨남에 따라 이 대학만을 의한 공식적 대학으로 인정하고 이에 따라 숭실학교가 전문학교로 격하 개편되었다가, 1938년 폐교하기에 이르는데, 이는 이 학교가 당시에 일제가 강요한 신사참배를 학교가 거부함에 따라 행해진 조치였다. 그러므로 숭실전문학교의 폐교는 단순히 한 교육기관이 없어졌다는 것과 이효석이 직장을 잃게 되었다는 것 이상의 것을 의미했기 때문에 주의할 필요가 있다.

1938년은 제2차 세계대전 및 태평양 전쟁의 발발을 각각 한 해와 세 해 앞두고 있었던 해였지만, 이때 이미 일제는 한반도를 거점으로 대륙침략을 시작해 놓고 있었다. 일제는 대외적으로 미국과 영국 등의 서방 국가를 잠재적인 적성국으로 간주하고, 대내적으로는 전운이 감돌고 있는 동북 아세아 정세에 대비하여 한반도에서의 탄압과 감시를 한층 강화하고 있었다. 그러므로 기독교 미션계 교육 기관이었던 숭실전문학교의 폐교도 당대의 주변 정세라든가 국내 상황을 배경으로 생각할 때 단순한 폐교 이상의 의미를 가진다. 숭실전문학교의 폐교를 전후하여 일제는 전쟁 준비의 일환으로 소위 "내선일체" 정책을 강화하면서 창씨개명을 강요하고 조선어를 말살하려 하였다. 이효석은 수년간 재직하던 학교의 폐교로 인하여 단순히 교수직을 상실했을 뿐만 아니라, 일제의 조선어 말살 정책 때문에 우리말 대신에 일본어로 작품을 창작하라는 압력까지 받고 있었으며 나아가서는 일본의 침략 전쟁에 도움이 되는 "신체제"의 글을 쓰라는 강요까지 받고 있었다. 그래서 1940년 초반에 우리나라에서 글줄이나 써서 발표하고 있던 작가들 중의 거의 대부분이 그러했듯이 이효석도 오늘날 우리들이 "친일문학"이라고 부르는 글들을 몇 편 창작하였다는 것이 일반적인 견해이다. 그러나 일어로 창작한 작품의 내용을 살펴보면 이러한 견해가 그리 올바른 것이라고 볼 수가 없다.

이효석은 "조선적 지방적 소재"와 관련하여 상고주의적 취향을 나타내면서 민족주의적 색채를 드러내는 〈은은한 빛〉, 〈素服과 靑磁〉, 〈봄 衣裳〉, 〈엉겅퀴의 章〉과 같은 작품이 이에 속한다. 이들 작품은 일어로 씌어졌다는 사실이 특이해 보일 뿐 "내선일체" 시대의 냄새를 거의 풍기지는 않았다. 그리고 일본 잡지 〈文藝〉에 1940년 7월에 일어로 발표한 〈은은한 빛〉은 중요 등장인물이 호리라는 일본인이 나오기는 하지만 내용에 있어서는 민족주의적 성향을 보이고 있다. 주인공 욱은 평양에서 골동품을 수집하는 사람으로서 자기가 얻은 고구려 시대의 고검을 양도받기 위해 집요하게 공세를 펴는 호리 박물관장의 회유와 설득을 성공적으로 물리친다. 그가 고검을 일본인 관장에게 넘겨주기를 거절하는 것은 단순히 골동품 수집가로서의 소유욕 또는 수집욕 때문이 아니라 이 골동품이 자기 민족의 문화적 유산의 일부라고 하는 보다 높은 차원의 생각을 하기 때문이다. 그러므로 이러한 의미에서 〈은은한 빛〉은 "내선일체" 사상을 고취하기 위해서 창작하였다는 추측을 할 여지가 그리 많지는 않다. 오히려 이 단편 소설에서 이효석은 그때까지의 창작 성향을 뒤집어 난데없는 민족주의적 성향을 보이고 있다.

그러나 〈봄 衣裳〉에서 이효석은 거의 작위적으로 "내선일체" 사상을 선양하려고 애쓰고 있다. 우선 이 작품의 여주인공 미호꼬가 호오죠오(北條)라는 일본인과 조선 여인 사이에서 출생했다는 사실부터가 "내선일체"식 결연을 암시하기 때문이다. 그리고 미호꼬가 주연이라는 조선 여인과 옷을 바꿔 입음으로써 치마저고리 차림의 모습으로 등장한다는 대목에 이르러서는 이효석 나름의 "내선일체"가 다시 한번 더 강조되고 있는 셈이이다. 그렇지만 이것은 어디까지나 도식적이고 억지로 짜낸 내선일체 사상의 강조에 불과할 뿐이다. 더욱이 작품의 도처에서 산견되는 서술자의 심미주의적 묘사는 이 작품으로 하여금 그 어떤 심각한 형태의 "신체제" 메시지도 전달하기 어렵게 만들고 있다.

〈엉겅퀴의 章〉은 이효석이 일어로 쓴 작품 중에서 가장 뒤에 나온 것일 뿐 아니라 다른 어떤 작품보다도 길고 또 내용도 의미있는 편이다. 여주인공의 아사미(阿佐美)라는 이름은 〈봄 衣裳〉에 나왔던 미호꼬라는 술집 여급의 본명인데 여기서 그녀는 조선인 청년 현(顯)과 동거 생활을 하고 있는 모습으로 우리들 앞에 나타난다. 그녀는 현이 풍기는 고약한 마늘 냄새를 참고 견딜 각오를 할 뿐만 아니라 조선 치마 저고리를 즐겨 입곤 함으로써 자기 나름대로 내선일체 체제에 이바지하려고 하지만 현의 집안에서 그들의 관계를 끝내 용납하지 않음으로써 결국 일본으로 되돌아가고 만다. 아사미가 일본에서 부친 엽서를 받은 현이 심한 마음의 고통을 느끼기는 커녕 오히려 "사랑은 굉장한 말괄량이"라고 가볍게 넘겨 버리고 마는데서 잘 드러나고 있는데, 이효석은 이 작품에서 내선일체 사상을 선양하는 척하고 있지만 기실 전체적으로는 치정문제를 중심으로 몰고 나가고 있다. 결국 이효석은 국민문학과 관련된 일련의 작품에서 교묘하게 친일의 중심문제에서 비껴가고 있다.

1938년 3월 31일 숭실전문학교의 폐교와 더불어 교단을 떠나야 했던 이효석은 1939년 대동공업전문학교의 교수로 취임한다. 이 공업전문학교는 흔히 숭실전문학교의 후신으로 여겨지곤 하지만 〈숭실대학교 90년사〉에서는 이를 인정하지 않고 있다. 대동공전은 1938년 6월 1일 설립인가를 받고 그해 7월 1일 광산과의 학생을 모집하면서 개교하였으며, 이효석은 이 학교에서 별세하기까지 3년여간 근무하였다. 이때의 기록은 별로 남아 있지 않고, 다만 이효석이 세상을 떠날 무렵에 대동 공전의 학생이었고 그의 측근자인 이재현이라는 사람이 남긴 글 〈李孝石 先生 看護記〉만이 우리에게 있다.

이에 앞서 우리는 주목해야 할 사건으로 부인인 이경원과의 사별을 언급할 필요가 있다. 1940년 1월 이효석은 그의 부인인 이경원과 사별하게 된다. 우리는 복막염으로 입원하여 죽음에 이르는 부인의 사망 경위에 대해서 정확한 것은 알 수는 없지만, 이효석이 빠져 있던 절망 상태를 비교적 정확하게 알 수 있는 자료로는 김남천이 1942년 6월호 《춘추》라는 잡지에 기고한 〈효석과 나〉라는 글을 들 수 있다. 이 글에서 우리는 이효석의 부인인 이경원이 입원할 무렵을 전후하여 이효석이 빠져 있던 절망 상태를 비교적 생생하게 짐작할 수 있다. 이 글에서 김남천은 자기가 몇 년 전에 만났던 이경원이 아주 건강해 보였다든가, 이효석으로부터 부인이 회복할 가망이 전혀 없으며 오직 "기적이나 나타나기를 기다린다"라는 내용이 담긴 엽서를 받았던 일을 회고하고 있다. 그러나 이효석에게 부인인 이경원과의 사별이 얼마나 큰 충격과 슬픔을 주었는가는 여러 편의 글에서 나타난다. 결국 그는 부인과의 사별 이후 그 역시 와병으로 작품을 거의 발표하지 못하였다. 다만 〈벽공무한〉과 〈라오콘의 後裔〉 정도만이 그 때의 작품이었다. 그리고 그는 1942년 4월 25일에 결핵성 뇌막염으로 사망하게 되었다. 사망 후 부친 이시후에 의해 평창군 진부면 하진부리 논골에 매장되었다가, 1973년 4월에 그의 유해는 봉평면 장평리 고속도로변으로 이장되었다. 그러나 이 묘소의 훼손으로 유족들이 마지막으로 1998년 경기도 파주시 동화경모공원으로 이장하여 현재 그곳에 묻혀 있다.

4. 에필로그

1942년 4월에 삼십대 중반의 젊은 나이에 죽은 작가 이효석은 어떤 인물인가. 필자 생각에는 최고의 학부를 졸업하고 당대의 문학적 흐름에 민감하게 적응하면서 살았던 소설가이자 영어 선생이라는 외부적 직함과 서구적 생활양식을 따라가는 일류의 댄디한 모던보이(당대에 모보라는 약어로 쓰이는 유행어)라는 외적 모습이 우선 떠오른다. 이러한 그의 사망 소식이 알려 지자 김남천과 유진오와 같은 문인과 그가 재직하고 있는 학교의 동료와 제자들의 회고담 내지는 추억물들이 몇 편 발표되었다. 그리고 몇 편의 작가 자신의 유고가 발표되었다. 그리고 아버지 역시 1년 후에 중풍으로 사망한 것으로 알려져 있다. 1940년대 초중반, 소위 암흑기라고 불리워지는 시기가 끝나고, 식민지 조선에 미군과 쏘련군에 의해 해방이 찾아오고 한반도가 분단되면서 그의 문학은 다시 평가되기 시작하였다.

특히 남한에서 이효석의 문학은 해방기 이후 찬사를 주로 하는 평가가 시작되었다. 문협 정통파의 좌장이라고 할 수 있는 김동리가 쓴 "산문과 반산문"이라는 글에서 소설을 배반한 소설가라는 화두로 하여 주목의 대상이 되었다. 그리고 신생 독립국이었던 대한민국에서 문협 정통파의 묵시적 지원 속에서 국정 교과서에 널리 알려지게 되었다. 1920년대 이후 한국의 현대 문학사 속에서 특히 1930년대 작가의 대표주자로 선정되어 평가되었다. 그러나 한국에서 민주화 내지는 이념적 제약이 약화되면서 1970년대 정명환의 "위장된 순응주의자"를 통해 이효석의 문학은 다시 평가되기 시작하였고, 그 이후 다양한 문학적 논의가 행해지면서 정상적인 그의 문학에 대한 자리매김이 행해졌다고 할 수 있다.

그리고 1980년대에 들어서면서 카프문학에 대한 평가가 이루어지면서 이효석 문학에 대한 전반적 면모가 앞에서 논의한 정명환의 논의과 관련하여 설명되는 한편, 영문학자인 이상옥에 의해 심미주의자로서의 면모가 밝혀지면서 논의가 확대되었다. 그리고 1980년대 말 쏘련의 몰락과 더불어 동반자 작가로서의 면모에 대한 논의가 가지는 일정한 한계가 인식되면서 해방 직후에서 시적인 소설로서의 단편 소설에 대한 논의가 집중되기 시작하였다. 서정소설로서의 면모에 대한 검토가 몇몇 연구자들에 의해 설정되면서 이효석 소설에 대한 평가가 보다 심도있게 논의되었다고 생각한다. 문학 연구란 현재의 관점에서 과거의 작품을 재조명할 때 그 의미가 새로워 질 수 있다는 평범한 사실이 확인된다는 면에서 이효석의 문학적 의미가 흥미있는 방향으로 논의되고 있다고 생각된다.

제2장

이효석 단편소설에 있어서 서정 미학의 변모

1. 초기 소설의 경향성과 서정성

이효석의 초기 단편소설은 도시를 배경으로 하면서 넓게 보아 도시적 일상을 사회주의 이념에 경도되어 그리고 있다. 이 시기 이효석의 소설들은 모두 도시를 배경으로 한다. 그리고 도시를 배경으로 하면서 동반자적 경향을 지닌 단편소설이다. 일반적으로 이효석의 단편소설 중에서 우리가 논의하려고 하는 작품은 작가의 동반자 성격과 관련하여 傾向性을 보인다는 견해가 거의 공인되고 있다. 그러나 작품에 드러난 주제의식으로서의 경향성 속에 잠재적 대상을 인식하는데 있어서의 抒情性이 드러나는바 이를 살펴 볼 필요가 있다.

이효석의 초기 소설이라 함은 등단해서 동반자적 의식이 드러나는 작품을 의미한다. 그러므로 여기에서 다루려고 하는 작품은 〈주리면〉, 〈都市와 幽靈〉, 〈行進曲〉, 〈奇遇〉, 〈弱齡記〉, 〈깨뜨려지는 紅燈〉, 〈追億〉, 〈上陸〉, 〈麻雀哲學〉, 〈北國私信〉, 〈露領近海〉, 〈午後의 諧調〉, 〈초설〉, 〈프렐류드〉, 〈北國點景〉, 〈오리온과 林檎〉과 같은 단편 소설을 중심으로 한다. 그리고 일련의 掌篇(Comte) 작품 〈旅人〉, 〈황야〉, 〈누구의 죄〉, 〈나는 말 못했다〉, 〈달의 파란 웃음〉, 〈공소〉, 〈맥진〉, 〈필요〉, 〈노인의 죽음〉, 〈가로의 요술사〉, 〈10월에 피는 임금 꽃〉, 〈뎃상〉을 들 수 있다. 이들 작품 중에서 〈뎃상〉을 제외하면 거의 모든 작품이 일정한 경향과 관련된다고 생각된다. 우선 개별적인 작품의 경향성의 양상을 먼저 살펴보자.

이효석이 최초로 발표한 데뷔 작품은 『朝鮮之光』에 1928년 발표한 〈都市와 幽靈〉이다. 이 소설은 미장이로서 도시의 뜨내기 노동자인 주인공 '나'라는 인물을 내세워 노숙하는 동묘에서 도깨비에 놀라서 그 도깨비의 정체를 밝혀나가는 것을 스토리로 하는 작품이다. 그 도깨비의 정체가 부자의 자동차에 치어 다리를 다친 가난한 모자임을 밝힘으로써, 작가 이효석은 가난한 자와 부자의 대립 내지는 도시 사회의 사회적 갈등과 빈부의 구조적 모순의 폭로를 그리려 하고 있다. 이것이 이 작품의 표면적인 주제일 것이다. 이러한 표면적 주제는 누가 보아도 동반자적 작품 경향을 보이고 있다고 할 수 있다. 그런데 이 작품에서 서사의 시간적 연속이 공간으로 환치되면서 공간에 대한 묘사를 중심으로 작품이 전개되어 있다. 그리고 작품의 화자가 독자에게 직접적으로 작자가 주장하는 바를 직접적으로 서술하려고 함으로서 현상 자체의 사실적인 특징을 감소시키고 있다.

> 1) 그 날도 나는 술김에 얼근하였었다. 다른 때와 같이 역시 맨꽁무니에 떨어진 김서방과 나는 삯전을 받아 들고 나서자마자 행길 옆 술집에서 만판 먹어댔다. …(생략)…(전집1, 22-3면)

> 2) 달포전.
> 어느 날 밤이었다……
> 그 날도 나는 이유없이 …… 가 아니라 바로 말하면 바람 쏘이러 … 밤 장안을 헤매고 있었다. 장안의 여름밤은 아름다웠다.(전집1, 34면)

> 3) 어슴푸레한 저녁, 몇 리를 걸어도 사람의 그림자 하나 찾

아 볼 수 없는 무인지경인 산꼴짝 비탈길 여우의 밥이 다 되어 버린 해골덩어리가 똘똑 구는 무덤 옆 혹은 비가 축축이 뿌리는 버덩의 다 쓰러져가는 물레방앗간 혹은 몇 백년이나 묵은 듯한 우충충한 늪인가!

거기에 흔히 도깨비나 귀신이 나타난다. 그럴 것이다. 고요하고 축축하고, 우충충하고 그리고 그것이 청직일 것이다. 그러나 나는 아직도 그런 곳에서 그런 것을 본 적은 없다. 따라서 그런 것에 관하여서는 아무 지식도 가지지 못하였다. 하나 나는 … 자랑이 아니고 … 더 놀라운 유형을 보았다. 그리고 그것이 적어도 문명의 도시인 서울이니 놀라웁단 말이다. 나는 그래도 문명을 자랑하는 서울에서 유령을 목격하였다. 거짓말이라고? 아니다. 거짓말도 아니고 환영도 아니었다. 세상 사람이 말하여 '유령'이라는 것을 나는 이 두 눈을 가지고 확실히 보았다.

어떻든 길게 말할 것 없이 다음 이야기를 읽으면 알 것이다. (전집1, 21면)

4) 거기에 흔히 나타나는 유령이 적어도 문명의 도시인 서울에 오히려 꺼림 없이 나타나고 또 서울이 나날이 커가고 번창하여 가면 갈수록 유령도 거기에 정비례하여 점점 늘어가니 이게 무슨 뼈저린 현상이냐! 그리고 그 얼마나 비논리적 마술적 이지 못할 사실이냐! 맹랑하고도 기막힌 일이다. 두말 할 것 없이 이런 비논리적 유령은 결코 있어서는 안 될 것이다.

그러면 어떻게 하면 이 유령을 늘어가지 못하게 하고 아니 근본적으로 생기지 못하게 할 것인가?

현명한 독자여! 무엇을 주저하는가. 이 중하고도 큰 문제는 독자의 자작과 지혜와 힘을 기다리고 있지 않은! (전집1, 37-8면)

위의 인용 1)과 2)에서 확인되는 서사의 시간적 연속이 공간의 동시성에 의해 압축되어 서술되고 있다. 즉 이 작품에서는 시간의 흐름이 연속적으로 제시되기보다는 단절되어 부분적으로 제시되고 있다. 그리고 이 작품의 처음 부분인 4)와 마지막 부분인 5)와 같이 작품 곳곳에 나타나는 독자에게 화자가 직접적으로 서술하는 부분으로 화자가 사건을 서술하면서도 독자의 반응을 문제 삼는다는 면에서 서정성이 잠재하고 있다. 이것은 작가의 의도를 개입시켜 주제의식을 노출함으로써 수필적이며 시적 화자가 나타나고, 서정적인 작중 분위기를 창출하고 있다고 평가하는 이효석 문학 연구자들의 지적을 가능하게 한 것이다. 결국 이 작품에서 시작되는 이효석의 소설은 이 작품에서 작자가 의도한 도시 빈민에 대한 부자의 횡포를 그려내는 것을 사실적으로 그려내기보다는 충격적인 사건의 제시라는 시적인 방법이라는 한계를 애초부터 가지고 출발하고 있다.

그리고 『朝鮮之光』에 1929년에 발표된 〈奇遇〉라는 작품에서 역시 이러한 경향이 나타나고 있다. 이 작품에서는 세 번에 길친 계순과의 우연한 만남이 세 개의 공간(동해안의 항구, 중국의 하얼빈 그리고 소련의 해삼위(블라디보스톡))과 연결되어 나타남으로써 분절적 시간이 나타난다. 연속적 시간의 흐름이 분절되어 이질적인 공간으로 이동시키는 작품 구조 속에서 작가는 이러한 주제 의식을 구현하고 있다. 서울의 여관 - 빈민가 - 항구의 술집 - 하르빈의 사창가로의 공간 이동은 세계가 분열되어 있음을 상징적으로 표현하고 있다. 그것을 통해 이 소설에서 표면적으로 작가가 그리려고 한 것이 정상적인 처녀 계순이 이국 땅 중국에서 창녀로까지 전락하는 비극적 운명이라는 상황과 관련된 한 여인의 비극적 운명일 것이다. 이러한 주제의식은 그의 소설이 지니는 경향성과 관련하여 식민지 상황에서 그 어디에도 개인의 자유가 보장될 수 없다는 일반적인 주제로의 가능성을 제시하고 있다. 그러나 이 작품에서 보이는 한 여인의 비극적 파멸은 주인공 나에 의해 관찰되고 서술되고 있다. 그리고 주인공의 의식과 관련되어 사건의 인과관계에 대한 해석보다는 사건을 병렬적으로 그려냄으로써 독자의 상상력에 의해 관찰자로서의 한 여인의 비극적 운명을 묘사한다는 면에서 서사적 구조로의 가능성을 제약하고 있다. 이 작품에서 역시 앞에서 언급한 작품과 같이 시간적 연속이 공간의 동시성에 의해 압축되어 나타난다.

> 팔 년 전이었다.
>
> 당시에 나는 우연한 관계로 어떤 괴상한 노파와 알게 되었다. …생략…(전집1, 59면)

> 그 삼 년 전의 당시.
>
> 낙원동 네거리에 넓은 간판 달린 한 채의 와가 있었으니 장안에 손꼽는 큰 여관이었다. 당시 일개의 서생인 나는 이 하숙을 겸한 여관에 기숙하고 있었다.…생략…(전집1, 62면)

> 삼 년 후…
>
> 이 짧은 삼 년 동안 나의 생활에도 많은 변천이 있었으나 아직도 젊은 나의 마음은 퍽도 로맨틱하였다…(고 하여도 그것은 참담하고 비장한 로맨티시즘이었다.) …생략…(전집1, 67면)

위의 인용과 같이 시간의 경과를 앞에서 간략하게 서술하고 이어서 바로 공간의 변화를 작중화자가 직접 서술하고 있다. 그런데 여기서 우리가 주목하고자 하는 것은 작중화자인 주인공의 의식의 흐름이 과거와 현재의 시간이 병치되어 나타난다는 사실이다. 즉 의식의 흐름을 따라 상호 독립된 사건들이 병치됨으로써 인간 삶의 우연성을 작품의 제목 자체와 관련하여 주제화하고 있다.

〈行進曲〉은 지금까지 논의한 두 작품과 유사하게 도시의 가난한 자에 대한 관찰과 관련되는 작품으로 생각된다. 앞에서 논의한 작품이 시간의 경과를 공간으로 환치시킴으로써 주인공의 행위가 부족한데 비해, 이 작품은 도회의 노동자들을 부각시키기 위해 주인공의 행위가 다소 눈에 띄게 나타난다. 그리고 〈追億〉 역시 운동자의 행위가 회고담과 관련하여 서술되는 작품이다. 이들 작품은 감상적 선전 문구를 곁들인 회고담만으로 소설을 구성한 것으로 소박한 의미의 동반자적 작품경향을 보이기는 하지만, 근본적으로 서정적인 경향을 보이고 있다. 그리고 이러한 작품 경향의 최고조에 속한 작품이 〈露領近海〉이다. 즉 〈露領近海〉에서 시간적으로 흐름은 거의 정지되어 있다. 작가는 사회주의 국가인 러시아를 향하여 항해하고 있는 한 척 배를 여섯 개의 공간으로 나누어 그곳에서 일어나는 일을 카메라의 눈으로 촬영하듯이 소설을 구성하고 있는 것이다. 이것은 서사문학으로서의 소설을 시각 예술적 기법으로 구성하고 있음을 보여준다. 특히 이효석은 〈사온진상〉(전집7, pp.123-4)이라는 수필에서 소설의 작가를 영화의 연출자로 비유하고 있으며, 그는 이미 시나리오 〈화륜〉, 〈출범시대〉를 창작하여 발표한 바 있다. 이것은 그가 영화의 기법에 관심을 기울이고 있었으며, 이러한 관심이 이러한 소설작품에 반영된 결과로 생각된다. 이것이 일부 모더니즘 연구자들이 이효석의 소설에 있어서 모더니즘적 소설가로 규정하게 하는 원인이라고 생각하게 한 원인이다.

그리고 〈노령근해〉와 더불어 소위 삼부작이라고 일컬어지는 〈上陸〉, 〈北極私信〉에서 기법이나 형식으로는 각각 일정한 차이를 보이면서도 내용상 연결된다. 즉 〈上陸〉에서 주인공은 〈노령근해〉에서 기관실에 숨어 밀항한 젊은이가 사회주의 공산국가인 러시아의 항구 도시 블라디보스톡에 상륙하는 광경을 그리고 있고, 〈北極私信〉에서는 주인공이 블라디보스톡에서의 이야기를 편지 형식을 빌어 소설화하고 있는 작품이다. 이들 작품은 내용의 연관성으로 인해 이효석을 동반자적 작가로 평가를 가능하게 한 원인이기는 하지만, 서사적 사실적 특징을 방해하는 형식적 실험들은 이효석이 동반자 작가로서 평가받는데 장애요인으로 작용하고 있다.

〈北國點景〉 역시 화자의 인식이 공간으로 나타난다는 면에서 서사적 시간의 흐름이 매우 단축된다. 이효석은 그 대신 다섯 개의 분절된 공간을 중심으로 나누어 뚜렷한 플롯이나 사건의 전개가 없는 것은 물론 인물의 묘사마저 제거하여 이 작품을 구성하고 있다. 즉 이 작품은 '林檎', '마우자', 'C역 풍경', '비행기', '모던 거얼 멜론'이라는 분절된 공간을 중심으로 대상에 대한 단절적인 인식을 선보이고 있다. 이 작품에 이르면 부분적으로 경향성이 보이기는 하지만 화자는 인물이나 사건조차 생략되어 시적 언어나 장면만을 그대로 드러내고 있다. 그리고 〈午後의 諧調〉에서는 삐라를 뿌리려고 인쇄소에 온 주인공의 들떠 있는 심정을 단순하게 장면만을 제시함으로써 〈북국점경〉이라는 작품의 한 부분을 이루고 있는 것처럼 보인다.

〈痲雀哲學〉과 〈깨뜨려지는 紅燈〉은 임금투쟁이라는 소재적 차원에서 본다면 보다 본격적으로 경향 소설적 작품 경향을 보이고 있다. 〈깨뜨려지는 紅燈〉에서 작가는 '개나 도야지에 떨어지는' 삶을 살아야 하는 홍등가의 창녀들이 세상과 싸워야 한다는 자각에 이르러, 오라버니로부터 얻어들은 동맹파업이라는 것을 배운 부영이라는 여인이 동료 창녀들에게 파업을 선동하여 포주와 난투극을 벌이고 이어 옆집으로 전파되는 장면을 그려내고 있다. 그리고 〈痲雀哲學〉에서는 부당한 임금인하에 반대하여 투쟁을 전개하는 정어리 공장의 노동자들과 그 와중에서 서울 재동집 사랑방에서 마작판을 벌이고 있는 공장주 정주사의 대립을 대조시키면서 그 중간에 정주사의 아들이자 공장장인 정구태가 자본주의에 대한 정체에 대한 성찰을 통해 노동자들의 요구가 정당하다는 인식에 도달하는 과정을 보여주고 있다. 이 두 작품이 비록 서사적 구성을 이루고 있기는 하지만, 대상에 대한 다음의 감상적 묘사 부분으로 인해 완벽한 서사성을 획득하지 못하고 있는 실정이다.

> 1) 기울어진 초생달 밑에서 사만금을 집어삼킨 검은 바다는 탐욕의 괴물같이 이빨을 갈면서 그를 향하여 으르렁거렸다.
>
> ……(생략)……
>
> 그는 마지막으로 하늘을 우러렀다. 그러나 하늘 역시 그에게는 적이었다. 북으로 모여드는 검은 구름 … 언제 쏟아질지 모르는 위험한 날씨이니 한바탕 장황히 쏟아지기만 한다면 정어리가 바다에서 끓는다하더라도 배는 낼 수 없는 터이다. (전집1, 156면)

> 2) 저문 거리 붉은 등에 저녁 불이 무르녹기 시작할 때면 피를 말리우고 목을 짜내며 경칩의 개구리 떼같이 울고 외치던 이 소리가 이 청루에서는 벌써 들리지 않았고 나비를 부르는 꽃들이 누 앞에 난만히 피지도 않았다.
>
> '상품'의 매매와 흥정으로 그 어느 밤을 물론이고 이른 아침의 저자같이 외치고 들끓는 화려한 이 저자에서 이 누 앞만은 심히 적막하였다.
>
> 문은 쓸쓸히 닫히었고 그 위에 걸린 홍등이 문 앞을 희미하게 비치고 있을 따름이다. (전집1, 109-110면.)

앞의 인용은 주인공 정구태가 자신의 입장에서 대상을 인식하고 초점 화자가 되어 초승달과 검은 바다, 밤하늘과 검은 구름이라는 대상을 통해 정어리 사업 실패로 겪는 갈등을 묘사하는 부분이고, 뒤의 인용은 창녀들의 파업으로 홍등가의 봉학루의 문이 닫힌 장면을 제시하는 소설의 첫 부분이다. 위의 인용에서 보는 바와 같이 내용에 있어서의 경향성과 무관하게 묘사에 있어서 서정성이 드러나고 있는 것으로 생각된다.

지금까지 논의한 이효석의 초기 단편 소설 작품 대부분은 소설 구성에 있어서 치밀하지 못하다는 면에서 미숙하고, 작중화자의 어조 역시 감상적이며 비분강개(悲憤慷慨)조를 띠고 있다. 그러나 작품의 주제의식과 관련하여 이들 초기 작품들은 작가 이효석 자신이 의도했던 사회주의 운동에의 관심과 관련된 동반자적 경향이라는 평가를 받고 있다. 그럼에도 불구하고 이 시기의 단편소설 작품들은 작가의 경향파적 의도와는 달리 그의 작품 전체에 지속적으로 이국취향(Exoticism)이 나타나고 있다. 동반자적 경향을 띤 초기의 소설은 물론 1933년 이후의 도시적 일상성을 그리고 있는 소설들에도 새로운 발견으로서의 묘사에의 집중이 커다란 비중을 지닌 채 드러나고 있는 사실에서도 이러한 추론이 가능하다. 이것은 초기 소설에서 윤락여성의 임금투쟁의 문제나 사회주의 국가로서의 북국에 대한 열망, 그리고 국내 운동에 있어서 여성과 관련된 낭만적 사건 전개에서 쉽게 볼 수 있으며, 이후 소설에 있어서 앞에서 논의한 작품을 제외한 작품에서 드러나는 소시민적 생활에의 함몰과도 연관된다.

그와 더불어 작가의 서정적 인식은 이미 이효석의 초기 단편소설 유형의 작품에서 두드러지게 드러나고 있다. 즉 이 시기의 작품을 꼼꼼히 읽어본다면 이효석의 초기 단편 소설에 드러나는 작품 경향은 표면적으로만 동반자적 특징이 드러나고 있다. 그러나 작품의 구조와 관련된 특징은 작가의 서정적 인식과 관련되어 서정적인 특성이 잠재하고 있다는 사실을 쉽게 알 수 있다. 그것은 앞에서 지적한 소설이 줄거리를 중심으로 한 구성이나 스토리 중심이라기보다는 서정성의 양상인 분위기 중심이나 문장의 사실성에서부터의 이탈이라는 경향이 정서적 효과에 치중하고 있다는 것과 바로 연결된다. 이것은 초기 연구자들이 지적한 이국취향과 관련된 것이다. 그리고 이러한 소설에 있어서 정서적 동감을 요구하는 서정성으로의 편향이 이후 이효석의 소설 작품에 드러나고 있다.

2. 중반 이후 소설에 있어서 성과 서정성

일반적으로 이효석에게 있어서 1933년 이후의 작품은 대부분 초기 소설작품의 동반자적 작품 경향이 불식되면서 새로운 면모가 나타난다. 그리고 이 시기의 단편소설 작품 중에서 이효석의 작품 세계는 1938년을 기점으로 하여 다시 일정한 변모를 보인다. 이효석이 초기소설의 동반자적 경향에서 이념적 지향이 사라지면서 그의 작품 세계는 어떤 모습을 지니는가. 필자는 중반 이후 이효석의 작품 세계를 두 부분으로 나누어 살피기로 한다.

먼저 이효석 초기 소설과 동일하게 도시를 배경으로 하고는 있지만 작가적 지향이 바뀌는 소설작품 유형을 들 수 있다. 이러한 유형의 단편소설은 이효석 단편소설 중에서 수적으로 가장 많은데, 〈마음의 意匠〉, 〈日記〉, 〈受難〉, 〈季節〉, 〈天使와 散文詩〉, 〈人間 散文〉, 〈聖餐〉, 〈揷話〉, 〈하르빈(哈爾濱)〉, 〈聖樹賦〉, 〈薔薇病들다〉, 〈幕〉, 〈空想俱樂部〉, 〈해바라기〉, 〈가을과 山羊〉, 〈旅愁〉, 〈一票의 功能〉, 〈라오콘의 後裔〉, 〈日曜日〉, 〈풀잎〉, 〈萬甫〉와 같은 작품을 들 수 있다. 이들 소설에서 작가는 도시를 배경으로 도시적 일상성을 기반으로 여러 가지의 근대적 생활상을 보여주려고 했다.

1934년 《매일신보》에 발표한 〈마음의 意匠〉은 주인공인 소설가

'나'의 아내가 병을 얻어 요양하기 위해 시골에 내려간 사이, 주인공이 '유라'와 만나고 그녀가 죽음에 이른다는 것을 내용으로 하는 작품이다. 이 작품에서 유라와의 가을 바다 구경과 주인공 생일날에 그녀와의 시내 나들이라는 두 가지 사건과, 시내 나들이할 때 상여 행열과의 조우와 유라의 죽음, 그리고 그녀의 죽음과 아내의 귀가로 이어지는 작품의 구성은 일상적인 사랑 놀음의 묘사에 집중된다. 그럼에도 불구하고 이 작품에서 주목되는 것은 일상에서 서구적인 생활 방식과 관련된 것을 묘사함으로써 세련됨을 드러내고, 이를 기반으로 도회적 분위기를 보여주고 있다는 것이다. 이러한 양상은 이효석 소설에 나타난 도회적 서정을 이루는 중요한 모습이라고 할 수 있다.

> 유라가 소파에 걸어 앉아 화집의 장을 넘기고 있는 동안에 나는 방 한구석에서 알콜 풍로에 물을 끓이며 차 넣을 준비를 하고 있었다. 병든 아내가 치료를 청탁하고 시골로 내려간 후로 손수 차를 만드는 것이 나의 일과의 하나였다. 차도구의 일절을 방안에 들여놓고 두터운 책상 옆에는 발자크 모양으로 따로 작은 탁자를 붙이고 그 위에 커다란 코오피의 잔을 올려 놓았다. 소설은 발자크의 꽁무니에도 못 미치면서——
>
> 파코레터에 두 사람분의 모카 가루를 분량하여 넣으면서 나는 은근히 유라를 관찰하였다. 요전 음악회에 갔던 때보다도 더 여윈 듯하다. 나부죽이 숙인 고개 밑으로 콧등이 오똑 솟고 눈두덩 밑이 낭떠러지같이 푹 빠졌다. 그 속은 산골짝에 잠긴 호수와 같다. 기다란 속눈썹은 호숫가에 밋밋하게 늘어선 전나무 수풀이다. 창백한 두 볼——좀더 실팍하였건만 지금에는 대패로 민 듯이 팽팽하게 가드러 들었다. 그가 보고 있는 그림은 슬픈 그림이다. 하이얀 시이트 위에 누운 병든

소녀의 그림이다——깊이 빠진 눈 위는 검게 그림자 지고 까스러든 속눈썹에 맺힌 눈물이 그 그림자 속에는 구슬같이 빛났다. 검게 질린 입술사이로 두어 대의 이가 힘없이 드러나 보이고 열어 제친 가슴 위에 옷섶이 어지럽다. 그 그림을 오랫동안 들여다보던 유라는 책장을 넘기면서 문득 나의 시선을 느꼈는지 고개를 쳐들었다. 반짝이는 맑은 눈방울이 호수 속에 비친 별 그림자와도 같다. 미소를 띠기는 하였으나 그것은 지새는 달그림자와도 같이 여린 것이요, 그의 표정은 마치 그가 들여다보고 있던 그림 속의 소녀의 그것과도 같이 애잔하고 슬픈 것이었다.(전집 1, 277-8면)

위의 인용은 이 작품의 처음 부분으로 유라에 대한 묘사 부분이다. 유라의 애상적 인상을 효과적으로 묘사하고 있으며, 이것은 유라와 주인공 나와의 관계에 대한 암시로 작용하고 있다. 그리고 위의 인용에서 보이는 베를레느의 불란서 시나 발자크의 소설 등과 같은 외국작가나 외래어 단어들은 이효석 소설에 있어서 중요한 특질로 논의된 이국취향과 관련지어 논의할 수 있다.

〈日記〉는 일기 형식을 띠고 있는 작품이다. 이 작품에서 선생인 '나'는 아침에 아내에게서 들은 유랑극단 단장 딸의 사산을 시작으로 열차전복 사고 그리고 집에 돌아와 빚쟁이한테 당한 모욕으로 인한 아내의 울음이라는 사건을 회상 형식을 통해 하루가 흉일이라고 규정하고 있다. 이 작품에서 작가는 작중화자이자 주인공이 일상적으로 있을 수 있는 몇 가지 사소한 사건을 그려냄으로써 일상성을 드러내고 있다.

1) 며칠 전부터 거리에 유숙하고 있는 순회 극단의 단장의 딸인 여배우가 지난날 아침에 여관 방에서 돌연히 해산을 하였으나

달이 차지 않아 산아는 산후 즉시 목숨이 꺼져 버렸다는 - 근래의 진기한 소식을 우연히 아내에게서 듣고 나는 아침 내내 그 생각에 잠겼다.(전집1, 291면)

2) 기어코 좋은 일은 없었다. 나는 그날을 「흉일」로 기억하게 되었다. 아침 수업이 막 시작되려할 무렵에 급사가 놀라운 소식을 가지고 직원실로 뛰어 들어왔다.

열차가 전복했어요」

영문을 몰라 모두 눈이 멀뚱했다.

…남행 첫차가 지금 망간 성견 다리목에서 쓰러지는 것을 보았어요. 연기가 시꺼멓게 오르겠지요.」

그차에는 북쪽 근촌에서 오는 통학생이 많았다. 그러나 그들의 신변을 염려함보다도 먼저 본능적으로 황급한 충동에 끌려 직원실을 뛰어 나갔다.(전집1, 292면)

3) 이자도 차근차근 못갚는 빚쟁이 여인에게 욕을 당한 것이었다. 빚쟁이-그것은 글자 그대로 채귀였다. 채귀에게 괴롬을 받는 것쯤은 「수양」을 쌓은 나에게는 벌써 예사였으나 미흡한 아내에게는 두통거리였고, 더구나 어버이에게도 맞아본 일이 없었을 아내가 남에게는 손찌검을 당한 것은 봉변인 것이었다.

……(중략)……

허울 좋게 아내에게 말은 하였으나 이날은 몹시도 울가망하였다. 밖에서는 기차사변, 안에서는 부채사변, 이날은 마치 사변의 날같았다. 현실은 가혹한 날이었다.

(흉일이다. 흉일이다.)

입 밖에 내서까지 지껄여 보았다. 문득 아침에 소문 들은 순회극단 일행의 사변이 또 한 번 생각났다.(전집1, 298-9면)

위의 인용에서 보는 바와 같이 유랑극단 단장 딸의 사산, 열차의 전복, 그리고 빚쟁이 여인으로부터의 모욕이라는 일련의 사건을 통해 주인공은 그가 겪은 하루를 '흉일'이라고 규정하고 있다. 이러한 작품 구성을 가지고 있는 이 소설은 뚜렷하게 독자에게 무엇인가를 뚜렷한 주제의식을 이야기해 주지 않는다. 차라리 일상을 그려냄으로써 수필적인 내용의 소설구성을 보여준다. 즉 위의 인용 1), 2), 3)에서처럼 주인공인 '나'라는 인물은 겪은 하루의 평범한 하루의 일과는 일기 형식으로 서술하면서 소설을 구성하고 있다. 작가의 숨은 의도는 아마도 첨예한 갈등을 통해 주제의식을 이야기하기보다는 평범한 일상에 빠져 들어가는 일상의 무의미성을 내보이려고 하는 것이다.

〈受難〉에서는 작가는 주인공 소설가인 '나'가 유라라는 인물이 겪은 수난의 한 토막을 기록하고 있다. 이 작품에서는 작품의 제목이 작품의 내용을 그대로 보여주며, 작중화자는 관찰의 대상으로서 유라의 복잡한 사생활을 유라의 부고소식과 관련하여 서술하고 있다.

> …(생략)… 그가 받은 수난의 한 토믹을 기록하려는 것이 이 소설의 목적이나 세상에는 부당한 수난-더구나 여자인 까닭으로 이유 없이 받는 당치 않는 수난이 많은 것 같다. 자유의 행동에 공연히 비난과 구속을 받게 되고 그러므로 마음의 자유를 충분히 표현하지 못하고 빛나야 할 모처럼의 생활을 가엾게 말살하지 않으면 안될 경우가 있는 듯하다. 더구나 연애의 행동에 있어서의 이러한 부당한 수난의 희생은 심히 가엾은 것이다. 유라의 꼴은 한없이 측은하다. 나는 부당한 수난에 항의하려는 것이다.(전집1, 303면)

위의 인용에서 작중화자인 '나'는 이 작품을 이야기하려는 목적을 서술하고 있다. 이 작품에서는 원고 청탁으로 알게 된 유라라는 신문사 기자를 중심으로 서술된다. 그녀는 소설을 배우고자 나를 좇아 다니고 있으며, 작중화자는 그녀를 둘러싸고 있는 무려 다섯 여섯 사람에 대한 이야기를 장황하게 기술하고 있다. 마지막으로 그녀의 부고를 듣고 그녀와 아내 그리고 내가 나와 있는 사진을 보고 이것에서 촉발되어진 사건을 중심으로 소설이 기술되고 있는 것이다.

〈天使와 散文詩〉에서 주인공이자 작중화작인 '나'는 오랜만에 서울 나들이를 하던 중 술집에서 하루를 보내고 집으로 돌아가서 서울의 술집에서의 여자를 천사라고 생각한다. 이 작품에서는 앞의 작품 중에서 일부분 그런 것처럼 다소 수필적이라고 할 정도로 서사적 구조를 가진다. 여행이라는 일상에서 벗어난 것을 통해 주인공은 술집에서 맺은 하룻밤의 추억을 담담하게 서술하고 있다.

> 그 밤의 천사는 마음 속에 새겨져서 좀체 잊혀지지 않는다. 산문의 밤이 아니요 꿈 속의 밤이요 이야기 속의 밤이었다.
>
> 그가 준 명함은 그의 마음의 표시와도 같이 조그맣고 탄탄하고 꿋꿋하다. 새겨진 글자는 그의 눈망울같이 청청하고 또렷하다.
>
> 「정초가 지나면 한가해요. 맑은 정신으로 아침부터 와 주시겠다고 약속해 주시지 않겠어요? 디이트리히 가르보 셔어러의 프로마이드를 선물로 갖다 주시겠죠.」
>
> 옷섶을 붙들고 신신당부하던 약속을 끝내 밟을 시간을 가지지 못하게 되었음이 미안하고 송구스럽다. 그 미안한 생각이 그의 마음 속에 대한 대답이 되었으면 다행이리라고 생각한다.
>
> 여행은 즐겁다.
>
> 하숙의 살림살이, 거리의 여인풍경, 애잔한 천사의 자태-가지가지의 기억이 마음의 경험 위에 차례차례로 쌓여 즐거운 추억이 되는 것이다.

산문의 경험도 마음 속에 적히우면 아름다운 노래가 되는 모양이다.(전집2, 34-5면)

위의 인용은 이 작품의 마지막 부분으로, 이 부분에서는 잠깐 만에 보는 서울에의 여행을 추억으로 생각하고 있는 작중화자의 감상이 그대로 나타나고 있다. 이러한 작중화자의 감상을 그대로 표출함으로써 이 작품에서는 정서적인 면에 치우치고 있으며, 이것은 여행 중의 하룻밤의 사랑조차도 미화하고 있는 것이다.

〈人間散文〉는 철학도인 주인공 '문오'가 하던 공부를 중단하고 서울이라는 도회를 벗어나 전공인 철학과는 상관이 없는 직장에 취직을 위해 지방의 소도시로 가면서 유부녀인 미례와의 사랑을 이루는 것을 내용으로 하는 작품이다. 작품 첫머리에 도회의 거리를 수라장이라고 생각한다든지 혹은 지방의 거리를 산문적이라고 생각한다든지 하는 작중화자의 논리 속에서 이 작품이 탈도시적인 내용을 지향하고 있음을 알 수 있다.

1) 거리는 왜 이리도 어지러운가.

거의 삼십년 동안이나 걸어온 사람의 거리가 그렇게까지 어수선하게 눈에 어리운 적은 없었다. 사람의 거리란 일종의 지옥 아닌 수라장이다.

(신경을 실 다발같이 헝클어 놓자는 작정이지.)

문오는 차라리 눈을 감고 싶었다. 눈을 감고 귀를 가리우고 코를 틀어 막고… 모든 감각을 조개같이 닫쳐 보리면 어지러운 거리의 꼴은 오관 밖에 멀어지고 마음 속에서는 고요한 평화가 올 것 같다. 쓰레기통 속 같은 거리, 개천 속 같은 거리. 개신개신하는 게이른 주부가 채 치우지 못한 방속과도 거리는 흡사하다. 먼지가 쌓이고 책권이 쓰러지고 휴지가 흐트러진-그

런 어수선한 방속이 거리다.(전집2, 37면)

2) 집과 미례와-정리된 이 두가지의 사실이 문오의 마음을 너긋히 채웠다. 나머지의 모듬 불안은 커다란 행복감 앞에 그림자 같이 엷어지고 그의 머리 속에서 감간 동안 사라져 버렸다. 근실거리는 피부도, 손가락 하나가 없는 마담의 왼손도, 거리의 혼란도, 그 속의 거지도, 절름발이도, 거간의 탕건에 저어붙은 때먼지도, 지금 그의 머리 속에는 없었다.

미례와 나란히 서서 걸어가는 앞길에 문득 짙은 갈마빛 하늘이 치어다 보인다. 그곳에 변치 않고 늘 있는 하늘이지만 잠지 잊었던 것이 이제 새삼스럽게 눈 속에 들왔을 뿐이나 오늘의 우연한 그 한 조각 하늘은 유심히도 맑게 그의 마음을 비취는 것이었다. 넓고 지천한 하늘이 아니요, 천금의 값있는 한 조각의 거울인 듯싶었다. 불안과 혼란은 구만리의 하늘 밖으로 날아버리고 잠간 동안 천지가 다만 맑은 하늘과 맑은 마음이 있을 뿐이었다.(전집2, 39면)

위의 인용 1)은 도회의 거리를 수라장이라고 생각하여 도시에 대한 혐오감을 표현하고 있는 부분이고, 2)는 지방 도시에 내려와 모든 혼돈이 깨끗이 해결된 주인공 '문오'의 심리상태를 하늘에 투영하여 묘사하고 있는 부분이다. 위에서 보는 바와 같이 이 작품에서는 도시를 벗어나고 싶은 탈도시적 욕망과 사랑의 도피의 문제를 제기하고 있다. 이효석 문학에서 많이 다루어지고 있는 사랑의 문제는 두 가지 유형으로 정의될 수 있는데, 다른 하나는 근대적 제도로서의 성의 문제와 관련된 상품화된 성이고, 다른 하나는 인간의 본능적 차원의 자연에 접근된 자연적 현상으로서의 성의 문제이다. 문학 속의 성은 일반적으로 그것을 다루는 작자의 태도와 관련하여 설명할 수 있는데, 이효석의 소설의 경우 그의 작품에 나타난 성은 크게 두 가지로 나누어 생각할 수 있다. 즉 도시를 배경으로 하는 소설과 전원을 배경으로 하는 소설에 있어서 성이 다르게 다루어지고 있다. 전자의 경우는 이 작품에서처럼 근대적 제도로서의 성의 문제와 관련된 상품화된 성을 주로 다루고 있으며, 후자의 인간의 본능적 차원의 자연에 접근된 자연적 현상으로서의 성의 문제를 다루고 있다고 생각되는데, 이 부분은 뒤에서 보다 본격적으로 다루기로 하겠다.

〈聖餐〉은 위층 빠아에서 일하는 '보배'라는 여자를 통해 순진한 사랑의 허구성을 폭로하는 작품이다. 이 작품에서는 아래층 끽다점(喫茶店)에서 일하는 순진한 민자와 신문기자 준보와의 순수한 사랑을 질투하여 준보를 유혹하여 요정 이층에서 순수한 것의 허구성을 폭로하는 것을 내용으로 한다. 당대에 있어서 지식인 계층이라고 할 수 있는 준보와 술집 여급의 사랑은 상식적 수준에서 보면 이미 타락한 것으로 상정할 수 있다. 이러한 사랑의 문제는 도시라는 공간 속에서 서정적 분위기를 연출하기 위한 도구로 작용하고 있다. 그리고 이 작품에서는 준보라는 인물설정과 관련하여 부분적으로 당대의 전향 소설적 특징을 보이고 있다. 당대에 있어서 전향 소설은 사회주의적 지향을 포기하는 소설을 의미한다.(일반적으로 전향소설의 의미는 앞에서 언급한 경향적 작품 경향과 관련하여 설명할 수 있는바, 전향이란 용어에 대한 설명이 필요하다. 전향이란 용어가 처음 문제시된 곳은 일본이다. 일본의 경우 전향이라는 것은 근대적인 서구 사상으로서 사회주의 운동을 하던 사람이 사상운동을 포기하고 반근대로서의 민족주의를 지지하는 것으로 일본의 천황주의에로의 복귀를 의미한다. 그런데 식민지 조선의 경우 전향은 보다 복잡한 사정이 내재되어 있다. 사회주의 운동을 포기하고 일제에 타협하거나 조선의 민족주의에 접근하여야 하는데, 후자의 경우에 이것 역시 일제에 저항하는 것이다. 그리고 전자의 경우에도 친일의 문제가 게재되어 있는 것이다.)

> 사람들은 세상에서 제일 좋은 것이 「새것」이라는 생각을 잊는다. 제일 아름답고 제일 훌륭한 것은 새것이며 다름 많은 이유를 버리고라도 새것은 새것인 까닭에 빛난다는 것을 잊는 수가 많다. 새옷, 새신, 새집, 새세상-이 평범한 진리를 그것이 너무 평범한 까닭에, 혹은 새것의 자극이 너무도 큰 까닭에 감히 엄두를 못냄인지도 모른다. 낡을수록 좋은 것에 단 한가지 포도주가 있음을 보배는 듣기는 하였으나 지하실에서 몇 세기를 묵었다는 포도주를 마셔 본적이 없는 까닭에 그는 포도주 또한 새것이 좋다고 생각하였다. 새것, 새 진미 새마음! 보배가 준보를 시험하였고 준보가 보배를 거쳐 다시 민자를 구함도 또한 이 새것의 진리에서 나왔음을 지나지 않는다. 새것을 구함이 악덕이라면 묵은 것을 구함이 미덕인가 하고 보배는 반감적으로 느껴도 본다. 묵은 것을 버리고 새것을 구함은 혁명이다. 혁명에는 위대한 용기가 필요한 것이니 사람이 새것을 두려워함은 곧 이 용기를 두려함이라고도 생각하여 보았다.
>
> 새 것이 가져오는 감격과 흥분에는 물론 위험스럽고 두려운 것이 있기는 하다. 겉으로는 평화를 꾸미고 있으면서도 속으로 역시 일종의 안타깝고 두려운 것을 한결같이 느끼게 되는 이 밤의 경험이 보배에게 그것을 말하였다.(전집2, 118-9면)

위의 인용은 순진한 여급 민자의 애인인 신문기자 준보를 유혹하여 타락의 길로 접어들게 한 날 보배가 그의 느낌을 적은 부분이다. 여기서 역시 새것에의 두려움을 위에서처럼 서술하고 있다. 그리고 앞에서 지적한 이효석 소설의 전향소설적 특징을 엿볼 수 있는 몇 가지 단어가 보이고 있다.

〈薔薇 病들다〉는 극단에서 각본을 담당하는 현보와 여주인공 남죽의 사랑을 중심으로 사랑의 허망함을 그리고 있는 작품이다. 지방도시에서 연극에 뜻을 둔 주인공 현보와 배우 남죽이 사랑놀이를 벌이지만 남죽은 서울로 가는 여비를 마련하려는 경제적인 이유로 김장로의 아들과 정사를 벌인다. 그리고 여비를 장만하여 남죽이 지방 도시를 떠나지만 현보와 김장로의 아들에게 그녀가 남긴 것은 성병이었다는 것을 내용으로 하고 있다. 이 작품에서 나타난 사랑은 정신적 사랑의 형태로 서술되지 않고 육체적인 욕망으로서의 행위와 관련된 성의 형태로 나타난다.

> 부정한 수단을 써가면서까지 여비로 만든 오십원 돈이 뜻밖에도 망칙한 치료비로 쓰이게 된 것을 생각하고 그 돈의 기구한 운명을 저주하면서 답답한 마음에 현보는 그날밤 초저녁부터 빠아에 들어가 잠겼다. 거기에는 또한 우연히도 문제 거리의 부랑자 김장로의 아들을 한 자리에서 마주치게 된 것은 얼마나 뼈저린 비꼬움이었던가. 반지르하면서도 유들유들한 그 꼬락서니가 언제 보아도 불쾌하고 노여운 것이었으나,
>
> ……(생략)……
>
> 어느 결엔지 여급에게 분부하여 현봉의 술잔에도 술을 따르게 하였다. 희고 맑은 그 양주가 향기로 보아 솔내 나는 진인 것이 바로 그 밤과 같은 것이어서 이 또한 우연한 비꼬움으로밖에는 생각되지 않았다.
>
> 「…… 이렇게 된 바에 무엇을 속이겠고. 터놓고 말하지 사실 내겐 비싼 홍정이었소. 자랑이 아니라 나도 그 길엔 상당히 밝기는 하나 설마 그런 흠이 있을 줄이야 뉘 알았겠고, 온전히 홀리운 셈이지. 그까짓 지갑 털리운 거야 아까울 것 없지만 몸이 괴로워 못견디겠단 말요. 허구헌 날 병원에만 당기기두 창피하구, 맥주가 직효하기에 날마다 와서 켰으나 이몸이 언제나

개운해 질는지 모르겠소.」

술잔을 내고는 얼굴을 찡그리고 쓴 웃음을 띠우는 것을 보고는 녀석을 해낼 수도 없고 맞장구를 칠 수도 없어서 현보는 얼떨떨할 뿐이었다.

「…… 당신도 별 수 없이 나와 동류항일 거요. 동류항끼리 마음을 헤치고 하룻밤 먹어 봅시다그려.」

현보는 녀석의 면상에 잔을 던지고 그 자리를 일어나고도 싶었으니-실상은 웃지도 못하고 울지도 못할 난처한 표정으로 그 자리에 빠지지 않아 있을 수 밖에는 없었다.(전집2, 195-6면)

위의 인용은 이 작품의 마지막 부분으로 김장로의 아들과 남죽이 남겨준 성병이 동류항임을 확인하는 장면이다. 여기서 육체적 사랑의 허망함을 느끼는 것이다. 그리고 작품의 처음 부분에서 건장한 장골의 사나이와 까무잡잡한 약골의 싸움에 대한 묘사나 남죽과의 보트 놀이에서 물에 빠지는 것의 묘사, 그리고 남죽이 떠난 뒤에 여관 노파로부터 들은 남죽에 대한 비하는 이 작품에 있어서 어떤 상징성을 내포하고 있으며, 이것은 도회적 서정의 한 양상을 보여주고 있음을 확인할 것이다.

〈挿話〉는 제목 자체에서 보는 바와 같이 액자소설적 구성의 작품이다. 이 작품은 주인공인 현보가 술자리에서 재도에게 술잔을 집어던지는 광경으로 시작하여, 중학교와 대학교를 같이 다니던 시절의 회상으로 작품을 구성하고 있다. 앞에서 논의한 다른 작품과는 달리 성의 문제를 전혀 보이지 않고 있는데, 이는 1930년대 후반 이효석 소설의 특징으로 회고적 작품 경향과 관련하여 논의할 수 있는 단초를 보이고 있다는 점에서 의미 있는 작품이다. 그리고 〈幕〉은 아버지로부터 많은 유산을 물려받은 주인공 '세운'이 잡지경영에 실패하고 술집여자인 주리와 월매에게조차 버림받아 자살을 기도하지만 끝내 그것마저 실패하는 것을 내용으로 하는 작품이다. 문화사업의 허망함과 더불어 유한계층의 타락상을 여실히 보여주고 있는 작품이라고 생각된다.

〈空想俱樂部〉는 도회의 실직자들이 직업을 얻어가면서, 얻어지는 애환을 그린 작품이다. 이 작품에서 공상구락부는 직업 없는 실직자 청해, 천마, 백구, 운심 네 명이 모여서 하는 일없이 무료한 여가를 공상과 쓸데없는 농담으로 지우기 위해 만들어진 것으로, 천마가 신문기자로 백구는 직장을 얻고, 그리고 운심이 광산 개발에 참여함으로써 해체되고, 청해만이 실직자로 남는다. 그리고 운심이 몰리부덴 광산이 처음에 잘 경영되다가 광맥이 끊기면서 빚더미에 앉고, 청해는 술집의 미모의 여인에게서 사랑을 성취한다는 것을 통해 성공과 실패의 문제를 제기하고 있다.

〈해바라기〉에서 주인공이자 작중화자인 '나'는 낙천주의자 '운해'라는 인물을 중심으로 그와의 세 번의 만남 속에서 운해의 변모 양상를 기술하고 있다. 관찰자로서 작중화자가 관찰내상이 되는 한 인간의 외적 변모 양상을 기술함에 있어서 작중화자와 그 인물과의 순간적 인상을 중심으로 만남을 제시하는 방식은 단편소설에서 자주 볼 수 있는 서술방법이라고 할 수 있다.

> 다음 일요일 나는 운해의 세 번째의 자태에 접하게 되었다.
>
> 일주일 전과는 퍽도 다른, 아니 그 어느 때보다도 달라서 씻은 듯이 신선한 인상으로 나타났다. 쉴 새 없이 발전해 가는 유기체라고 할까. 나는 사실 그의 번민의 자태에 눈을 굴리는 것이나 그날의 인상이란 그 어느 때보다도 신선하고 당돌해서-참으로 나는 놀라는 수밖에 없었다.

그의 대담하고 거뿐한 차림차림부터가 내 눈을 끌기에 족했다. 그런 차림으로 기차를 타고 거리를 지내온 것일까. 마치 소년 선수같이 신선한 자태가 아닌가. 넥타이 없는 샤쓰 바람에 무릎 위로 달롱 오른 잠방이를 입고 긴 양말에 등산 구두, 둥근 모자에 걸방을 진-별 것 아니라 한 사람의 등산객의 차림인 것이나 그것이 다른 사람 아닌 운해군의 차림이기 때문에 물론 나는 신기하게 본 것이다. 손에 든 것도 자세히 보니 늘 짚는 단장이 아니라 피켈인 모양이다.(전집2, 277-8면)

이 작품 〈해바라기〉에서 운해와의 첫 번째 만남은 집으로의 방문을 거쳐 야외 촬영에 가서 자기의 약혼자를 소개시키는 것이고, 두 번째는 두어 주일 후에 약혼자와의 헤어짐을 기회로 집을 방문하는 것이다. 그리고 마지막으로 세 번째의 만남에 대한 묘사가 위의 인용부분이다. 운해와의 세 번째 만남은 등산복 차림으로 중석광산을 찾아 떠나기 위해 찾아오는 것으로, 성천의 친구가 보내온 동무가 전해준 이상한 돌에 중석이 함유된 것임을 확인하고 등산객 차림으로 그 곳에 가려고 하는 장면이다. 이후 주인공은 그 돌을 광무소에 들러 맡기고 운해를 차로 태워 보내는 것으로 이 소설이 끝나고 있다. 이 작품에서는 관찰자로서 작중화자가 기인(奇人)의 면모를 있는 그대로 보여주고 있다.

〈황제〉는 나폴레옹이 그의 일생을 대서양의 섬에 갇혀 회상하는 형식으로 그리고 있는 소설 형태를 가지고 있다. 이 작품은 작중화자인 나폴레옹이 자신의 과거를 회상함에 있어 의식의 흐름에 따라 소설을 구성하고 있다. 이러한 이유에서 이 작품에서는 작중화자인 나폴레옹이 의식 내용을 대상과 관련하여 서술하고, 이를 통해 사건을 독자가 시각적으로 체험할 수 있도록 공간적 묘사가 두드러지게 나타난다.

…… 어둡다 요란하다 우뢰소리 번갯불 바람은 천지를 쓸어 가련건가 구름은 우주를 뭉개 버리련건가 파돗소리 저 파돗소리 절벽을 물어뜯는 저놈의 파돗소리 수십 길 절벽을 뛰어 넘어 이 집을 쓸어 가련는 듯 차라리 쓸어 가버려라 집까지 섬까지 한 목음에 삼켜버려라 오늘은 어인일고 아침부터 이 바람소리 파도소리 오월이라 며칠이냐 날짜까지 까마득 내 세월을 이고 지낸지 오래거니 이 외로운 섬에서 롱운의 쓸쓸한 언덕에서 세월을 잊은 지 오년이라 육년이라 지내온 세상일이 벌써 등 뒤에 아득하게 멀구나 자연이 무심할소냐 그대만이 나를 알어주누나 내 마즈막을 일너주누나 오늘의 그대의 이뜻을 내 모를바 아니요 이 어두운 천지의 조화와 부지럽는 대서양의 파도소리가 무엇을 재촉하는지를 내 모를바 아니다 오늘이 올 것을 마음 속에 생각하고 있었고 기다리고 있었다 며칠 전에 섬위로 쏜살같이 혜성이 떠러짐을 내 보았으니 옛적 씨어서어가 세상을 떠날때 떨어지는 그 혜성이 이섬에 떠러짐을 보았으니 내 무엇을 모르랴 그러나 내 무엇을 겁내랴 「광야의 사자」인 애 감히 무엇을 겁내랴 차라리 이 불측한 곳을 한시 바삐 떠나구싶다 이 무례한 고장을 얼른 떠나구 싶다

해발 이천척의 언덕위에 덩그렇게 올려놓은 이 나무집 병영으로 쓰리든 낡은 집 일년이면 아홉달이……(생략)……(이효석, 〈皇帝〉(『文章』, 1939. 7. 증간호), pp.2-3.)

위의 인용은 이 작품이 시작하는 처음 부분으로 유배지인 대서양의 세인트 헬레나 섬의 음산한 날씨, 대서양의 찬바람, 사면을 둘러싼 망망대해라는 공간적 배경을 통해 나폴레옹의 정서를 자극하여 고향과 어머니에 대한 그리움의 서정을 그려내고 있다. 이 작품은 의식을 직접적으로 묘사하여 독자에게 전달함으로써 시간적 거리가 무화되고 인물의 의식 속에서 공간화 되는 심리소설적 특징을 보여

주고 있다. 이 작품의 경우 전집에 실리면서 단락 구분이 없이 되어 있으나, 위의 인용에서 보는 바와 같이 『문장』에 발표할 때는 단락 구분이 되어 있었다.

〈鄕愁〉는 도시인이 향수에 젖어 고향을 찾기는 하지만 막상 고향을 찾으면 도회의 편안함을 그리워 한다는 내용을 작중화자의 아내의 귀향과 귀가의 관찰을 통해 제시하고 있는 작품이다. 이 작품은 배경은 도시를 중심으로 한 작품이기는 하지만 내용에 있어서는 뒤에서 논의할 전원적 서정을 내면에 깔고 있는 작품이다. 이러한 문제의식은 이효석 단편소설의 서정성의 문제점인 도시인이 느끼는 전원에 대한 의식이 잘 드러내고 있다고 할 수 있다.

〈라오콘의 後裔〉는 화가로서 신문소설의 삽화를 그리는 주인공인 '마란'이 삽화를 그리지 못하고 고뇌하는 과정 속에서 신문사 뒷문간에서 힌트를 얻어 삽화를 완성한다는 내용의 소설이다. 이 작품에서 작가는 촉망받는 화가 '마란'이 신문소설 삽화에 대한 영상이 떠오르지 않아 근무 시간에 신문사 뒷문간으로 빠져 나와 달아나려고 하다가, 그곳에서 뱀을 가두어 두고 뱀을 파는 땅꾼이 뱀에 물리고 짓는 얼굴 표정을 목격하고, 이것을 모티브로 하여 신문소설 삽화의 영감을 받는다는 내용을 중심으로 예술가적 고뇌에 대해 말하고 있다.

> 영감의 샘이 금시 하늘에서 그의 몸으로 옮아온 듯 두눈이 형형히 빛나고 머리카락이 곧추 섰다. 흥분으로 말미암아 와들와들 떨리고 어깨가 실룩거려 육신의 중심을 잡을 수가 없다. 내리기 시작한 신장대 모양이다. 거울을 놓고 얼굴을 찡그려 보아도 얻지 못했던 괴롬의 영감을 땅꾼의 얼굴에서 찾았다. 이제야말로 운필의 동기를 확적히 잡았다. 초조와 괴롬은 흩어

지고 만족과 열이 얼굴에 서리어 갔다.

(오늘은 세상에서 제일가는 삽화를 그리리라. 일생일대의 걸작을 그리리라. 라오콘왼의 조각 이상의 예술을 만들리라. 발칙한 급사의 독촉을 그림으로 물리치리라. 거만한 편집장의 입을 놀람으로 막아 버리리라.)

손에는 어느 결엔지 사생첩이 드려 있었고, 새로운 페이지 위에 땅꾼의 얼굴이 한획 두획 윤곽을 이루어 갔다. 트로이의 라오콘은 적군의 흉계를 간파한 까닭에 뱀에게 물렸건만, 땅꾼이 뱀을 팔려다가 뱀에게 물렸다. 수천년 전의 괴롬이 오늘에 재생되어 마란의 예술을 도울 줄 뉘 알았스랴. 마란의 그림이 라오콘왼 군상의 조각에 못 미치리라고 누가 말하랴.

(이제서야 내 거울 속을 똑바로 보았구나. 소설의 주인공의 심정을, 내표정을 똑바로 보았구나. 땅꾼이여, 라오콘왼의 후손이여. 잠시 내 모델이 되라. 내 그대의 괴롬을 후세에 전하리니 나를 믿으라.)

세기의 고통은 무상의 기쁨으로 변해 지금 마란으로 하여금 모든 것을 잊어버리고 제작에 열중시켰다. 사람들도 비로소 영문을 알고 마란에게로 주의를 보내 왔고 땅꾼도 그의 열정에 감동되어 잠시 몸을 움직이지 않고 정숙하게 그를 향하는 것이었다.

요번에야말로 짜장 그림 독촉을 나왔던 급사도 말을 잊고 그의 옆에 우두커니 서 있었다. 모든 것이 일순 걸작의 탄생을 위해 엄숙한 침묵을 지키고 있는 것이었다.(전집3, 162면)

위의 인용은 이 작품의 마지막 부분으로 걸작을 완성하는 모습에 대한 묘사 부분이다. 위대한 예술품의 탄생을 묘사하는 이 부분에서 우리는 일종의 경외감마저 느끼게 된다. 일상적 삶을 영위하는 예술가의 문제를 신문소설의 삽화를 그리는 삽화가의 고뇌와 관련하여 그리고 있다. 이 작품을 통해 작가는 예술 행위의 어려움이 그 자체로 예술적 의도가 직접적으로 관련되어 있음을 시사하고 있다. 소위 예술가 소설의 한 전형을 보이고 있다.

〈日曜日〉은 상처한 소설가 준보가 소설의 소재를 찾아 시내를 헤매고 다니다가 집에 들어와 엄마가 없어도 보채지 않는 어린 자식을 소재로 훌륭한 작품을 써야겠다고 다짐하는 작품이다. 이 작품은 위의 〈라오콘읜의 後裔〉와 같은 일종의 예술가 소설이다. 아침 일찍 원고를 완성하여 잡지사에 우편으로 부치고, 찻집과 백화점 그리고 호텔 등을 방황하다가 집으로 돌아오는 과정이 장황하게 서술된다.

> 밝은 등불 아래에서 재깔거리는 그 무심한 양을 바라보면서 책상에 우두커니 앉아있는 준보에게는 낮에 거리에서 느낀 것과는 또 다른 행복감이 유연히 솟아올랐다. 어른의 세상의 행복이 아니라 아이들 세상의 행복이었다. 어린 혼들의 자라가는 기쁨을 바라보는 데서 오는 맑은 행복이었다. 흠없고 무욕하고 깨끗한 행복감이었다. 어느결엔지 마음이 따뜻하게 녹아지면서 차차 그 어린 세상 속에 화해들어감을 느꼈다.
>
> (옳지, 이것을 쓰자, 아이들의 소설을 쓰자. 어린것들의 자라는 양을 그리자!)
>
> 책상 위에는 원고지와 펜이 놓였다. 때묻지 않은 하이얀 원고지가 등불을 받아 눈같이 희고 눈부시다. 그 깨끗한 처녀지 위에 적을 어린 소설을 생각하면서 준보의 심경도 그 종이와 같이 맑아갔다.(전집3, 205-6면)

위의 인용은 이 작품의 마지막 부분이다. 도회를 배회하면서 소설의 소재를 찾으려고 했지만, 찾지 못하고 집에 돌아와 위의 인용에서처럼 순수한 동심을 찬양하는 소설을 창작하겠다고 하는 주인공인 소설가 준보의 결심이 이루어지고 있다.

그 외에 이효석의 도시를 배경으로 한 단편소설 작품 중에서 소설적 구성을 갖추지 못한 채 수필적인 성격을 띤 소설로 〈석류〉, 〈落葉記〉, 〈마음에 남는 風景〉, 그리고 〈聖樹賦〉를 들 수 있다.

지금까지 논의한 소설 중에서 몇몇 작품을 제외하면 대부분의 작품은 사랑 혹은 성의 문제를 취급하고 있다. 그런데 이들 작품은 순수한 사랑을 다루기보다는 인간의 본능적 욕구로서의 성의 문제를 취급하고 있다. 이것은 이효석의 도시를 배경으로 서정성을 추구하는 소설에 있어서 단순한 흥미의 차원을 넘어서 도시적 분위기에 어울리는 제도적 차원의 성의 문제이다. 그러므로 이효석은 도시를 배경으로 하는 위의 소설에서 사랑의 허망함을 도시적 일상의 문제와 관련하여 서술하고 있는 것이다.

다음에 살펴 볼 것은 1933-1938의 단편소설 중에서 이제까지 보여주었던 도시를 배경으로 하는 작품들과 거리를 두고 새롭게 시골의 건강성 내지는 향수가 드러나는 작품들이다. 이러한 유형의 작품들은 〈豚〉, 〈수닭〉, 〈山〉, 〈粉女〉, 〈들〉, 〈고사리〉, 〈모밀꽃 필 무렵〉, 〈개살구〉, 〈영계〉, 〈山精〉, 〈사냥〉 등의 작품이다. 이들 작품은 이효석 소설의 대표작품으로 꼽히는 것으로[3], 전원의 건강성을 중심으로 내지는 전원에의 향수가 드러남으로써 자연친화적 양상을 보이고 있다.

---

3) 김동리의 이효석론인 〈산문과 반산문〉을 시발로 정한모, 주종연, 정명환, 이재선, 김우종, 김상태 등의 논의의 대부분은 본 항목에서 다루는 소설을 중심으로 논의를 전개하고 있다. 논자들의 논의 제목은 참고문헌란을 참고하기 바람.

1933년 『조선문학』에 발표된 〈豚〉은 이효석 소설을 시기적으로 정리함에 있어서 중요한 작품이다. 왜냐하면 이 작품을 계기로 이전의 동반자적 작가의 작품 경향을 일소하고 새로운 작품 경향을 보이고 있기 때문이다. 특히 본고에서 관심을 가지고 있는 서정성에의 경사를 보이는 단편소설은 이 작품 이후에 창작된 작품경향과 일정하게 대응한다고 할 수 있다. 단편소설 〈豚〉은 돼지의 교접 장면을 통해 인간의 원초적 본능으로써의 성의 문제를 문제 삼고 있다. 즉 이 작품은 '식이'라는 주인공이 애써 키운 암퇘지를 종돈과 교접시키고 장을 들러 집으로 오다가 그 암퇘지가 기차에 깔려 죽는다는 것을 내용으로 하는 작품이다. 그리고 작품 중간에 짝사랑하는 분이에 대한 식이의 생각이 암퇘지의 교접과 관련하여 기술된다. 이 작품에서 동물의 '性'문제는 본능적인 것으로 인간에 있어서 자연에의 친화를 보여주기 위한 도구이다.

> 옛성 모롱이 버드나무 까치 둥우리 위에 푸루둥둥한 하늘이 얕게 드리웠다. 토끼우리에서는 하이얀 양토끼가 고슴도치 모양으로 까칠하게 웅크리고 있다. 능금나무 가지를 간들 간들 흔들면서 벌판을 불러오는 바닷바람이 채 녹지 않은 눈속에 덮힌 종묘장(種苗場)보리밭에 휩쓸려 돼지 우리에 모질게 부딪힌다.
>
> 우리 밖 네귀의 말뚝 안에 얽어매인 암퇘지는 바람을 맞으면서 유난히 소리를 친다. 말뚝을 싸고 도는 종묘장 씨돈(種豚)은 시뻘건 입에 거품을 품으면서 말뚝의 뒤로 돌아 그 위에 덥석 앞다리를 걸었다. 시꺼먼 바위 밑에 눌린 자라 모양인 암퇘지는 날카로운 비명을 울리며 전신을 요동한다. 미끄러진 씨돈은 게걸떡거리며 다시 말뚝을 싸고 돈다. 앞뒤 우리에서 웅하는 돼지들 고함에 오후 종묘장 안은 떠들썩한다.

반 시간이 넘어도 여의치 않았다. 둘러싸고 보던 사람들도 흥이 식어서 주춤주춤 움직인다. 여러번째 말뚝 위에 덮쳐을 때에 육중한 힘에 말뚝기 와싹 무지러면서 그 바람에 밑에 깔렸던 돼지는 말뚝의 테두리로 벗어져서 뛰어났다.

「너무 어려서 안되겟군.」

종묘장 기수가 껄걸 웃는다.(전집1, 269-70면)

철로를 끼고 올라가 정거장 앞을 지나 오촌포 행길에 나서니 장보고 돌아가는 사람의 그림자가 드문드문 보인다. 산모롱이가 바닷바람을 막아 아늑한 저녁빛이 행길 위를 덮었다. 먼 산 위에는 전기의 고가선이 솟고 산밑을 물줄기가 돌아내렸다. 온천가는 넓은 도로사 철로가 나란히 누워서 남쪽으로 줄기차게 뻗쳤다. 저물어가는 강산 속에 아득하게 뻗친 이 두 줄기의 길이 새삼스럽게 식이의 마음을 끌었다. 걸어가는 그의 등 뒤에서는 산모롱이를 돌아오는 기차소리가 아련히 들린다. 별안간 식이에게는 이상한 생각이 들었다.

(이 길로 아무데나 달아날까.)

장에 가서 돼지를 팔면 노자가 되겠지, 차타고 노자 자라는 곳까지 달아나면 그곳에 곧 분이가 있지 않을까. 어디서 들었는지 공장에 들어가기가 분이의 소원이더니, 그곳에서 여직공노릇하는 분이와 만나 나도 노동자가 되어 같이 살면 오죽 재미있을까. 공장에서 버는 돈을 달마다 고향으로 부치면 아버지도 더 고생하실 것 없겠지. 돼지를 방에서 기르지 않아도 세금 못 냈다고 면소 서기들한테 밥솥 염려도 없을 터이지. 농사같이 초라한 업이 세상에 또 있을까. 아무리 부지런히 일해도 못 살기는 일반이니…… 분이 있는 곳이 어디인가. … 돼지를 팔면 얼마나 받을까 - 이 돼지 암돼지 양돼지 …

「앗!」

날카로운 소리에 번쩍 정신이 깨었다.(전집1, 273-4면)

위의 인용 중에서 앞의 것은 자기 집 암돼지와 種豚과의 교접을 묘사하는 첫 장면이고, 뒷부분은 집으로 가면서 그곳에서 본 길에서 연상된 분이 생각을 하다가 '식이'의 돼지가 기차에 깔려 죽는 이 작품의 마지막 장면이다. 뒷부분의 인용에서 중간에 도시로 나가 있는 짝사랑하는 분이를 생각하는 주인공 '식이'는 도시에로의 지향을 드러내고 있다. 이것은 비록 이 작품에서 시작했다는 이효석 소설의 특징의 한계를 단적으로 내보이고 있는 것이다. 즉 위의 작품에서는 앞에서 논의한 작품경향을 탈피하고 새로운 경향의 소설로의 진입을 보이고 있다고 생각되는데, 그것은 대상 특히 자연에 대한 작중화자의 태도에서 찾을 수 있다. 이전까지 관심을 가지고 묘사하려던 인간의 문제가 자연물로서 가축에 전이한다는 사실은 새로운 경향으로의 가능성을 시험한 것이라고 할 수 있다.

이것은 〈수닭〉에서도 조금은 다른 양상이지만 비슷하게 나타난다. 〈수닭〉은 주인공 을손이가 학교에서 금단으로 여기는 능금을 따먹고 담배를 피웠다는 이유로 선생님한테 들켜 무기정학을 당한 상태에서 자신의 현재 위치를 자기 집의 초라한 수탉과 대비시키면서 어려운 처지를 서술한 작품이다. 이 작품은 시골을 자연배경으로 하고 있지만 이전에 이효석이 보이던 인물에 대한 묘사를 자연물로서 가축에 전이한다는 면에서 새로운 양상을 보이고 있는 작품이다. 그리고 이 작품 〈수닭〉에서는 주인공의 애인 복녀가 원잠종 제조소 견습생을 마치고 사회적으로 촉망받는 여자를 등장시켜 을손과 대비시키고 있다.

> 하루저녁 복녀를 찾았을 때 을손에게는 모든 것이 확실히 알렸다.
>
> 나온 것은 복녀가 아니라 복녀의어머니였다.

「앞으론 출입도 피차가 잦지 못하게 될 것을 생각하니 섭섭하기 그지없네.」

말을 몰라 우두커니 서 있으려니 복녀의 어머니는 말을 이었다.

「기어이 알맞은 사람을 하나 구해 봤네.」

천근 같은 무쇠가 등골을 내리쳤다.

「조합에 얌전한 사람이 있다기에 더 캐지도 않고 작정하여 버렸어.」

복녀를 찾아볼 생각도 못하고 을손은 허전허전 뛰어 나왔다.

(복녀의 뜻일까, 춘향모의 짓일까.)

물을 필요도 없었다.

눈앞이 어둡고 천지가 헐어지는 것 같았다.

며칠동안은 눈에 아무서것도 어리우지 않았다.

앙상한 밤송이 같은 현실

한달이 넘어도 학교에서는 복교 통지가 없다.

저녁때였다.

닭이 우리 안에 들어 각각 잠자리를 차지하였을 때 마을 갔던 수닭이 어슬어슬 돌아왔다.

또 싸운 모양이었다.

찢어진 맨드라미에는 피가 생생하고 퉁겨진 죽지의 깃이 거꾸로 뻗쳤다.

다리를 저는 것은 일반이나 걸어오는 방향이 단정치 못하다. 자세히 보니 눈이 한쪽 찌그러진 것이었다. 감긴 눈으로 피가 흘러 털을 물들였다.

참혹한 꼴이었다.

측은한 생각은 금시에 미움의 감정으로 변하였다. 을손은 불같은 화가 버럭났다.

(-----그 꼴을 하고 살아서는 무엇해)

살기를 띤 손이 부르르 떨렸다. 손이 잡히는 것을 되구말구

닭에게 던졌다.

망칙하게도 명중되어 순간 다리를 뻗고 푸드득거리는 꼴에서 을손은 시선을 피해버렸다.

끊었다 이었다 하는 가엾은 비명이 을손의 오장을 뒤흔들어 놓는 듯하였다.(전집1, 341-2면)

위의 인용은 주인공 을손이 복녀의 어머니로부터 복녀와 교제를 끊어달라는 말을 듣고 집에 들어와 자신을 투사(投射, projection)시킨 수탉을 참혹한 상황에서 죽게 하는 장면을 묘사한 것으로, 주인공 자신의 처지와 밖에 나가 얻어터지고 온 수탉을 동일시한 것이라고 할 수 있다. 〈豚〉과 〈수닭〉에서 우리는 시적 장치로 논의할 수 있는 동일화의 방식인 투사의 개념은 이 작품을 이해하는 중요한 개념이다.[4] 작가는 주인공의 심정을 돼지나 닭에 대한 묘사를 통해 서술하고 있다.

〈山〉은 머슴살이를 하다가 주인의 첩을 건드렸다는 이유로 쫓겨난 주인공 '중실'이 산에서 야영 생활을 하는 이야기를 중심으로 한 작품이다. 이 작품은 4부분으로 나뉘어져 있는데, 그 첫 번째 부분은 주인공의 산에서의 생활이 먼저 소개되고, 두 번째 부분에서는 첫 부분의 생활의 원인이 서술되고, 세 번째 부분에서는 나무를 해 장에 팔러 가서의 번잡한 생활이 그려지고 있으며, 마지막 네 번째 부분은 다시 산에 와서 밥을 해먹고 나서 이웃집 용녀를 생각하면

4) 투사(projection)는 동화(assimilation)와 더불어 자아와 세계의 동일성을 추구하는 두 가지 방식이다. 일반적으로 동화는 시인이 세계를 자신의 내부로 끌어들여서 그것을 내적 인격화하는 소위 세계의 자아화다. 다시 말해 실제로는 자아와 갈등의 관계에 있는 세계를 자아의 욕망, 가치관, 감정에 적합한 것으로 만들어 동일성을 이루게 하는 작용인 것이다. 이에 비해 투사는 자신을 상상적으로 세계에 투사하는 것, 곧 감정이입에 의해 자아와 세계가 일체감을 이루도록 하는 것이다.

서 하늘의 별을 보는 행위가 묘사되어 있다. 이 작품 〈산〉에서 그려지고 있는 것은 자연과 인위적인 사회생활의 대비이다. 결국 이 작품에서 주인집으로부터 쫓겨나 나무를 팔아 생계를 유지하기 시작하는 '중실'이 자기의 애인 생각을 하면서 하늘의 별을 바라보는 장면은 자연과의 일체감을 느끼게 해준다. 작품의 내용과는 별개로 작중화자가 순수하게 관찰자의 위치에 서 있음으로 해서 서정성을 획득하고 있는 것이다.

1) 나무하던 손을 쉬고 중실은 발밑에 깨금나무 포기를 들쳤다. 지천으로 떨어지는 깨금알이 손안에 오르르 들었다. 익을 대로 익은 제철의 열매가 어금니 사이에서 오드득 두 쪽으로 갈라졌다.

돌을 집어던지면 깨금알같이 오드득 깨어질 듯한 맑은 하늘, 물고기 등같이 푸르다. 높게 뜬 조각구름 떼가 해변에 뿌려진 조개껍질같이 유난스럽게도 한편에 옹졸봉졸 몰려들었다.

높은 산등이라 하늘이 가까우련만 마을에서 볼때와 일반으로 멀다. 구만리일까, 십만리일가, 골짝에서의 생각으로는 산기슭에만 오르면 만저질 듯하던 것이 산허리에 나서면 단번에 구만리를 내빼는 가을 하늘.

산속의 아침나절은 졸고 있는 짐승같이 막막은 하나 숨결이 은근하다. 휘엿한 산등은 우워 있는 황소의 등어리요, 바람결도 없는데 쉴새없이 나부끼는 사시나무 잎새는 산의 숨소리다. 첫눈에 띄는 하이얗게 분장한 자작나무는 산속의 일색. 아무리 단장한대야 사람의 살결이 그렇게 흴 수 있을까. 수북 들어선 나무는 마을의 인총보다도 많고 사람이 성보다도 종자가 흔하다. 고요하게 무럭무럭 걱정없이 잘들 자란다. 산오리나무, 물오리나무, 가락나무, 참나무, 졸참나무, 박달나무, 사수래나무, 떡갈나무, 피나무, 물가리나무, 싸리나무, 고루쇠나무, 골짝에는 산사나무, 아그배나무, 갈매나무, 개옻나무, 엄나무, 산등에 간간히 섞여 어느때나 푸르고 향기나는 소나무, 잣나무, 전나무, 향나무, 노가지나무-걱정없이 무럭무럭 잘들 자라는 산속은 고요하나 웅성한 아름다운 세상이다.(전집1, 343-4면)

2) 불이 거의거의 이스러지고 물소리가 더 한층 맑다.
별들이 어지럽게 깜박거린다.
달이 다른 나뭇가지에 걸렸다.
나머지 등걸불을 발로 비겨 끄니 골짝은 더 한층 막막하다.
어느맘때인지 산속에서는 때도 분별할 수 없다.
자기가 이른지 늦은지도 모르면서 나무밑 잠자리로 향하였다.
낟가리같이 두두룩하게 쌓인 낙엽 속에 몸을 송두리채 파묻고 얼굴만을 빼꼼히 내놓았다.
몸이 차차 무근하여 온다.
하늘의 별이 와르르 얼굴 위에 쏟아질 듯싶게 가까왔다 멀어졌다 한다.
별 하나 나 하나, 별둘 나둘, 별셋 나 셋 ---
어느 결엔지 별을 세이고 있었다. 눈이 아물아물하고 입이 뒤바뀌어 수효가 들려지면 다시 목소리를 높여 처음부터 고쳐 세이곤하였다.
별 하나 나 하나, 별둘 나둘, 별셋 나 셋 ---
세이는 동안에 중실은 제 몸이 스스로 별이 됨을 느꼈다. (전집1, 350면)

인용 1)은 산골에 나무를 하러 왔다가 높은 하늘을 바라보고 자연의 아름다움에 빠져 이것을 묘사하는 이 작품의 첫 부분이다. 2)는 이 작품의 마지막 부분으로 주인공이 산에 밤이 오면서 하늘의 별을 세며 잠을 청하는 부분이다. 위와 같이 머슴으로 살다가 자연의 품에 안긴 주인공 중실의 생활을 장터와 자기가 살던 마을과 비교하여 서술하여 산속의 생활의 편안함을 강조하면서도 이웃집 용녀가 있으면 좋겠다고 생각하는 주인공의 이중적 모습의 묘사는 결국 인간사회와 관계를 끊고 싶지만 끊을 수 없는 잠재된 주제가 담긴 것이다.

〈들〉에서 학교에서 쫓겨난 주인공이 화려한 봄들에서 야영을 하면서 느끼는 자유로움은 새싹이 움트는 봄들이라는 시간적 공간적 소설 공간에 대한 묘사 때문에 가능한 것이다. 그리고 여기에 등장하는 식물의 이름 역시 도시인에게 전원을 드러내기에 충분한 정서적 환기 효과를 가지고 있다.

> 꽃다지, 질경이, 나생이, 딸장이, 민들레, 솔구장이, 쇠구장이, 길오장이, 달래, 무릇, 시금치, 돌나물, 비름, 능쟁이.
>
> 들은 온통 초록 전에 덮여 벌써 한 조가의 흙빛도 찾아 볼 수 없다.
>
> 초록 바다.
>
> 초록은 흙빛보다 찬란하고 눈빛보다 복잡하다. 눈이 보얗게 까렸을 때에는 흰빛과 능금나무의 자주빛과 그림자의 옥색빛 밖에는 없어 단순하기 옹벗은 여인의 나체와 같은 것 - 봄은 옷입고 치장한 여인이다.
>
> 흙빛에서 초록으로 - 이기막힌 신비에 다시 한번 놀라볼 필요가 없을까. 땅은 어서 어느때 그렇게 많은 물감을 먹었길래 봄이 되면 한꺼번에 그것을 이렇게 지천으로 뱉아 놓을까. 바닷물을 고래같이 들이켰던가. 하늘의 푸른 정기를 모르는 결에 함빡 마셔 두었던가. 그것을 빗물에 풀어 시절이 되면 땅 위로 솟쳐 보내는 것일까. 그러나 한포기의 풀을 뽑아 볼 때 잎새만이 푸를 뿐이지 뿌리와 흙에는 아무 물들인 자취도 없음은 웬

> 일일까. 시험관 속 붉은 물에 약품을 넣으면 그것이 금시에 새푸랗게 변하는 비밀 - 그것과도 흡사하다. 이 우주의 비밀의 약품 - 그것은 결구 알 바 없을까. 한 톨의 보리알이 열낟으로 나는 이치는 가르치는 이 있어도 그 보리알에서 푸른 잎이 돋는 조화의 동기는 옳게 말하는 이 없는 듯하다.(전집2, 7-8면.)

위의 인용은 봄의 생명력을 초록빛과 관련하여 묘사하는 부분이다. 여기서 드러나는 것은 겨울의 눈빛을 가리켜 "단순하기 옷벗은 여인의 나체와 같은 것이"라고 표현한다든지 "봄은 옷입고 치장한 여인이다"라는 문구에서 보듯이 인간과 계절 현상을 병렬적으로 처리하는 은유적 표현을 통한 시적 인식이다. 이러한 인식을 통해서 전원으로서의 들이라는 자연을 시적인 대상으로 파악하고 그것을 생명의 비밀로 표현하고 있다.

〈가을과 山羊〉은 '애라'라는 여인이 짝사랑하는 준보가 옥경과 결혼한다는 소식을 듣고 결혼식을 보고, 그리고 준보를 외국으로 떠나보내고 칠년간의 일기장을 염소에게 먹이고 눈물짓는다는 내용의 작품이다. 이 작품에서는 가을 풍경에 대한 묘사가 인상적이다. 그리고 이 작품에서는 앞의 〈豚〉이나 〈수닭〉과 같은 작품에서 보이는 투사라는 동일화 방법이 부분적이기는 하지만 사용되고 있다. 즉 가을 풍경과 산양이라는 병렬적 작품 제목을 가지고 가을 풍경의 쓸쓸한 분위기를 주인공의 심정과 관련하여 염소라는 동물에 투사하고 있다.

> 화단 위 해바라기 송이가 칙칙하게 시들었을 젠 벌써 가을이 완연한 듯하다. 해바라기를 비웃는 듯 국화가 한창이다. 양지쪽으로 날아드는 나비 그림자가 외롭고 풀숲에서 나는 벌레소리가 때를 가리지 않고 물쏟아지듯 요란하다. 아침이나 낮이

나 밤이나 그 어느때를 가릴까. 사람의 오장육부를 가리가리 찢으려는 심산인 듯하다. 애라에게는 가을같이 두려운 것이 없다. 지난 칠년 동안 - 준보를 알기 시작했을 때부터 그 어느 가을인지 애라에게 쓸쓸하지 않은 가을이 있었을까. 밤자리에 이불을 쓰고 누우면 눈물이 되로 흘러 배게를 적신다.

(사랑이란 무엇인가?)

스스로 물을 때,

(외롭고 적적하고 얄궂은 것.)

칠 년동안에 얻은 결론이 이것이었다. 여러해 동안 적어온 사랑의 일기가 홀로 애태우고 슬퍼한 피투성이의 기록이었다. 준보는 언제나 하늘 위에 있는 별이다.(전집2, 283면)

위의 인용에서 보는 바와 같이 작중화자는 가을의 스산한 느낌의 묘사를 통해 주인공 애라의 사랑이 이루어질 수 없는 쓸쓸한 기분을 효과적으로 묘사하고 있다. 결국 이 작품에서 작가는 외부적 환경에 대한 묘사를 통해 작중 인물의 심정을 그려내고 있다.

〈고사리〉에서는 주인공인 '홍수'라는 인물을 통해 동심의 세계에 있어서 어른스러운 것에 대한 동경 혹은 이에 대한 경이감의 문제를 제기하고 있다. 성인의 세계에 있어서 늘 추억이 서려있는 동심의 세계에 대한 서술은 그 자체로 서정적 세계를 지향하고 있다고 할 때, 이 작품에서는 이러한 동심의 세계를 그린다는 점이 특이하다. 즉 홍수와 인동의 개구쟁이 같은 행위를 어른의 시각에서 그리고 있다. 동심의 세계에서 바라본 애늙은이 홍수에 대한 묘사는 그가 살아가는 전원이라는 공간에서 느끼는 어린 화자의 시각에서만 가능한 것이다.

홍수는 축 중에서도 숙성하였다. 유달리 일찍이 앵돌아지게 익은 고추송이랄까. 쥐알봉수요, 감발적귀였으나 야무러지고 슬기로는 어른 뺨쳤다. 들과 냇가에서는 축들을 거느리고 장거리에서는 어른과 겯었다. 인동은 홍수를 어른같이 장하게 여겼다. 우러러만 볼 뿐이요, 아무리 바라도 올라갈 수 없는 나무 위 세상에 홍수는 속하고 있는 것이었다. 그가 살고 있는 세상은 아이의 세상이 아니요, 어른의 세상이었다. 어른의 세상이었다. 어른의 세상은 커다란 매력이었다. 그러므로 홍수는 늘 존경의 목표요, 희망의 봉우리였다. 그는 약빨리 어른을 수입한 천재였다.(전집2, 73면)

위의 인용은 이 작품의 주인공 '홍수'에 대한 작중화자의 평가이다. 어린 아이의 시각에서 볼 때 홍수는 어른의 세계에 가까이 가 있는 존재였다. 그리고 어른의 입장에서 볼 때, 홍수는 장하고 용기 있는 애늙은이다. 전원이라는 구체적 공간과 인간의 원초적 시간 공간으로서의 동심의 세계는 연관성을 가진다. 이 작품에서 관찰 대상인 홍수는 시골 장터라든지 전원이라는 공간 속에 어울리는 인물 구성을 하고 있다. 이러한 성격화를 통해 정서적인 환기 효과를 노리고 있으며, 이것은 이 작품에서 독자를 어린 시절에의 향수로 끌어들이고 있다. 그리고 이러한 것을 가능하게 하는 요소는 작가가 작중화자를 어린이로 상정하고 있다는 것이다.

이효석의 대표작으로 꼽히는 〈메밀꽃 필 무렵〉에서 역시 작중화자는 허생원과 조선달이 아니고 이들을 관찰하는 제삼의 인물이다. 이 작품에서 봉평장에서 대화장까지의 시골길이라는 공간적 배경 역시 도시인의 입장에서 서정성을 느끼게 하는 요소이다. 특히 작품의 구조적 특징과 관련된 완결된 길이 하얗게 핀 메밀꽃으로 처리되어 있다는 사실 역시 서정적 특징을 부여하고 있다. 그리고 이효석이 어린 시절을 보낸 봉평이라는 공간에 대한 인식과 더불어 그 고장의 전설을 바탕으로 하여 작품을 완성하고 있다. 특히 이효석이 최고의 단편 작가라고 한 안톤 체홉의 〈悲嘆(The Lament)〉의 영향이 여기에 엿보인다.[5] 우선 이 작품에서 가장 주목되는 것은 달빛이 반사된 하얀 메밀밭의 묘사 부분이다. 발표 당시에는 강원도 사투리인 모밀이라는 단어를 사용하였는데, 이는 향토적 정서를 환기시키고 있다.

> …(생략)… 이지러는 졌으나 보름을 가제 지난 달은 부드러운 빛을 흐붓이 흘리고 있다. 대화까지는 칠십리의 밤길, 고개를 둘이나 넘고 개울을 하나 건너고 벌판고 산길을 걸어야 된다. 길은 지금 긴 산허리에 걸려 있다. 밤중을 지난 무렵인지 죽은 듯이 고요한 속에서 짐승같은 달의 숨소리가 손에 잡힐 듯이 들리며, 콩포기와 옥수수 잎새가 한 층 달에 푸르게 젖었다. 산허리는 온통 모밀밭이어서 피기 시작한 꽃이 소금을 뿌린 듯이 흐뭇한 달빛에 숨이 막힐 지경이다. 붉은 대궁이 향기같이 애잔하고 나귀들의 걸음도 시원하다. 길이 좁은 까닭에 세사람은 나귀를 타고 외줄로 늘어섰다. 방울소리가 시원스럽게 딸랑딸랑 모빌밭께로 흘러간다.(전집2, 92-3면)

위의 인용은 조선달과 허생원이 그리고 동이가 봉평장을 마치고 대화장으로 이동하는 가운데 있는 달빛에 비친 메밀밭의 묘사 부분이다. 이러한 서정적 분위기는 허생원이 지난 시절의 추억 즉 과거 달밤에 성서방네 처녀와 물레방앗간에서의 사랑을 말하게 하는 원

---

5) 〈모밀꽃 필 무렵〉에 대한 비교문학적 연구의 결과로 정한모 선생님의 〈효석문학에 나타난 외국문학의 영향〉를 들 수 있다. 이것은 이효석 자신의 수필에서 중고 시절인 16, 7세 때에 체홉의 거의 모든 작품을 독파했다는 고백에게 그가 체홉의 작품의 서정성을 인식했다는 것을 암시적으로 인정한 것으로 생각된다.(전집7, p.138. 참조)

동력으로 작용하는 것이다. 그리고 이러한 요소들은 허생원과 성서방네 처녀와의 과거 이야기에서 촉발된 허생원과 동이의 혈연관계를 암시하는 여러 가지 사실을 통해서 독자들은 그들의 관계를 알아차릴 수 있도록 하는 도구 역할을 수행하고 있다. 그리고 이 작품에서 등장하는 노새라는 동물에 대한 묘사는 늙고 병든 허생원의 현재의 모습에 대한 묘사와 비교되고 있는데, 이는 작중 화자가 허생원의 모습을 노새의 처지에 투사하는 것이라고 할 수 있다. 그럼으로써 이 작품의 서정성을 증가시키고 있다.

〈개살구〉는 개살구가 있는 살구나무집을 중심으로 김형태라는 인물의 행위를 그리고 있다. 이 작품에서 작가는 김형태 첩의 집인 함석지붕의 서울집이라는 살구나무 집을 배경으로 주인공 김형태와 그의 첩이 벌이는 몇 가지 사건을 이야기하고 있다. 그 몇 가지 사건이란 김형태의 첩과 김서기와의 불륜, 그리고 김형태 자신이 면장이 되고자하는 운동이다. 그런데 이 작품에서 서울집인 살구나무 집은 그 집에 사는 김형태의 첩과 김서기와의 불륜과 김형태의 면장이 되고자하는 운동이라는 사건을 준비하기 위한 서사공간인 동시에 이 작품의 분위기를 창출하는 원동력으로 작용하고 있다.

> 서울집을 항용 살구나뭇집이라고 부르는 것은 집 뒤에 아름드리 살구나무가 서 있는 까닭인데 오대 선조부터 내려온다는 그 인연 있는 고목을 건사할 겸 집이언만 결과로 보면 대대로 내려오는 무준한 그 살구나무가 도리어 그 아해의 집을 아늑하게 막아주고 싸주는 셈이 되었다. 동네에서 제일 먼저 꽃피는 것도 그 살구나무여서 한참 제철이면 찬란한 꽃송이와 향기 속에 온통 집은 묻혀 무르녹은 꿈을 싸주는 듯도 하지만 잎이 피고 열매가 맺기 시작하면 집은 더한층 그 속에 묻혀버려서 밖에서는 도저히 집안을 엿볼 수 없는 형세가 되었다.

> 살구나뭇집이라도 결국은 하늘 아래 집이니 그 속 살림살이가 있을 것은 다 같은 이치나 그 살림살이가 어떠한 것이며 그 속에서는 허구한 날 무엇이 일어나는지 외따로 떨어진 그 집안의 소식을 호젓한 나무 아래 사정을 동네 사람들이 알아낼 수는 없었다. 모든 것은 고사하고 나무 속에 감추어져서 하늘의 별조차도 나무 아래 지붕은 고사하고 나무를 뚫고 속 사정을 엿볼 수는 없었다. 푸른 나무가 익어갈 때 참살구 아닌 그 개살구의 양은 보기만 하여도 어금니에 군물이 돌았다. 집안의 살림살이도 별수 없이 어금니에 군물도는 그 개살구 맛일는지도 모르나, 그러나 그 살구를 훔치러 사람들은 집 뒤를 기웃거리기가 일쑤였다.(전집2, 139-140면)

위 인용은 작품의 처음 부분으로, 개살구가 열리는 살구나무집에 대한 공간 묘사가 주를 이루고 있는데, 다른 소설과 같이 독자의 호기심을 자극하고 있다. 이 살구나뭇집에서 일어나는 것은 김형태의 첩과 김서기와의 불륜과 같은 성적인 타락과 면장이 되려고 하는 김형태의 성치석 음모와 깉은 정치적 디락과 관련되어 있다. 그런 이유로 참살구가 아닌 '개살구'라는 제목을 표상함으로써 작가는 인간의 어두운 면을 부각시키고 있다.

그리고 〈영계〉에서 작가는 지식에 대한 혐오문제를 다루고 있다. 이 작품에서는 주인공인 학수와 그의 어머니가 나온다. 바닷가 마을에서 어려운 생활을 영위하고 있는 학수의 어머니가 생선장수를 하고 있는 선창가를 배경으로 주인공 '학수'는 무기정학을 당하고 집에 눌러 앉게 된다. 물고기를 나귀에 싣고 팔아다 아들 학수를 농업학교에 보내, 그가 졸업하면 소학교 훈도나 금융조합 서기가 되기를 바라는 어머니가 아들의 학교 중퇴로 실망하는 것으로 소설은 시작되고 있다. 이 작품에서는 공간적 배경이 다른 소설과는 달리 바닷가 어촌을 배경으로 하고 있다는 것은 바다를 낭만적 묘사의 대상으로 추구함을 의미하는 것이다. 바닷가의 선창가라는 공간은 그 속에서 살아가는 사람들에게는 고통스런 삶의 공간이지만, 이 작품에서 그리고 있는 바닷가는 다분히 낭만적인 관찰이 행해지는 서정적인 공간으로 되어 있다.

> 학교에 기껏해야 네 쪽의 벽으로 된 반평에도 차지 못하는 야릇한 공간에서 학수는 자유의 세상을 구하지 않았던가. 바다는 네 쪽의 벽과 - 이 얼마나의 차이인가. 바다는 그런 인식하고 추잡한 세상과는 엄청나게 거리가 멀다. 기가 막히게 풍격이 위대하다. 학수는 전엔들 그것을 느끼지 못한 바는 아니었겠지만 요사이의 그것이 새로이 한 큰 발견과도 같은 기쁨을 가져왔다.
>
> 하루는 강천수 공장의 발동선을 탔다. 바다 밖에 늘일 덤장 그물을 실은 어선을 여러 척 끌고 발동선은 저녁때는 되어서 포구를 떠났다. 아는 사공의 권고를 받아 학수는 소풍겸 발동선에 올랐던 것이다. 그는 발동선에 대해서는 특별한 애착을 가지고 있었다. 이것만 한 척 손에 넣을 수 있다면 학교고 무어고 집어치우고 바다에서 살아볼까 하는 생각이 일찍부터 마음을 당겼다. ……(중략)……
>
> 바다는 무한대의 힘이요 자랑이었다. 그 속에 새그물을 던지고 그물 안에 든 고기떼를 선창에 퍼담는 - 그 경영이 또한 사람의 하는 일로서 그렇게 유유하고 의젓한 데는 없을 듯이 느껴졌다.(전집2, 256-7면)

위의 인용은 무기정학을 받고 집에 들어 앉아 있는 학수가 바다를 바라보며 세월을 보내다가 우연한 기회에 배를 타고 바다에 나갔다가 느낀 장면이다. 이 장면 이후에 주인공은 배를 타고 바다에 나갔다가 바다에 빠졌지만 헤엄쳐 살아나온다. 그리고 학수는 무료함을 달래기 위해 읍내에 갔다 오다 애인 분녀를 만나게 되는데, 여기서 애인 분녀가 금융조합 서기로 있는 영진에 대해 칭찬을 하자 영진과 결혼하라고 성질을 내고 집으로 돌아오기도 한다. 그리고 시름에 젖은 생활을 하다가 책을 팔아 공을 사온 명재와 공차기에 여념이 없어지는 것으로 소설이 끝나고 있다. 이 작품에서 무슨 책인지는 모르지만 그 책을 읽다가 무기정학을 받고, 친구인 명재가 책을 팔아서 사온 공을 차는 등의 지식에 대한 혐오감이 나오는데 이것에 대한 어떤 구체적인 언급도 되지 않아 작가가 의도하는 바가 충분하게 전달되고 있지 못하다. 하지만 이 작품〈영계〉에서 바다라는 공간에 대한 서정적 묘사는 작가가 의도했던 주제 의식과 별개로 단순한 관찰자로서 도시인의 서정적 감수성을 잘 드러내 보여주고 있다.

〈山精〉은 주인공 '나'와 동료교수인 신교수와 박교수 두 사람과의 산행과정이 그려지고 있다. 학교에 등산구락부가 생긴 이후 동료교수 둘과 등산으로 인해 친해신 연유에 내해 간단히 이야기하고 산행과정을 내용으로 하는 이 소설에서 산은 고기를 구워먹는 장소로 묘사되고 있다. 그리고 등산 이후에 여자가 나오는 술집에 들어가게 된 것을 산의 정기가 몸에 넘쳐 그렇다고 서술되고 있다. 즉 산이 자연의 건강함을 몸소 느끼게 하는 동인으로 그려지고 있다. 이 작품에서 작자는 산을 포함하는 자연이 도시인에게 힘을 전해주는 공간으로 설정하고, 자연이 생명력의 원천으로 묘사될 수 있음을 그려내려고 하였다.

> 날이 밝으면서 다시 교직과 책임이 우리를 부르게 될 것이나 그날 하루는 마지막의 일순간까지라도 교직을 벗어난 세

사람의 자유로운 해방의 날이어야 한다.

청하지 않은 술이 뒤를 이어 대중없이 들어오고 단간 방에 여자는 세 사람이었다. 정체 모를 세 사람의 머슴 사이에 끼어 세 사람의 여자는 갖은 교태를 부리며 한없이 술을 권한다.

「신서방의 허물이요.」

낮의 산에서의 신서방이 지난 때 이야기를 생각하고 이렇게 문책하는 것이었으나 물론 이것은 농담인 것이요, 신서방의 허물은 세상 어느 구석에서든지 항상 되풀이되는 것이다. 다만 하나의 암시가 되었다면 되었을까 - 그밤과 이밤과 같다면 같고 - 다른 것이 있다면 여자가 한 사람이 아니었다는 것이다. 즉 제비를 뽑아서 신서방만을 이롭힐 것은 없었던 것이다.

온전히 야생의 날이었다. 문명을 벗어나서 야생의 부르짖음만이 명령하는 날이었다. 산의 죄가 아니요 산의 덕이다. 전신에 흠뻑 배이고 넘치는 산정기의 덕이었다. 더럽혀진 역사의 한 장이 아니고 역시 옳은 역사의 한 장이었다. 등산복을 입고 스타킹을 신고 한 부끄러울 것 없는 밤이었다.

산은 야릇한 것 - 나는 지금 아직 산 때를 완전히 벗지 못한 피부를 바라보면서 산정기를 또 한번 불러본다.(전집3, 13면)

위인용에서 작중인물들은 산에서 고기를 구워먹고 내려와 여자 나오는 술집에 들어가게 되고, 그 술집에서 주인공이자 작중화자인 '나'는 산이 자연의 건강함을 몸소 느끼게 하는 동인이라고 서술하고 있다. 즉 이 작품에서 자연은 향수의 대상이자 관찰의 대상일 따름이지 생활의 현장은 아니다. 이러한 측면에서 이 작품은 대상을 낭만적으로 인식하고 자아와 세계를 동일하게 생각하는 서정적인 인식이 드러나고 있다.

그리고 〈산정〉에서와 같은 대상에 대한 인식이나 작가의 태도는 〈사냥〉에도 나타난다. 〈사냥〉에서는 소풍 대신에 노루 사냥의 몰잇

군이 된 학보가 느낀 감정을 주로 드러내고 있다. 학보는 노루를 사냥하면서 자기 자신 때문에 두 마리의 노루를 놓치고 만다. 그 작품에서 학보는 포수에게 잡힌 죽은 노루를 보고 동물사냥의 혐오감과 더불어 집에서 어머니가 해줘 맛있게 먹은 고기가 노루고기임을 알고 자기혐오의 감정을 느끼고 있다. 작가는 이러한 이율배반적 감정을 대비하고 있으며, 인간의 잔인함에 대해 작중인물인 학보가 직접적으로 서술하고 있다.

> 요행이 잡은 것은 있었다. 망아지만한 한마리가 배에 탄창을 맞고 쓰러져 있다. 쏜 포스가 쏠 때의 형편을 거듭 말하며 은근히 오늘의 수완을 자랑하는 눈치였다. 다른 포수들은 잠자코만 있었다. 소득이 있으므로 동무들의 문책은 덜해졌으나 학보는 검붉은 피를 흘리고 쓰러진 가여운 짐승을 볼 깨 문득문득 일종의 반항심이 솟아오르며 소득을 기뻐하는 몹쓸 무리가 한없이 미워지고 쏜 포수의 잔등을 총부리로 쳐서 꼬꾸라뜨리고도 싶은 충동이 솟았다. 품안에 들어 온 두 마리의 짐승을 놓친 것이 얼마나 다행인가. 위해한 공갈이도 생각되었다. 잃어진 한 마리를 찾느라고 애달픈 가족들이 이 밤에 얼마나 산속을 헤매일까를 생각하면 뼈가 저렸다. 인간의 잔인성이 갑절로 미워지며 「인간중심주의」의 무도한 사상에 다시 침뱉고 싶었다.(전집2, 295면)

위의 인용은 학보라는 인물이 자기의 배려로 두 마리 노루를 살려 보냈지만, 결국 다른 사람에 의해 잡은 노루의 시체를 보고 느끼는 인간의 잔인함에 대해 분노를 토로하는 부분이다. 이 작품에서는 노루를 놓친 한 가지 사건과 잡힌 노루의 관찰, 그리고 노루고기를 먹고 난 뒤의 느낌만을 제시하는 정도만이 제시되고 있다. 즉 이 작품에서는 간단한 몇몇 사건의 서술 외에는 자연을 보고 그것의 아름다움에 빠져 대상으로써의 자연의 묘사가 집중적으로 드러나고 있는 것이다.

그리고 〈山峽〉에서는 주인공 공재도가 소금받이를 갔다와서 다시 소금받이를 가는 일 년간의 시간적 배경 하에서 일어나는 사건들이 서술되고 있다. 이 작품은 단편소설적 구조라기보다는 장편소설적 구조로 이루어져 있다. 즉 봄 여름 가을 겨울로 이어지는 순환론적 시간 구조 속에서 공재도를 둘러싸고 있는 가족의 이야기를 중심으로 전개하고 있다. 봄에 소금을 구하러 가서 소와 맞바꾸어 데리고 온 원주댁이라는 첩을 데리고 온다. 그리고 여름이 지나 가을에 원주댁의 남편이 찾아와 데리고 가고, 겨울이 지나 자기의 처가 중근의 아들을 낳고 간수를 먹고 죽는다. 이러한 이 작품의 서사구조는 다분히 장편소설적 구조를 가지고 있는 것이다.

> 1) 봄이 되면 소금받이의 먼길을 떠나는 남안리 농군들이 각기 등허리에 콩섬을 싣고 마을 길에 양양하게 늘어서는 습관이던 것이 올해는 거반 가까운 읍내에 가서 오기를 한 까닭에 어쩌다 공재도 한사람이 남아버렸다. 원주 땅 문막은 서쪽으로 삼백리나 떨어진 이웃 고을의 나루였다. 양구더미를 넘어 욍성 벌판을 지나 더딘 소를 몰고는 꼭 나흘의 길이었다. 양구더미를 넘는데만도 넉근히 하루가 걸리는데다 굼틀굼틀 구부러 글어가는 무인지경의 영은 깊고 험준해서 울창한 참나무 숲에서는 대낮에도 도둑이 났다. 썩은 아름드리 나무가 정정히 쓰러져 있는 개울가의 검게 탄 자리는 도적이 소를 잡아먹은 곳이라고 행인들은 무시무시해서 머릿털을 솟구면서 수군거렸다. 문만 나룻강가에는 서울 한강을 거슬러 올라온 소금섬이 첩첩히 쌓여서 산골에서 나온 농군들과 거래로 복작거리고 떠들썩

했다. 대개가 콩과 교환이 되어서 이 상류지방에서 바뀌어진 산과 바다의 산물은 각기 단대 방향으로 운반되는 것이다. 흥정이나 잘돼서 후하게 받은 소금짐을 싣고 다시 양구더미를 무난히 되돌아 넘어 멀리 자기 마을의 산골짝을 바라보게 될 때 재도는 비로소 숨을 길게 뽑았다. 내왕 열흘이나 걸리던 먼 길에서는 번번이 노독을 얻었고 육신이 나른히 피곤해졌다. 소금받이는 수월한 노릇이 아니었다.(전집3, 163-4면)

2) 산골의 여름은 빨라서 모가 끝난 후 보리를 걷어 들이고 나니 골짝에는 초목이 울창해지고 산에는 나무가 우거져서 한결 답답하게 되었다. 옥수수 이삭에서는 붉은 수염이 자라고 삼은 사람의 키를 훌쩍 넘게 되어서 마을은 깊은 그림자 속에 잠기고 공씨 일가는 밤나무와 돌배나무 그늘에 온통 덮힐 지경이었다. 장마가 져서 큰물이 난 후로는 볕이 따갑게 쪼이기 시작해서 마을 사람들은 쉴새없는 일에 무시로 땀을 철철 흘렸다. 재실은 피곤할 때에는 모든 것이 성가시고 귀찮아서 밭둑에 하염없이 앉아서는 생각에 잠기곤 했다.(전집3, 181면)

3) 그해 겨울은 예년에 없는 풍년이 들어 추수는 어느 때보다도 흡족했다. 마당에는 볏단과 조잇단의 낟가리가 덤덤히 누른 산을 이루었고 뒤주간에는 잡곡이 그득 재어졌다. 낟이 굵은 콩도 여러 섬이 되어서 내년 봄 소금받이에도 흔하게 싣고 갈 수 있을 것이다. 밤 대추도 제사에 쓰이고 남으리만치 뜯어 들였고 현씨는 마을 여자들과 날마다 먼 산에 가서는 서리 맞은 머루다래 돌배에다 동백을 몇 광주리고 따왔다. 집안에는 그 열매 냄새와 함께 잘 익은 오곡 냄시가 후끈후끈 풍기고 두 사람의 아내는 부를 대로 부른 배에 진종일 머루를 먹었다. 반년 동안 신공한 덕이라고는 해도 배를 두드리며 지낼 한가한 겨울이 온 것을 생각할 때 제도는 몸을 흐붓히 적시어 오는

행복감에 마음이 개나른해짐을 느꼈다. 이 가장 행복스러울 때 불행도 왔다. 그 불행이 오려고 그때까지의 행복이 준비되어 있었던지도 모른다. 어이없는 커다란 불행이 재도에게는 그렇게밖에 여겨지지 않았다. 안온하던 마음이 뒤집힐 듯 번져지면서 한 몸이 불운을 통곡하고 싶었다.(전집3, 184면)

위 인용 1)은 소금받이를 갔다 오는 여정에 대한 서술이고, 2)는 한여름을 배경으로 자기의 아들이 재도의 집에 양자로 가기 어렵게 된 종제 재실의 심정을 서술하고 있는 장면이며, 3)은 풍요한 가을을 지나 겨울로 접어드는 시골의 풍경이 그려지고 있는 부분이다. 작가는 이 작품에서 농사를 짓는 사람들에게 있어서 계절의 순환과 소금받이를 가는 공재도의 일련의 삶의 모습이 그려냄으로써 삶의 고통이나 어려움보다는 낭만적 전원의 삶의 모습이 서정적으로 그려지고 있다.

이상에서 논의한 소설들은 시골이라는 전원적 소설 공간 자체의 특질로 서정성에의 경사가 나타나며, 이러한 유형의 작품들에서 공통적으로 나타나는 작가의 性的인 것에의 관심은 앞에서 언급한 공간적 배경위에서 원시적 생명력과의 관련 하에서 나타난 것이라고 생각된다. 즉 이효석이 주인공들의 심정을 투사한 작품들이나 전원의 아름다움을 그리고 있는 소설 속에서 다루려는 것은 그 작품이 가지는 자연의 아름다움에 동화되는 자연친화적인 성격이며, 대부분의 작품들에 나타나는 성적인 것의 관심은 자연 친화의 한 가지 방법이라고 할 수 있다.

그리고 마지막으로 세 번째 유형의 소설은 첫 번째 유형의 소설과도 구분되고 두 번째 유형의 소설과도 일정하게 거리를 두면서 소설적 구성을 완전하게 갖추지 못한 채 수필적인 성격을 띤 소설인 〈석류〉, 〈落葉記〉, 〈마음에 남는 風景〉, 〈獨白〉 등을 들 수 있다. 이 들 작품은 그의 대표적 수필과 관련된 작품으로 감각적 서정성만이 두드러지게 나타난다. 이러한 경향의 작품은 그가 일본어로 창작한 말년의 일군의 작품과 관련되어 있다. 즉 상고주의적인 취향을 나타내면서 민족주의적인 색채를 드러내는 〈은은한 빛〉, 〈素服과 靑磁〉, 〈봄衣裳〉, 〈엉겅퀴의 章〉의 작품이 있었다는 것도 주목의 대상이 된다.

〈석류〉는 주인공 '재회'에게 있어서 옛 병풍에서 석류 그림의 기억과 관련하여 잘못된 결혼과 옛 애인 준보에 대한 애정을 그리고 있으며, 〈落葉記〉에서는 동물원에 산보 갔다가 곰에게 손을 다친 어떤 사나이를 간단히 치료하고 병원에까지 데려다주는 내용이며, 〈마음에 남는 風景〉에서는 죄수들의 행렬을 지켜보다가 우연히 보게 된 죄수가 쓰러지는 풍경에 대한 묘사가 나타난다. 그리고 〈聖樹賦〉는 크리스마스가 가까워지는 시점에서 크리스마스와 관련된 몇 가지 연상을 중심으로 구성된 작품이다. 작중화자는 크리스마스트리와 새벽 찬양대, 캐롤 등을 소재로 수필적으로 뚜렷한 사건 없이 소설을 구성하고 있다. 그리고 마지막에서는 M군의 편지와 관련된 연상을 기록하는 등 다분히 수필적이고 감성적인 분위기를 만들어 내고 있다. 이런 작품들은 뚜렷한 사건이 거의 제거되어 있기는 하지만 묘사에 있어서 다소간 서정적 분위기를 제시하고 있다.

도시를 배경으로 도시의 일상성을 기반으로 근대적 삶을 묘사하고 있는 지금까지 논의한 소설들은 이효석 자신이 생활하는 실재적 공간으로서의 도시를 서사공간으로 묘사하고 있다는 표층적인 이유에서보다는 묘사 자체가 주인공의 의식에 치중하고 있다는 심층적인 이유에서 서정적 소설로의 가능성이 배태되고 있다. 이것을 혹자는 작중 화자의 낭만성에서 찾기도 하는데, 필자는 이효석이 주장하는 단편소설의 서정적 가능성을 탐색하는 경향에 기인한 것이라고 생각한다. 이효석은 소설에 있어서 서정성이 새로운 발견과 관련된 묘사를 통해 가능했다. 결국 우리는 1933년 이후 이효석 소설에 양적으로 가장 많은 비중을 차지하는 도시적 일상성을 중심으로 한 일군의 소설들이 작가 자신의 일상사와 관련된 이야기를 소설화하면서 이를 사건 자체의 흥미 보다는 새로운 발견으로서 묘사에 대한 관심으로 나타냈음을 알 수 있다.

그리고 일제 말기 한글로 소설을 창작할 수 없는 시기에 일어로 발표된 작품의 성격을 찬찬히 살펴볼 필요가 있다. 앞에서 논의한 것과 관련하여 이들 작품의 특징은 "조선적 지방적 소재"와 관련하여 상고주의적 취향을 나타내면서 민족주의적 색채를 드러내고 있다. 이들 작품으로는 〈은은한 빛〉, 〈素服과 靑磁〉, 〈봄 衣裳〉, 〈엉겅퀴의 章〉을 손꼽을 수 있다. 이들 작품은 일본어로 씌어졌다는 사실이 특이해 보일 뿐 일제가 작가들에게 강요한 친일의 모토인 "내선일체"의 냄새를 거의 풍기지 않았다. 가령 일본 내에서 발간된 잡지 〈文藝〉에 1940년 7월에 일어로 발표한 〈은은한 빛〉에서 작가는 호리라는 일본인을 등장시키기는 하지만 내용상으로 보면 차라리 민족주의적 성향을 보이고 있다. 이 작품에서 주인공 욱은 평양에서 골동품을 수집하는 사람으로서 자기가 얻은 고구려 시대의 고검을 양도받기 위해 집요하게 공세를 펴는 호리 박물관장의 회유와 설득을 성공적으로 물리친다. 주인공이 고검을 일본인 관장에게 넘기지 않고 거절하는 것은 단순히 골동품 수집가로서의 소유욕 또는 수집욕 때문이 아니라 이 골동품이 조선의 주요한 민족적 문화유산의 일부라고 생각하는 민족적 자부심과 관련된 것이다. 그러므로 이러한 의미에서 〈은은한 빛〉은 "내선일체" 사상을 고취하기 위해서 창작하였다는 추측을 할 여지가 그리 많지는 않다. 오히려 이 단편 소설에서 이효석은 그때까지의 작품에서 보이지 않았던 민족주의적 냄새를 강하게 보여주려고 하고 있다.

그러나 〈봄 衣裳〉에서 이효석은 거의 작위적으로 "내선일체" 사상을 선양하려고 애쓰고 있다. 우선 이 작품의 여주인공 미호꼬가 호오죠오(北條)라는 일본인과 조선 여인 사이에서 출생했다는 사실부터가 "내선일체"식 결연을 암시하기 때문이다. 그리고 미호꼬가 주연이라는 조선 여인과 옷을 바꿔 입음으로써 치마저고리 차림의 모습으로 등장한다는 대목에 이르러서는 이효석 나름의 "내선일체"가 다시 한번 더 강조되고 있는 셈이다. 그렇지만 이것은 어디까지나 도식적이고 억지로 짜낸 내선일체 사상의 강조에 불과할 뿐이다. 더욱이 작품의 도처에서 산견되는 서술자의 심미주의적 묘사는 이 작품으로 하여금 그 어떤 심각한 형태의 "신체제" 메시지도 전달하기 어렵게 만들고 있다.

〈엉겅퀴의 章〉은 이효석이 일어로 쓴 작품 중에서 가장 뒤에 나온 것일 뿐 아니라 다른 어떤 작품보다도 길고 또 내용도 의미있는 편이다. 여주인공의 아사미(阿佐美)라는 이름은 〈봄 衣裳〉에 나왔던 미호꼬라는 술집 여급의 본명인데 여기서 그녀는 조선인 청년 현(顯)과 동거 생활을 하고 있는 모습으로 우리들 앞에 나타난다. 그녀는 현이 풍기는 고약한 마늘 냄새를 참고 견딜 각오를 할 뿐만 아니라 조선 치마 저고리를 즐겨 입곤 함으로써 자기 나름대로 내선일체 체제에 이바지하려고 하지만 현의 집안에서 그들의 관계를 끝내 용납하지 않음으로써 결국 일본으로 되돌아가고 만다. 아사미가 일본에서 부친 엽서를 받은 현이 심한 마음의 고통을 느끼기는 커녕 오히려 〈사랑은 굉장한 말괄량이〉라고 가볍게 넘겨 버리고 마는데서 잘드러나고 있는데, 이효석은 이 작품에서 내선일체 사상을 선양하는 척하고 있지만 기실 전체적으로는 치정문제를 중심으로 몰고 나가고 있다. 결국 이효석은 국민문학과 관련된 일련의 작품에서 교묘하게 친일의 중심문제에서 비껴가고 있다.

지금까지 논의한 이효석 소설에서 작품의 공간적 배경은 크게 나누어 전원이라는 공간과 도시로 구분할 수 있다. 이러한 소설의 배경으로서 전원과 도시는 모두 당대의 소설 독자로 상정할 수 있는 도시인이 가지는 전원에의 향수를 직접적으로 자극하고 있다. 이러한 작가의 창작적 의도와 관련된 이효석 단편소설의 특징은 소설을 소설자체의 재미보다는 시적인 표현으로 생각하고 그 표현자체를 시적인 것으로 생각하려는 시도와 연관된다. 그리고 이효석 단편소설의 서정적 특질은 이효석이 가지는 심미주의적 경향과 관련되는 것이다. 이러한 심미주의적 경향은 그가 묘사하려는 대상의 의미를 있는 그대로의 자연이 아니라 작중화자의 눈에 의해 설정한 인위적인 창조물로 생각하는 작가의 의도와 직접적으로 연결된다. 특히 전원으로서 시골의 건강성을 드러내 보여주는 이효석의 소설에서 나타나는 자연은 있는 그대로의 자연적 공간이 아니라 도시인의 눈에 비쳐져 만들어진 자연이다. 즉 인위적인, 다른 말로 하면 도시인의 눈에 비쳐진 자연의 모습이다.

제3장
이효석의 문학과 예술론

1. 문학 및 예술론

1) 낭만, 리얼/표현, 모사

작가 이효석에게 있어서 문학 일반에 대한 논의나 현대 예술에 대한 논의는 일정한 저서나 논문 형식의 것은 특별한 것이 없다. 다만 그의 수필이나 컬럼 형태로 단편적으로 서술된 것이 몇편 있을 뿐이다. 여기에서는 이러한 단편적인 글 속에서 간략하게 살피려고 한다.

먼저 이효석에게 있어서 미에 대한 본질에 대한 관념은 그의 〈花春意匠〉이라는 글의 전반주를 이루는 "美의 辯"에 드러난다. 이 글 속에서 효석은 미의 개념을 다섯 가시로 나누어 설명히고 있다. 그 다섯 가지는 미적 박애주의, 미에 대한 관조와 탐미 행위의 구분, 미의 특권, 미의 내용상의 구분, 그리고 외래적 미의 우위에 대한 신념이다.[6] 먼저 미적 박애주의란 탐미 대상으로서의 대상체를 실체의 그것보다는 아름답게 비칠 수 있다고 믿는 것이고, 두 번째의 미에 대한 관조와 탐미 행위의 구분이란 이효석이 꽃을 아름답다고 생각하기보다는 몸소 감상하는 편이 낫고, 단순한 감상보다는

---

6) 이상의 구분은 이상옥(『이효석-문학과 생애』(민음사, 1992))의 글에서 언급한 것이다. 이상옥은 "제1장 심미주의의 길"에서 그의 논의에 필요에 의해 꽃과 관련된 진술과 관련하여 아효석의 미의식을 설명하고 있다. 그러나 그의 논의는 문학 일반론으로 일반화하기에는 일정한 한계를 지닌다고 볼 수 있다.

그것을 직접 심어보거나 꺾어서 꽃병에 꽂아 두고 감상하는 것이 낫다고 생각하여, 탐미 행위의 적극성과 건설성이 인류 생활을 승양(昇揚)시키고 문화를 전진시키는 동력이 될 수 있다는 것이다. 그리고 효석은 아름다움의 특권은 절대적이라고 생각하였으며, 미의 범주와 관련하여 효석은 고전미와 낭만미나 현실미가 그 본질에 있어서는 차이가 없다고 생각하지만, 그것은 어디까지나 미적 감동에 있어서 그럴 뿐이고 아름다움 고유의 성질에 있어서는 엄연히 몇가지로 구별된다고 믿었다. 왜냐하면 이는 효석에게 지대한 영향을 끼쳤다고 생각되는 서구의 19세기 문예사조와 관련된 것이기 때문에 쉬운 문제일 수가 없어서 자세한 논의는 하지 않았다. 마지막으로 언급한 외래적 미의 우위에 대한 신념은 이효석 문학에 강렬하게 풍기는 이국취향의 문제와 관련된 것이다. 결국 이효석에게 있어서 미의식은 창작 과정과 실생활과 결부되어 논의되어야 할 것으로 생각된다.

이제부터는 이효석이 그의 평론에 두드러지게 나타나는 낭만과 리얼의 문제에 대해 논의하기로 한다. 이효석은 그의 평론 〈낭만 리얼 중간의 길〉, 〈기교 문제〉, 그리고 〈문운 융성의 변〉을 중심으로 리얼리즘과 낭만주의라는 이념적 차원의 논의가 모사와 표현이라는 기법적 차원의 논의와 결부되는 양상을 간략하게 살피기로 한다. 기존의 문학사에 효석이 활동하던 시대의 화두는 리얼리즘과 모더니즘이라는 근대적 문학과 국민문학파로서의 전통의 대립이라는 틀이라고 할 수 있다. 이를 이효석은 낭만과 리얼이라는 문제로 인식하고 있다. 1920년대 중반 KAPF의 등장으로 불거진 리얼리즘의 문학론과의 결부 속에서 출발한 이효석은 30년대 중반에 이르면 리얼리즘 문학과 모더니즘 문학과 국민문학파의 대립 양상 속에서 자기의 입지를 마련하는 문학론을 제기하였는데, 이것이 바로 〈낭만

리얼 중간의 길〉에서 드러난다. 먼저 이 평문에서 리얼리즘에 대한 회의를 셰익스피어에 대한 느낌으로 시작한다. 그리고 다음과 같이 말하고 있다.

> -생략- 물론 실러나 위고이 그것과 같이 진실에 심히 가까운 낭만주의도 있기는 있으나 총(總)히 낭만주의가 참스러운 문학이 되려면 진실에 절박하려는 노력이 다분히 있어야 할 것이다.
>
> 그렇다고 리얼리즘이 진실한 문학의 최후의 목적지라고도 생각할 수 없다. 리얼리즘에 대해서도 같은 정도의 회의를 품고 있다.
>
> 궁극의 리얼리즘은 벌써 문학을 상실하기 때문이다. 대체 문학의 모사가 아니고 표현이라야 하는 것 순간부터 벌써 현연(現然)의 리얼을 버리는 것이 아닌가.(전집6, 216-7)

이상과 처음에 동반자 작가로서 출발하였다가 작가적 변모를 꾀하면서 발표한 이 평문의 마지막에서는 다음과 같이 설명하고 있다.

> 최근 〈약령기〉와 〈돈(豚)〉에서 리얼리즘을 시험하여 보았으나 이 역 성공이라고는 할 수 없을 것이다. 특히 후자에 있어서는 신경 델리커시 기분 향기 - 이런 것을 담으려고 애쓴 결과 리얼리과의 거리가 약간 멀어진 듯하다. 「낭만적」이라는 비난이 있다하면 그것은 이 작품의 델리커시의 소치일 것이다. 그러나 해작(該作)이 리얼리즘의 작품임에는 틀림없다고 생각한다. 첫 대문과 끝 대문-몰론 리얼리즘이다. 그 이상의 리얼리즘-나는 그것을 즐겨 하지 않는다. 나의 성(性)에 비위에 맞지 않는 까닭에,
>
> 요컨대 리얼리즘의 길은 쉽고도 어렵다. 어렵고도 쉽다. 다

만 궁극의 리얼리즘의 길을 의식적으로 의도하지 않을 뿐이다.
-(생략)-

앞으로는 물론 낭만 리얼의 중간의 길과 아울러 순수한 리얼리즘의 길을 더욱 캐 보려하나 〈돈(豚)〉 이상으로 발전할는지 안할는지는 오직 그 때의 나의 「성(性)과 「비위」가 결정할 것이다. (전집6, 218)

작가는 자기가 리얼과 낭만의 중간의 길로 가고자 하는 것을 말하고 있다.

그러면 이효석이 리얼리즘 문학에 대해 동반자적 성격은 어떻게 규정할 수 있을까? 그가 좌익 사상과 관련된 그의 소회를 살필 수 있는 심정을 살필 요량이라면 그의 수필 〈서점(書店)에 비친 도시(都市)의 일면상(一面相)〉에 잘 들어 있다. 이 수필에서 좌익 전문 서점인 계림당 서점에서 주인과의 대화와 서점의 풍경 묘사가 매우 흥미롭다.

하루 동안 서점의 시좌(試坐)하여 발견하는 놀라운 사실은 고객의 종류가 그의 대부분은 루바시카 입은 장발 청년(이렇게 유달리 차린 청년이 서울 안에 몇 사람이나 있으랴마는)이나 첨단적 지식분자연(智識分子然)한 양복 계급이라고 예상한 기대를 배반하여 버리고 고객의 대부분이 실로 중등학교 정도의 생도들이라는 것이다 아침부터 밤까지 이 서점을 찾는 수백명 고객의 구십구 퍼센트가 두발단삭(頭髮短削)한 쓰메에리 교복의 중학생들이니 얼마나 놀라운 일이 아닌가.
-(생략)-

며칠 전에 단정하게 차린 여학생이 이 서점을 찾아와서 어떤 책부터 읽기 시작하엿으면 좋겠느냐고 지도를 빌었다 한다. 그보다 이전에도 또 이런 일이 간간이 있었다 하니 그때의 귀

여운 고객드은 어린 소학생이었다 한다. 얼마나 놀라운 일들인가. (전집 7, 12-3)

필자 생각에 이 정도로 이효석은 좌익 사상 혹은 좌익 문학이 치기어린 것이 되어가고 있음을 자조하고 있다고 생각된다. 이러한 의식이 그의 다음과 같은 자평을 가능하게 하였다고 생각된다. "리얼의 절박이 항상 부족하고 낭만적 요소가 이겼을는지도 모른다. 그것이 졸작 일반에 대하여 「낭만적」이라는 방평(謗評)을 듣는 소이인 듯하다"(전집 6, 217)

그러면 이효석이 말하는 리얼리즘과 관련하여 진정한 의미를 파악하는데, 단서를 제공하고 있는 그의 학부 졸업 논문 "죤 밀링턴 씽그의 劇硏究"에서 다루고 있는 씽그와 관련된 지적은 나름대로 의미가 있다. 즉 아일랜드의 극작가인 죤 밀링턴 씽그를 말하면서 리얼리즘의 전형을 다음과 같이 지적하고 있는 것이다.

> 씽그는 매년의 대부분을 농민의 주방에서 살고 있는 그들의 노화(爐火)와 포틴주로 그의 피를 녹이고 그들의 가지가지의 전설에 귀가 울렸다. 적막한 언덕 위에 바람 쏘이고 황량한 해안을 방황하고 혹은 바다와 하늘과 신선한 공기의 숭대한 미에 취하여 어부와 같이 조각배 타고 섬 멀리 돛대 달아 보았다. -(생략)-
>
> 이 농민 생활에서 그는 진실성과 희열에 넘치는 희곡상(戲曲相을) 잡으려 노력하였고 따라서 이 생활 속에 자연주의와 비도덕주의의 그 예술 신조가 깊이 뿌리박혔다. 그는 그의 예술의 기초를 진실에 두고 무엇보다도 먼저 생기있는 성격을 통하여 그것을 표현하였다. 그의 극중 인물들은 결코 괴요적(怪妖的) 영웅도 아니요, 꿈을 먹고사는 선인(仙人)의 배(輩)도

아니요, 피와 살의 현실 세상의 조야(粗野)하고 열정적인 인물들이다. 그는 괴뢰적(傀儡的) 인물을 배격하고 몽환적 희곡에 반대하여 진실주의를 고창(高唱)하고 시종일관(始終一貫)하여 인생을 현실적 희곡적으로 해석하였다.(전집6, 204-5)

씽그는 리얼리스트이다. 그러나 그의 리얼리즘은 결코 건조무미한 것이 아니라 상상적 요소를 다분히 함유한 것이요 로제티의 소위 '인간적 기교의 혼(魂)없는 자기 반영'은 아니다. 그는 인간 생활과 우주를 깊이 관취(觀取)하고 현실을 흙 향기 높은 시적 사조로 표현하였다. 애란 농민과 농부(農婦)의 내적 쟁투를 경탄할만한 어사(語辭)로 그려냈다. -(생략)- 많은 평가가 지적해 낸 것 같이 씽그의 가장 큰 공적의 하나는 그가 생활과 시를 조화시키고 양자를 극장 속에 공존시킨 것이다. 하우가 말하되 '현대의 극작가는 두 가지의 중대한 곤란에 직면하였으니 두 가지 다 조화의 곤란이다. 첫째는 생기 있고도 즐거운 어사(語辭)로 복잡하고도 순진한 생활에 진실성을 부여함이요, 둘째는 이 진실성에 이해하기 쉽고도 자연스러운 형식을 부여함이다'고 하였으니, 이 두 가지의 곤란을 난(難)없이 격극(擊克)하여 나간 것이 씽그이다.(전집6, 206-7)

위의 인용 앞에서는 아일랜드의 요절한 극작가 씽그가 리얼리스트로 그의 극작품에서 사실적 인물의 의미를 지적한 것이고, 후자는 결론 부분에서 이효석이 씽그에 대해 극작술과 관련하여 리얼리스트로서의 평가부분이다. 여기서 그가 말하는 리얼리즘의 본질을 살필 수 있다.

2) 시와 산문에 대한 의식

작가 이효석이 여러 평문에서 시에 대한 의식을 드러내는 글은 거의 드러나지 않으며, 단편적이라고 할 수 있다. 다만 단편 소설과 대비하여 그 공통성과 차이점을 설명하는 정도라고 할 수 있다. 즉 〈현대적 단편소설의 상모-진실의 탐구와 시의 경지〉라는 평론에서 보이는 다음과 같은 인용의 내용이 거의 전부라고 할 수 있다.

> 속도와 변전 속에서 진을 발견하고 미를 추구하려는 것이 현대라면 단편 소설의 감각은 제물에 그런 성격과 일치의 운명에 놓여 있다. 진실이라는 것은 장황한 설명으로 보아도 도리어 촌구도 더욱 여실히 표현되는 것이 아닐까. 시적 감각도 또한 지연된 시간에서 보아도 순간적 긴장에서 포착되는 것이 아닐까. -생략-
>
> 물론 소설의 목표는 다만 진실의 전달에만 있는 것이 아니다. 진실의 표현을 수단으로 궁극에 있어서 미의식을 환기시켜 시의 경지에 도달함이 소설의 최고 표지요 이상인 것이다. 최고의 경지가 시의 경지인 점에서 소설의 목표는 물론 시의 목표와 동일하다. 시는 직접적으로 「미」를 통하여 시에 도달하려는 것일 뿐이다. 소실의 최고 목표를 「진」에만 두는 것은 참된 리얼리스트의 태도가 아니며 예술의 본질의 인식을 스스로 그르치는 것이다. 진실을 추구해서 그 뒤에 높은 시의 창조를 생각하는 곳에 작가의 제2단의 자각이 서야할 것은 물론이다.(전집 6, 223-5)

문학이 추구하는 것이 시적 세계의 목표와 일치한다는 전제 하에 단편 소설과의 공통성을 상정한 것이 위의 글의 주요 내용이다. 이러한 것은 이효석 자기가 단편소설에 집착하여 창작하였는가와 관련된 것으로 위의 평론문은 단편소설의 발생과 그 발전 과정에 대한 정확한 인식이 전제되어 있다는 면에서 매우 흥미로운 글이다. 다음 절에서 이러한 인식은 점검하기로 하겠다. 특히 대서사 양식으로서 장편소설이 삶의 리얼리티, 효석의 말로 바꾸면 "참"과 관련된 것이라면 단편소설은 이러한 참의 세계와는 다른 서정적 시의 세계에 가깝다는 단편소설의 서정성에 대한 인식과 맞물려 있는 것이다[7]. 그리고 이러한 인식이 그의 작가적 변모에 이미 내재해 있다고 봐도 크게 무리가 없을 것이다.

그리고 이효석이 시에 대한 평론인 〈八道風物詩集-林學洙 新著〉라는 글 속에서 시를 보는 관점 내지는 태도를 짐작할 수 있다.

> 〈팔도 풍물 시집〉을 통독하고 이런 유종(類種)의 시집이 필요하다는 것과 이런 시험으로써 시단의 진폭이 한결 넓혀졌음을 느끼며 결코 수월하게 써 나가려지 않고 자자구구(字字句句) 탁마(琢磨)의 자취를 보인 저자의 진지한 태도를 고맙게 여겼다. -(중략)- 사실(史實)과 한시(漢詩)의 세계를 떠나서 저자 자신의 눈에 비친 인상과 태도로 소재를 취급한 그 의도도 창의적인 새로운 시험이라고 본다. 20여 시편이 단순한 풍물도(風物圖)가 아니요 그 뒤에 울발(鬱勃)한 기개를 감추었으며 유구한 전설미(傳說美)의 시정이 전편에 넘쳤다. -(생략)-
>
> 회고의 이상에 타고 측측(惻惻)한 기백에 잠기다가 풍경을 그릴 때에는 자상(姿像)은 정확하고 표현은 간결해서 〈천선대〉 〈총석정〉의 자태가 행간(行間)에서 솟아 오르고 〈팔선대〉 〈석굴암〉 〈상팔감고사(上八潭古事)〉에 이르러서는 묘사가 관능에까지 승화되어 한 감각의 무늬가 눈 앞에 아홍거린다. 그러면서도 결코 위험하거나 경박하지 않고 건실하고 침착해서 짜인 구격(具格) 속에 침통한 상(想)을 담은 것이 믿음직하다. 어떻

---

7) 위에 대한 논의는 필자의 저서인 『한국현대 서정소설론』(태학사, 1995)의 제2장 부분을 참조하기 바란다.

> 든 저자의 시인으로서 갖춘 모든 좋은 요소가 각 편에 섞여져 서 한편의 범시(凡詩) 아님을 반가와 한다. - (생략)-
>
> 실상인즉 이 시집의 기증을 받자 나는 가친의 내양(來壤)을 맞이하게 되어 막혔던 정성(定省)을 풀며 한 세대 전의 회고담에 귀를 기울일 기호를 얻었던 것이다. 어지럽던 조말(朝末)의 풍경의 가지가지를 들으면서 아득한 감회에 잠기다가 가친을 전송한 후 고요한 마음에 다시 시집을 펴들 때 지난날의 풍물과 정회가 한층 생생한 인상을 띄고 나타나 전설의 미가 온통 혼을 잡아 흔듦을 느끼면서 아악같이 아득한 여운을 가을밤의 좋은 반려로 생각하면서 재독삼독 음미하는 것이다. (전집6, 264-5)

위의 인용은 이효석이 임학수의 시집을 읽고 쓴 신간 소개의 글로 생각된다. 여기서 이효석은 시에 대한 그의 생각을 부분적으로나마 드러낸다. 인용의 앞 부분은 임학수의 필력에 대해 말하면서 대상을 보는 태도를 문제 삼아, 여행시가 지니는 대상에 대한 진지한 태도와 기개에 대해 말하고 있는 부분이다. 이와 더불어 풍물시에서 참조한 내용(사실과 한시)을 창의적으로 시각에 대해 긍정적으로 보고 있다. 그리고 중간 부분에서는 시집의 내용과 관련하여 표현에 있어서 격조가 있음을 지적한 부분이고, 마지막 부분에서는 작가 자신이 거주하던 평양에 찾아오신 아버님과의 조우와 대화 속에서 얻은 감회를 가지고 이 시집을 다시 보면서 읽을 만한 시집임을 강조하는 부분이다.

그러면 이효석은 시를 무엇으로 생각하고 있는가. 위의 인용을 종합해 보면 이효석은 시란 시인의 시적 의도를 "탁마(琢磨)"의 자취를 보여주며, 격조의 상(想)을 담아서 표현할 때 가능한 것으로 생각했다. 그러므로 그가 생각하는 서정적이라는 말은 문학적이라는 말과 유사한 것할 것으로 생각된다. 다만 산문이라는 말과 대비되는 것은 물론이다.

2. 소설 창작방법론과 단편 소설에 대한 인식

소설가로서 이효석은 작가로서 소설에 대한 소견을 일정한 저서나 논문 형식의 것은 특별한 것이 없다. 다만 그의 수필이나 컬럼 형태로 단편적으로 서술된 것이 몇편 있을 뿐이다. 여기에서는 〈단편소설〉과 〈현대적 단편소설의 상모-진실의 탐구와 시의 경지〉라는 평문을 중심으로 간략하게 살피려고 한다. 우선 〈단편소설〉에서 정의한 단편 소설에 대한 정의를 살펴보면 포우의 단편 소설의 본질적 성격을 인용하면서 단편 소설에 대한 논의를 하고 있다.

> 단편소설의 정의는 이야기의 구성- 그 효과와 장단에 관한 요구에서부터 규정되는 것이니 중편 소설 혹은 장편 소설과 결별되는 계기가 이 요구 속에 스스로 내포되었고 단편 소설 자체의 형식적 본질적 특징도 이 요구에서 스스로 우러 나온다.
>
> - 생략 -
>
> 이에 반해서 단편소설은 단일한 주제와 집중된 인상의 요구에서 오는 통일된 형태가 절대로 필요한 것이니 정연한 형식미가 없이는 구성의 치밀을 기하고 통일된 효과를 바랄 수 없는 까닭이다.
>
> - 생략 -
>
> 현대에 이르러 소설의 세상이 더욱더욱 분화되어 형식과 내용에 다채한 양상을 나타내게 되었다고는 하여도 단편 소설의 본질적 성격에는 물론 호모(豪毛)의 동요도 없는 것이요 주제의 단일성과 효과의 집중성에 그 중심 생명을 두고 장편 소설 및 기타의 문학 형식과 구별되어 옴에는 변함이 없는 것이다.

(전집 6, 253-5)

앞의 글이 단편소설의 정의와 관련된 글이라면 〈현대적 단편소설의 상모-진실의 탐구와 시의 경지〉에서는 이효석에게 있어서 단편소설에 대한 인식의 단면을 잘 드러나고 있다.

> 소설의 형식이 문학 종목중에 한 자리를 차지하게 된 것은 19세기부터라고 친다면 단편소설의 발생도 대개 이대로 미룰 수가 있다. 당시에는 물론 아직 형식의 완비가 없이 단순한 풍속 관찰이나 도덕 비판이나 간혹 인물의 성격을 묘사해서 단편적 수필적 경향이 농후하던 것이 낭만시대를 거침에 취재의 범위가 넓어져서 괴기의 사실 공포의 감정 혹은 감상의 세계에까지 주제가 미치게는 되었으나 그러나 참된 의미의 단편소설이 탄생된 것은 19세기 중엽 이후라고 볼 수 있으니 미국의 호오손, 포우, 불란서에서는 발자크, 메에메, 고티에르, 영국에서는 스티븐슨 이들이 모두 각기 형식을 규정하는 한편 내용적으로는 취재의 세계를 넓혔다. 그 가운데에서도 특히 포우와 스티븐슨은 단편 소설의 웅이었으니 포우는 화술, 기교, 문체에 특이의 장기를 보여 비단 풍부한 상상력으로 재미있는 이야기를 말할 뿐이 아니라 작품의 배후에 항상 일정한 도덕률의 교시를 준비한 작가였다.
>
> 그러나 단편 소설 형식에 최후의 완성을 주게 된 것은 역시 모파상을 지나 체홉에 이르러서였다. 포오적 형식의 진폭을 한층 관대하게 넓히고 범상한 일상의 토막토막을 문학적 표현 속으로 끌어들인 것이 체홉이었다. 참으로 단편 소설의 발달은 체홉에 이르러 마지막 피리어드를 찍었다고 해도 과언은 아니다. (전집 6, 220-1)

이상은 이효석이 〈현대적 단편소설의 상모-진실의 탐구와 시의 경지〉에서 단편 소설의 발달사를 요약적으로 설명하는 부분이다. 그리고는 단편소설의 특징을 몇 가지로 나누어 설명하고 있다. 이효석은 위의 글에서 (1) 내용적으로는 낭만주의 사실주의를 거쳤고 소재의 범위와 표현 기교와 방법 격식을 구진(究盡)하게 되었으며, 하이제의 형식론과 포우의 단편 창작 이론과 관련하여 (2) 통일된 형태와 집중된 인상의 강렬함에 대해 설명하면서 이야기의 효과와 시간적 길이에 치중해서 구성의 치밀성에 대해 논의하고 있다.

> 체홉에 이르러 이 긴밀한 포우적 형식을 활달하게 완화시키고 일종무형식의 형식을 부여하게 되어 단편 형식에 최후적 완성을 시도하였다. 현대 들어와 단편 소설은 난만한 발달을 이루어 특히 키플링, 오 헨리, 맨스필드, 울프, 조이스 등은 각각 기술적으로, 사실적으로 혹은 심리적으로 자유로운 형식을 시험하고 취재의 진폭을 넓혀서 단편계에 공됨이 많으나 비단 단편만의 작가뿐이 아니라 장편 소설도 일방 단편에 치념(置念)에서 다채한 분야를 재래케 하였다. (전집6. 223)

> - 생략 - 고금의 허다한 단편 소설가 중에서 참다운 단편 소설가를 꼭 한사람 고른다면 포우 바로 그 사람 일 것이니 그의 수 많은 단편이 하나도 그의 원리의 예증 아님이 없다. 현대에 이르러 포우의 뒤를 이은 작가는 키플링이었으며 〈검은 고양이〉의 혈통을 잇는 작품은 〈리스페스〉, 〈혼처(婚妻)〉였다.
>
> 그러나 포우의 이론은 이론으로 하고 시대를 거듭하는 동안 소설 자체의 내면적 세계의 진폭이 넓어졌다. 포우나 키플링의 작풍(作風)만이 단편 소설의 상모(相貌)의 전면이 아니요 그 외에 허다한 요소를 들 수 있는 것이다. 같은 포우

> 의 작품이라도 가령 성격도 사건도 없는 〈침묵〉같은 단편은 소설이라기보다는 차라리 시의 부류에 들 것이요 일률로 사실주의의 칭호만을 모파상의 〈월광〉도 같은 범주에 속하는 것이다. 체홉의 〈올렌카〉는 포우의 긴장의 법칙에 비춰보면 지둔하기 짝이 없으나 그 스스로의 한 개의 단편의 세상을 이루는 것이요 맨스필드의 〈행복〉 또한 그러하다. 헉슬리의 단편에서는 19세기에서 찾을래야 찾을 수 없는 지적 번뇌를 볼 수 있고 몰라알의 단편에는 빛나는 기지가 별 같이 흩어졌다.(전집6, 255)

이상의 논의에 이효석은 19세기에서 20세기 초 서구의 단편 소설 작가에 대해 설명하고 있다. 서구 특히 이효석이 전공한 영미문학에서 주요한 작가에 대한 소견을 주어 섬기고 있다. 이러한 단편 소설 작가에 대한 지식을 기반으로 한 이효석의 논의는 작가로서 작품 활동에 있어서의 다양성을 가능하게 한 중요한 요소인 것이다. 이와 더불어 단편 소설의 태생적 특징에 대한 아래 부분은 주목을 요하는 부분이다.

> - 생략 - 장편 소설은 시대를 따라 소장의 부침의 시기적 특색이 있으나 단편소설만은 언제나 같은 정도로 일류적 발달을 하여왔을 뿐 아니라 현대에 이르러 더욱 성장을 띠어가는 것은 물론 그 형식이 현대적 상업주의 및 저널리즘의 요구에 부합되는 까닭이요 한 걸음 나아가 본질적으로 그 형식적 운명이 현대적 성격과 일치되는 까닭이다.
>
> 속도와 변전 속에서 진을 발견하고 미를 추구하려고 하는 것이 현대라면 단편소설의 감각은 제물에 그런 성격과는 일치의 운명에 놓여 있다. 진실이라는 것은 장황한 설명으로 보아도 도리어 촌구도 더욱 여실히 표현되는 것이 아닐까. 시적 감

> 각도 또한 지연된 시간에서 보아도 순간적 긴장에서 포착되는 것이 아닐까. 현대뿐만이 아니라 어느 시대에서나 긴장 속에서 생명의 보람을 느끼는 사람의 심리에 단편 형식의 영합됨은 자연한 일이다.(전집6, 223-4)

단편소설의 발생과 관련하여 당대에 흥성한 이유에 대한 이효석의 진단은 흥미있는 것이며, 동시에 타당한 것으로 생각된다. 또 하나 흥미있는 것은 허구성과 사실성과 관련된 지적으로 이효석이라는 작가 자신의 창작 방법론과 관련하여 살펴 볼 필요가 있다고 생각된다.

> 잠간 고금의 작가를 통열하면서 편의상 흥미있는 이야기를 들려준 포우, 스티븐슨, 키플링을 한 계열에 세우고, 고오골리, 체홉, 필립, 맨스필드의 일열을 사회적 명목 속에 넣고, 다른 한편에 심리적 계열로 스탕달, 도스토예프스키, 울프, 조이스 등을 한 벌족으로 가상하면서 볼 때 이들 중의 한 사람이라도 "참"을 말하려고 하지 않은 사람은 없다 모두가 허구한 날 인생의 진실과 결코 씨름하면서 진실을 잡나 진실에 잡히나의 사생결단을 하려고 한 사람들 뿐이다. 서탁 앞에 웅크리고 앉아서 허구를 꾸미고 상상을 장식하면서 그들은 얼마나 "거짓"을 말해 왔는지 모른다. 그러나 물론 그것은 모두 "참"을 말하려고 한 수단이었던 것이다. 문제는 그들이 빚어낸 "거짓"이 얼마나 "참"을 반영하였나에 걸려 있다.
>
> - 생략 -
>
> 포우나 키플링은 말할 것도 없으려니와 고오골리나 체홉에게서 우리는 "거짓"을 손쉽게 찾아 낼 수 있으며, 귀신 같은 도스또예프스키에게서도 역시 "거짓"이 눈에 뜨이는 것이다. 결국 누가 가장 "참"을 말할 수 있는가. 어느 때에 이르면 가

> 장 "참"을 말할 수 있게 될 것인가-노력은 여기에 걸려있다. 작가라는 족보 속에 일단 이름을 걸기 시작한 때부터 작가에게는 이 영원의 과제가 운명적으로 가로 말히게 된다. 문학의 대대를 물려 내려 가는 가보는 참으로 박진의 묘기인 것이다. 소설사의 릴레이 경쟁에 있어서 다음 세대가 전 세대의 손에서 받은 나무 토막에는 "속히 달리라"의 대사로 "참을 그리라"의 구절이라도 "거짓"을 교정하고 "참"을 가함이 항상 소설사의 차대의 당위인 것이다. 어떻게 하면 더 "참"을 말할 수 있는가-두말 할 것 없이 현대 단편 작가의 자각은 여기에서부터 시작되어야 한다.(전집6, 234-5)

위의 인용은 작가 이효석이 "거짓"이라는 허구성과 "참"이라는 사실성을 설명하는 부분으로 서구의 소설사 속에서 허구성과 사실성의 관련 양상을 소설가의 성향과 관련한 유형화하여 설명하고 있는 부분이다. 이 부분에 이르면 표현과 모사에 대한 이효석의 생각을 엿볼 수 있을 것이다.

부 록

1. 자료 : 연구사에서 중요한 전환점을 제공한 글

여기서는 이효석이 활동하였던 식민지 시대의 평론과 회고의 글, 해방 전후 이효석 소설의 문제점을 지적하거나 연구사에서 선편을 쥐었던 몇 개의 논문을 싣기로 한다.

1) 당대 평론적 검토

앞에서 살펴 본 바와 같이 이효석 문학은 1928년 《조선지광》이라는 잡지에 〈도시와 유령〉을 발표하여 등단한 이후, 1929년에는 〈기우(奇遇)〉와 〈행진곡(行進曲)〉, 〈화륜(火輪)〉을 발표하였다. 졸업과 동시에 〈깨뜨려지는 홍등〉, 〈추억〉, 〈상륙〉, 〈마작철학〉, 〈북극사신〉, 〈약령기〉 등의 단편을 발표하였고, 1931년에 〈노령근해(露領近海)〉을 발표하고 이어 단편집 《노령근해》를 동지사에서 6월에 발간하여 동반자 작가로서 주목을 받기에 이른다. 단편집 《노령근해》에는 지금까지 발표한 8편의 작품이 실려 있다. 그리고 〈오후의 해조〉와 〈프레류드〉를 발표하였다. 그러나 이해(1931년)에 결혼하여 총독부 경무국 검열계에 일본인 은사의 알선으로 취직하였으나 이갑기에게 봉변을 당하고 부인의 고향인 경성으로 낙향하고, 1932년에 경성농업학교에 영어 교사로 취직하기에 이른다. 그러나 작품 〈북국점경〉과 〈오리온과 능금〉과 같은 작품을 발표하여 동반자적 경향을 유지하고 있었다.

그러나 이효석은 1933년에 이르면 작가의 심정의 변화가 드러나기 시작하였다. 즉 구인회 창립에 관여하는 한편, 《조선문학》 10월에 〈돈(豚)〉을 《동아일보》에 〈단상의 가을〉과 《삼천리》에 〈가을의 서정(抒情)〉을 발표하면서 변화된 작품 경향을 드러내기 시작한다. 그리고 죽을 때까지는 동반자적 작품 경향에서 벗어나서 개인적 차원의 성이나 서정적 경향의 작품 경향을 보이는 작품을 창작하였다.

우선 초기의 소위 동반자적 작품 경향에 대한 언급은 월평이나 시평 정도로 따로 언급할 필요가 없는 듯하다. 그러나 1933년 이후 작품 경향의 변모를 지적한 백철의 〈최근 경향과 성의 문학〉과 유진오의 〈작가 이효석론〉, 김남천의 언급 정도가 중요한 것으로 생각된다. 그러므로 백철의 글과 유진오의 글을 싣기로 한다.

2) 해방 공간과 전후의 이효석 문학

해방 공간에 있어서 효석 문학에 대한 언급은 김동리의 〈산문과 반산문-이효석론〉은 이효석 문학에 대한 문학 연구에 중요한 시금석을 마련하였다. 연구사적 차원에서 이효석에 대한 전반적 검토를 통해 이후 연구를 주도했던 정한모의 〈효석론〉은 이효석 문학에 대한 중요한 것이었다. 이 두 개의 글을 싣기로 한다.

3) 1970년대 이후 연구

기존의 이효석 문학에 대한 논의를 새롭게 시작하게 된 주요한 평문으로 정명환의 〈위장(僞裝)된 순응주의(順應主義)〉을 들 수 있다. 그리고 1980년대 들어서는 이효석 문학에 대한 종합적 정리 차원의 논의로 이상옥의 『이효석-문학과 생애』를 들 수 있고, 학위 논문 차원에서 서정적 특징과 관련된 김해옥의 〈이효석 단편 소설의 서정적 특질 연구〉가 나름대로 의미있는 작업이라고 할 수 있다. 그러나 이 두 글은 현재 여기서는 싣지 않기로 한다.

最近傾向과 性의 文學

白 鐵

이 小論의 성질상 여기서는 孝石論을 쓰는 데 있어 그의 文學 全部를 통하지 못하고 주로 근년의 작품만을 중심하게 되는 까닭에 편의상 그의 文學을 一期와 二期에 나눠서 보고자 한다.

一期는 李氏의 短篇集인 〈露領近海〉에서 〈오리온과 능금〉 〈受難〉 〈프레류드〉 등에 이르기까지의 작품을 광범위한 분위기에 넣어서 보는 것이요, 二期는 그 뒤 〈豚〉에서 시작하여 최근작인 〈薔薇 病들다〉까지를 그와 다른 분위기에 통일해서 말하는 것이다.

李氏의 문학을 이와 같이 兩期에 나눠서 본다고 해서 물론 後期의 작품에 와서는 그 전날의 분위기가 씻은 듯이 일소되고 순전히 새로운 세계의 문학이 등장했다는 의미는 아니요 후기의 작품세계에도 전날의 분위기— 가령 그것을 傾向的인 것이라고 해서—가 구석마다 남아 있는 것을 볼 수 있으나, 다만 내가 말하는 것은 그 전날의 분위기는 뒤에 와서는 아무 主心의 세력이 되지 못하고 그것만은 다른 하나의 새로운 분위기가 작품을 지배하고 있다는 말이다.

내가 여기서 李氏에 대해서 말하고자 하는 것도 그 二期의 분위기에 통일된 작품들이다. 이때에 있어 물론 李氏의 문학에 대하여 먼저 이런 前提的인 것을 설정한 데 대해서는 그 이유와 책임의 태반을 내가 진다. 이런 통일된 분위기를 찾는 것은 무엇보다도 내 論調를 통일하기 위하여 설정한 便宜한 조건이기 때문이다. 나와 같이 作家를 硏究하는데 있어 센스에 의뢰하는 것이 그 만능도 아니오 또 정당한 길도 아니라고 생각하는 評者에게는 그 作家의 작품인상에서 먼저 體系的인 文學精神을 수습해 재는 것이 취할 하나의 文

學的 태도임으로서다.

그러면 李氏의 後期文學에 있어 統一할 수 있는 분위기로 어떤 것일까? 여기서 우선 李氏 近年의 傾向에 대하여 다른 분들이 평하는 한두 가지의 의견을 들어보면, 최근 短評欄에서 巴朋生은 李氏를 가리켜 그는 近年에 공연히 작품을 떠메고 산과 들과 바다로 돌아다니다가 요즈음은 다시 街頭로 돌아왔는데 作家로서 일보전진하려면 좀더 시민생활의 한가운데 뛰어들라고 권하고 또 다른 분은 李氏는 近年 에로티시즘으로 흐른다……고 경고하기도 한다.

그런 여러분의 評에 대하여—그렇지 않다—하고 자기만이 아는 척하고 나설 권리는 문론 나에게 없다.

혹시는 사실에 있어 諸氏의 評과 같이 近年의 李氏 文學 경향은 그런 것일는지 모른다. 그러나 일단 그것이 내 개인의 입장으로 될 때는 諸氏의 意見과는 따로이 내가 李氏 文學을 이해하고 있는 범위에서 얼마든지 내게 便宜한 條件과 體系를 설정할 수가 있을 줄 안다.

그렇게 생각할 때에 近年의 李氏 文學의 경향은 결코 그와 같이 간단해 보이지 않고 좀더 統一된 文學的인 것을 거기서 찾아보고 싶은 것이 있는 것이다.

나의 추측에 의하면 李氏가 近年의 문학에 있어 새로이 결정한 테에마는 금일의 頹廢한 인간현실에 대하여 말하면 병든 장미에 대하여 인간의 건전을 자연방면과 本能的인 세계에 찾으려고 한 데 있다. 그리고 이 自然的인 것, 本能的인 것을 좀더 體系에 收拾하려고 할 때에 그것이 性적인 방면에 압축된 것은 또한 자연스러운 것이라고 생각이 된다.

그리하여 이 자연적인 것 本能的인 것—性적인 것은 李氏의 近年作品에 반복된 테에마 性이요 일관된 文學精神이었다.

그 방면에 李氏가 얼마나 중요한 관심을 두었는가를 생각하는 데는 우선 그가 近年에 즐겨서 붙인 작품의 제목을 예를 들면 〈豚〉, 〈수탉〉, 〈산〉, 〈들〉, 〈모밀꽃 필 무렵〉등 들을 연상만 해도 쉽게 推測할 수 있는 것이다. 물론 제목은 다르나 〈聖畫〉, 〈粉女〉 등도 내용으로 봐서 이상의 작품과 완전히 그 主題를 같이 하는 작품들이었다.

여기서 우리들은 李氏가 어떤 이유에서 전기의 그 傾向的인 테에마를 버리고 새로운 性의 테에마를 결정했는가 하는 개인적 사정은 알 수가 없다. 혹은 현대의 그 어두운 현실 때문인 것 또는 자기의 어떤 개인적 이유에 의함인지, 다시 나아가서는 암만해도 그 思想이 文學者로서 자기의 육체에 들어맞는 것이 아니기 때문인지……

하여튼 어떤 이유든 간에 全面的으로 今日의 현실에 반역하는 傾向을 부득이 단념하게 될 때에 李氏는 반역의 이유를 다른 곳에서 찾은 듯하다. 그것이 현대인의 頹廢性에 대한 반역이며 나아가서는 일반으로 人間的인 것을 憎惡하는 傾向까지 존중하였다.

그가 소품 〈산양〉 가운데서 「인간 주인의 無道한 思想에 침뱉고 싶었다…」라고 부르짖는 것은 作者 자신의 反逆이며, 그가 〈山〉에서는 인간의 사회에 염증을 느끼고 자연 속에 도피해 버린 傾向까지가 농후하게 나타난 것은 역시 그 人間的인 것에 대한 反逆에서 자연을 憧憬하고 그 자연에 건전한 생활을 보았기 때문이다.

그러나 바로 그 뒷 작품들에서는 이 자연 속에 本能的인 인간을 등장시키고 그것으로써 인간과 자연이 연락된 바 「사람은 들과 떼려야 뗄 수 없는 因緣에 있는 것 같다」(들의 한 구절) 그 〈들〉에는 자웅의 개가 人目을 부끄러워하지 않고 공연히 性交를 하는 장면이 나오고 그 장면에 뒤이어서 개짐승의 自然的인 행위를 그대로 따라서 모방이나 하듯이 남녀의 인간이 그 本能的인 행위를 그 〈들〉에서 반복한다. 여기서 作者는 생각하는 듯하다. 이와 같이 本能의 행위는 개짐승이나 인간에 대하여 극히 자연스러운 건전한 생활의 일면이 아닐까!

그러나 이런 本能의 인간은 여기서 시작된 것이 아니라 원래는 〈山〉 이전의 작품 〈豚〉에서 出發된 것이었다. 그 作中에 수톹과 암톹이 배우질을 하는 장면을 바라보면서 주인공 「식이」는 「분이」의 모양을 性的興奮 가운데 연상하는 장면에서 이 〈들〉은 연락된 것이다.

이 〈들〉 이후에 있어 性的인 문제는 그 뒤 모든 작품의 가장 중대한 基調로서 되어 있다. 그 중에서도 가장 全面的으로 이 性的인 것이 나타난 것은 〈粉女〉이다.

粉女는 본래 天性的으로 虛浪한 여자도 아니요, 그 음탕한 장면장면에 道德的 반성도 가지는 여성이지만 그 性的인 장면에 당착하면 일종의 不可抵抗의 힘인 性적 本能에 이끌리어서 이 사내 저 사내에게 몸을 許하고 나중은 중국 商人 「왕서방」에게까지 몸을 빼앗기는 것은 粉女의 죄가 아니라 인간의 自然的인 本能 때문이다. 인간에게 있어 이런 경향은 유독히 粉女만이 아니라 一見 정숙해 보이는 貴婦人과 令孃에 있어도 결국은 다를 것이 없지 않을까? 로렌스의 말본이 아니지만 귀부인에게는 더욱 매춘부의 소질이 많고 매춘부에게는 의외로 귀부인의 관대성이 있을는지 모르는 일일 것이다.

하여튼 作家는 결코 粉女를 그 性的行爲 때문에 조금도 책하고는 있지 않다…… 그것은 나도 할 수 없다고 체념하는 태도로 그 광경을 천연스럽게 바라보고 있는 것이다. 그리고 이것이 〈고사리〉와 〈수탉〉에 이르면 그것을 傍觀하는 태도에서 일보 나가 本能的인 것을 辯護하고 다니는 그 변호를 통하여 현 사회의 일면에 비판을 내리고 있다.

그리고 그것을 비판하고 舊習에 反逆하는 인간은 소년들이다. 그

소년들은 학교에선 선생들의 虛飾的인 행위로 비판하고 街頭에선 어른들만이 독점한 그 권리에 反逆을 한다.

이와 같이 本能的인 世界에 李氏의 文學이 主題를 두어온 때문에 우리들이 李氏의 작품에서 어필을 받는 장면이 어딘가 하면 역시 그것은 섹스어필이다. 이 傾向에 대하여 우리들은 로렌스의 주장과 같이 「섹스는 人間生活에 있어 대단히 有力하고 有益한 것이며 必要한 자극이다!」라는 의미에서 그것을 존중해야 할는지는 모른다. 그러나 우리들은 적어도 그것을 蔑視할 大人君子의 자격은 누구나 갖고 있지 못하다.

따라서 이 文學 傾向을 높이 評價하느냐 않느냐도 보유할 문제인지 모르나 그것을 처음부터 卑俗한 에로티시즘으로 돌려서는 不可하다고 생각한다. 李氏는 이 性적인 것을 통하여 古樂的인 소비적인 興奮을 作中에 넣는 것이 아니라 인생의 생활에 있어 抵抗할 수 없는 힘의 所爲로써 하나의 健全面을 보였던 것이다. 마치 지이드가 기독교적인 도덕에 대해서 그것을 범하고는 싶지 않으나 부득이 하는 수 없이 그 戒律을 깨뜨리게 된다는 의미가 여기에도 있다. 그것이 지이드에게 있어 일종의 論理的 추구였다면 여기에서 무관한 줄 안다.

그러나 내가 作者에 대하여 가장 호의를 가지면 가질수록 그 傾向에 대하여는 더욱 엄격하도록 경계해야 할 것이 지이드의 말본이 아니라 批評家 일반이 가져야 할 反省的인 태도다.

그 점에서 나는 〈聖畵〉와 〈장미 병들다〉를 대조해 보는데 흥미를 느낀다. 〈聖畵〉는 後期의 작품으로서 그의 최초에 속하는 것이요 〈薔薇 病들다〉는 누구나 아는 두 작품의 테에마와 남녀 주인공들의 유사한 점들을 대조해 보는 데 있어 그 성적인 문제가 얼마만큼인가를 본다.

두 작품의 남주인공들이 作中에서 차지한 사회적 인간적 地位는 모두가 유사하고 더욱이나 여주인공 「유례」와 「남죽」의 환경은 극히 흡사한 것이 있다. 그런데 그들의 性적 行爲를 보면 全作品에 있어서는 두 남녀가 本能的인 행위를 피하여 하나의 성스러운 좁은 문을 통과했는데 後者는 완전히 하나의 매춘부적인 타락한 性적 행위에 떨어져 버렸다. 여기서 나는 前者의 경우와 같이 그 좁은 문을 통과하는 것이 유일한 聖路인지 아닌지는 모른다. 그러나 나중의 타락한 性的 行爲는 그것을 연장하면 일보 저쪽에서 그 卑俗한 에로티시즘에 떨어지리라는 杞憂는 나는 하지 않을 수 없었다. 또한 일부에서 그런 비난을 받는 것도 그 점에서 순전히 근거가 없는 비난이 아님 직하다.

먼저 말한 바와 같이 性的 行爲와 에로티시즘과의 구별은 그 本能的인 것이 생활의 건전한 일변으로 나타났느냐 않느냐 하는 곳에 있는데 그것이 현대의 타락한 소비적인 賣淫行爲와 합류가 된다면 어느덧 卑俗한 세계에 한 발을 들여놓고 있는 것이 아닐까?

요즘 孝石의 작품들이 前期의 〈露領近海〉 등과 달라서 白然괴 접근하고 작품의 중심으로서 섹스의 문제를 등장시키고 하는 문제이다. 讀者의 눈으로 보더라도 孝石은 文學 主題를 포기하고 대 전환을 해야 할 것이 거의 불가피한 사실이던 것을 알고 있다. 作家 자신이 소중하게 의탁했던 同伴者的인 이데올로기가 중요하지 않았다. 그러나 孝石이 文學者로서 前系譜에서 탈출하는 것은 쉬운 일이 아니다. 그가 새로 한 문학의 眞理的인 새 文學主題를 찾아 결정하는 데까지는 과도기의 고민과 함께 이별의 다리를 건너서도 오랫동안 흔적이 남았다. 그 증거는 孝石의 後期에 쓰여진 작품 〈들〉, 〈粉女〉, 〈薔薇 病들다〉 등 여러 작품 속에 이데올로기적인 것이 四顧的으로 끊이지 않고 남아 있는 것을 읽을 수 있다. 그러나 確然한 것은 文

學의 주제로선 前期의 이데올로기 작품은 청산되고 그 위의 작품들을 주로 하여 孝石文學의 중흥기 孝石文學이 그토록 아름답게 만발한 것이라고 할 수 있다. 이 중흥기의 孝石文學의 主題가 다름 아닌 장미꽃, 性의 文學이 되었다. 여기가 孝石이 九人會의 會員時代요 文學論으로선 〈短篇小說論〉……단편 소설은 하나의 抒情詩다……고 대담한 선언을 하기도 했다. 이후 10년여의 孝石作品 전성기를 말하는 代表的인 滿開期가 된 셈이다.

그런데 孝石이 그때 性의 美를 문학의 본성으로 取擇해서 문학을 내는 것은 그 선택의 의미가 무엇일까. 때는 아직 自然主義時代, 그 자연주의의 일면에서 취해 온 것인가 하면 文學意識으로선 그렇게 될 수는 없었을 것이다. 작품으로 보면 20년 초반의 전형적인 작품 金東仁의 〈감자〉와 孝石의 30년 중간의 〈粉女〉를 비교할 수 있다. 性的인 유락의 과정을 自然主義的인 묘사로 소박하게 다듬어 놓은 것이 〈감자〉라고 하면 〈粉女〉를 비교할 수 있다. 性的인 유락의 과정을 自然主義的인 묘사로 소박하게 다듬어 놓은 것이 〈감자〉라고 하면 〈粉女〉의 행위에는 의식적인 것이 잠재했다가 말로 하는 魔術性 같은 것에 유혹을 느낀다. 35년의 한국문학, 세계적인 新文學으로선 소위 인간의 내부의식을 탐색하고 로렌스의 문학 같은 것은 자연주의에 대한 新時代의 문학으로서 직접 내부의식 중의 가장 강렬한 요소로 性의 藝를 추구하여 큰 命題를 불러일으키고 있던 시대, 孝石이 분명히 그 사실을 알고 써낸 現代的인 새 문학이었으리라. 다만 孝石의 작품들이 로렌스의 文學과는 거리가 지는 미온적인 것으로 느껴지는 것은 로렌스의 작품이 英國이나 美國 등의 선진국에서도 발행금지가 되곤 하는 소식도 듣고 있었기 때문에 孝石은 그 문학을 의식하고 있으면서도 실지로 실현에 옮기지 못하고 표면적이고 미숙한, 차라리 표면적으로 近代的인 自然主義文學의 例에

준했던 것같이 써내고 있는 것으로 보인다.

李孝石의 性文學과 에로티시즘의 低俗性, 여기에 대해서도 일부의 批評들이 지적 비판을 하고 있는 바와 같지만 그것은 당치 않은 견해라고 생각한다. 이 점을 누구보다도 孝石 자신이 충분히 경미한 문제라고 본다. 여기에는 孝石다운 충분한 論理性이 엄격한 기준이 되고, 性의 해석에 있어선 그것이 정말 신경말단의 低俗한 衝動의 것이냐 그렇지 않고 人間의 內部性의 의식으로서 진실로 健全한 要素인가를 충분히 인식하고 엄격하게 분별해서 그제서 새로운 文學의 主題로서 取擇한 줄 안다. 그것은 孝石이 써낸 여러 작품의 性場面을 읽어 본 실감에서 진정한 評價를 내릴 것이라고 말하고 싶다.

作家 李孝石論

俞 鎭 午

어떤 作家의 업적을 정당히 評價하기 위하여는 時間的으로나 空間的으로나 상당한 거리를 두고 봄이 필요할 것이다. 그렇다면 作家 李孝石에 대해서 말한다는 것은 지금은 그때도 아니려니와 또 나는 그 적임자도 아니다. 氏와 나와의 사이는 너무나 가까웠고 또 氏의 마지막 날의 기억이 지금의 나에게는 너무도 생생하다. 다만 「내가 본 李孝石」이라고 할까, 그러한 意味에서의 몇마디 말이라면 굳이 無意味하다고만 할 수도 없을 것이다.

氏는 수많은 朝鮮作家 중에서 거의 流行作家라 하여도 좋을 만큼 인기있는 作家의 한 사람이었다. 다만 流行作家라 하면 무엇인가 俗되고 品없는 느낌을 주는 것이 보통인데 氏의 경우에는 그러한 느낌이 조금도 없을 뿐만 아니라 오히려 李孝石이라는 이름은 언제나 무엇인가 고귀한 향기를 가진 아름다운 西洋 草花와도 같은 느낌을 사람들에게 준 것이 사실이다. 결국 氏의 인기는 소위 大衆的 人氣가 아니라 知識階級間의 인기였다고 할 수 있다. 氏의 愛讀者 중에 상당수의 近代的인 여성이 있는 사실은 그러고 보면 별로 이상스러운 일도 아니다.

그러면 氏의 이러한 인기는 무엇에서 우러나오는 것이었을까. 무엇보다도 나는 먼저 簡楚하고 淸新한 氏의 文體의 매력을 들지 않을 수 없다. 어떤 사람은 氏의 散文을 가지고 현대의 朝鮮語가 도달할 수 있는 最極限의 것이라고까지 격찬하였지만 그야 어떻든 氏가 특이한 매력있는 스타일리스트였던 것만은 사실이다.

실제에 있어 文章에 대한 氏의 潔癖과 熱心은 대단하였다. 극단으로 省略性을 존중하고 暗示의 효과를 활용하였다. 氏의 작품들 읽노라면 얼마든지 主語가 없는 文章에 부닥치는데 그런 것쯤은 氏에 있어서 文章이나 文學 以前의 일밖에 되지 않았던 것이다. 氏는 남의 작품에 접할 경우에도 문장의 簡楚와 冗漫如何로서 價値判斷의 한 표준을 삼으려고까지 하고 있었던 것 같다.

簡楚淸新을 신조로 하는 自然的인 결과로서 氏의 文章은 약간 그 미끈한 느낌을 缺하는 점이 없지도 않지만 어떻든 어떠한 경우에도 氏는 애매모호한 채로 얼버무리는 일은 하지 않았다. 簡楚淸新을 신조로 하는 自然的인 결과로서 氏는 詩와 散文의 구별을 똑똑히 지키고 있었던 것이다. 그리고 또 氏는 될 수 있는 한 일부러 조작하는 따위의 일을 피하고 있었다. 예컨대 日本의 「新感覺派時代」의 作家들의 경우를 보면 感覺의 淸新이나 文章道가 무리한 공부를 하지 않으면 안될 만큼 개척되어 있지 못했던 그것에도 있겠지만 한갓 氏가 中庸을 취하여 기울어짐이 없는 원숙한 스타일리스트였던 것을 증명하는 것이 아닐 수 없다.

氏가 言語의 魔術性에 누구보다도 예민했고 또 관심하고 있었던 것도 氏의 文學을 論하는 위에서 흘려 버릴 수 없는 일일 것이다.

言語란 이상한 것이어서 그 자체에 生命力 그리고 분위기라는 것이 있으며 이들 여러 가지 말을 適宜하게 배치함으로써 한 개의 세계를 창조해 내는 可能性을 갖는 것이다.

물론 나는 思想이나 情感에 앞장 설 수 있는 言語의 존재를 주장하는 것은 아니지만 그러나 文學은 어디까지나 표현과 같이 있는 것이라고 생각하는 것이다.

이런 의미에서 딴 사람들이 모두 이데올로기의 追究에 血眼이 되어 있는 시대에 氏가 혼자서 圓念히 언어의 연구에 몰두했던 일은 확실히 卓見이었다고 본다.

「同伴者作家」라는 등의 말을 듣던 젊은 때의 氏는 남의 작품을 읽어나가는 도중에 그럴싸한 말에 맞부딪히면 하나 하나 붉은 연필로 傍線을 쳤던 것이었다. 한동안 龍膽寺雄氏가 화려하게 활약하던 무렵 氏는 이 방법으로서 同氏의 작품을 분석하고 同氏의 매력은 결국 그가 즐겨서 쓰는 몇 개의 어휘의 콤비네이션에 의해서 이룩되고 있다고 내게 말한 적이 있었다. 龍膽寺雄氏의 경우 氏의 작품세계가 일정한 어휘가 氏의 작품세계를 만들어 내고 있었는가는 나로서는 알 도리도 없지만 李氏의 경우는 확실히 意識的으로 어휘를 선택한 뒷자취가 있다고 나는 생각한다.

個性的인 作家가 각기 특색 있는 색깔을 즐겨 사용하고 있듯이 氏는 氏가 즐겨 하는 몇 개의 특색 있는 어휘를 언제나 쓰고 있었던 것이다.

그러나 이상 말한 것은 氏의 작품을 貫通하는 아름다운 詩精神을 이해함이 없이는 무의미에 가까운 말밖에는 아닐 것이다.

실제로 氏는 소설의 형식을 가지고 詩를 읊은 作家라고 나는 생각한다.

한동안 文壇에서는 散文精神이라는 것이 시끄럽게 논의되고 있어 散文精神이야말로 文學의 精神이 아닐 수 없다고 주장되었지만 그런 논의에는 氏는 귀도 기울여 보이지 않았다.

氏에겐 수많은 아름다운 수필이 있지만 이것들은 정히 수필의 옷을 입은 詩 그것인 것이다. 왜 그런고 하니 과거에 있어 氏는 위에서도 잠간 말한 바와 같이 한동안 세상에서 「同伴者作家」라는 말을 듣고 있었기 때문에서이다.

예컨대 氏의 처녀작품집 「露領近海」(1931년)를 보더라도 氏를 「同伴者作家」라고 지목한 것도 수긍이 가는 일이다.

그러나 냉정하게 당시의 氏의 작품을 검토해 보면 氏가 이데올로기적으로 좌익에 共鳴했던 자취는 찾아볼 수 없을 것이다. 아닌게 아니라 당시의 氏의 작품에는 흔하게 「運動」이니 「鬪士」니 하는 말이 튀어나오지만 이것들은 그것 자체로서의 의미가 있는 것은 아니었다. 그건 氏의 詩를 위해서 있는 단순한 도구 같은 것밖에는 아닌 것이다.

〈都市와 幽靈〉이 그렇고 〈奇遇〉 역시 그렇다. 〈오리온과 林檎〉에 이르러서는 명확한 反左翼的인 작품이 아닐 수 없는 것이다.

당시 氏를 左翼作家로서 갈채를 보내고 있던 評論家들은 현란한 氏의 才能에 감쪽같이 속아 넘어간 것으로 된다.

언젠가 나는 氏의 창작집 〈聖畵〉(1934년)를 비판하는 문장 가운데서,

「氏는 藝術家이기는 해도 思想家는 아니다. 藝術家 역시 시대를 떠나서 살 수는 없기 때문에 氏는 그 시대 그 환경에서 取材는 했지만 그 題材는 결국 그 題材에서 멎어졌을 뿐 이것을 발효시킨 것은 氏 자신의 藝術的 감각 그것이었다.」

라고 말한 바 있지만 나의 이러한 생각은 지금도 변함이 없는 것이다.

그리고 李源朝씨가 〈李孝石論〉(1939년 人文評論 창간호)에서,

「한 개의 作品 가운데서 일어나는 사실과 주인공의 운명은 언제나 그 작품의 主題와 有機的 관련을 갖지 않으면 안되지만 李氏의 작품의 경우는 2, 3의 작품을 제외하면 그것이 없다.」

라는 의미의 말을 한 것도 지금의 나의 입장과 같은 취지의 것이 아닌가 생각되는 바 있다.

그러나 이렇게 말한다고 해서 氏가 당시 리얼리스트로서 노력한 사실마저를 부정하려고 하는 것은 아니다.

실제에 있어 氏는 리얼리스트가 되려고 적잖은 노력을 했고 또

〈豚〉 이하 일련의 리얼리즘의 우수한 作品을 남기고 있는 것이다. 그러나 리얼리스트가 되기 위하여서는 너무나도 아름다운 情感의 作家였던 것이다.

소위 말하는 散文精神에 의해서 냉철하게 인생을 관찰하고 탐구하고 구성하기 위해서는 氏의 정신은 너무나도 순수에 겨워 있었다. 同伴者文學이라고 불리웠던 氏의 많은 작품이 거기에 취급된 사실과 인물과 작품의 主題의 틈새에 有機的인 關聯性을 결여하고 있는 것은 그런 것들 때문이었던 것이다. 〈豚〉 이라 일련의 작품이 성공한 것은 거기에 취급된 사실 자체가 하등의 관찰이나 分析이나 構成을 하지 않고 그대로 人間性의 核心에 부딪쳐있기 때문에서이다. 〈豚〉은 그렇기에 소위 말하는 리얼리즘의 작품이 아니라고 말할지도 모른다.

리얼리즘의 작품에 틀림없지만 아울러 로맨티시즘의 작품이기도 한 것이다.

氏가 인생을 아름다운 정감을 갖고 또 있는 그대로 純粹하게 파악하는 詩人이며 소위 말하는 散文精神에 입각한 小說家가 아니라는 것은 氏의 日語 作品 중의 〈호노까나 히까리〉를 보더라도 쉽게 알 수 있는 일이다. 이 작품은 어떤 사람에게는 民族主義的인 인상을 주었을는지도 모르지만 나로서 말하려면 이 작품의 모티브는 전혀 그의 高句麗의 大刀에 詩人的 興奮이 있었던 것이었다. 古代의 寶劍에 대해서 나 자신도 언젠가 〈滄浪亭記〉 가운데 취급한 일이 있는데 그때 氏는 일껏 편지를 보내서 그 장면을 격찬하면서 그 일회(이 소설은 신문에 분재되었던 것이었다)만으로서도 충분한 가치가 있는 것이라고 말해 준 일이 있다. 〈호노까나 히까리〉는 그때에 얻은 暗示를 氏다운 방법으로 作品化한 것이 아닌가 생각하는데 그런 것은 어떻든 이 작품이 前半에서 짜임새 있게 쓰여져 있는데 대하여 後半에 이르러서는 중동이 무너진 것 같은 느낌을 주는 것은 高句麗의 大刀 그 한 가지로 氏는 말할 바를 다 해치운 셈인지도 모른다.

氏가 만일 보다 좀더 강인한 文學精神을 把持하고 있었더라면 그 작품은 阿部知二氏도 말한 바와 같이 象徵의 걸작을 만들었음에 틀림없었다.

정녕 氏와 같은 이는 天來의 詩人이라고 해야 할 것이다. 여기에 詩라 함은 散文에 대하는 韻文이라는 따위의 의미가 아님은 물론인 것이다. 혹시는 이걸 情感이라는 말로 바꿔 놓아도 좋을 것이며 뭐하다면 純粹라는 말로 바꿔도 좋을 것이다.

어떻든 氏는 思想이라는 것에서 作爲的으로 규제되지 않고 새가 노래부르듯 노래부르는 것을 本領으로 하는 작가였었다. 그러기에 氏는 1932, 3년경의 左翼文學의 全面的 退潮期에서도 손쉽게 純粹文學으로 전신히어 새로운 潮流에 삿대질하면서 재등장을 해냈던 것이다. 많은 左翼作家가 시대의 巨流에 직면해서 그때까지 자기 몸에 매어 있던 것을 청산하고 새로운 자신을 만들기 위해서 혹은 暗中에 모색하고 혹은 沈潛苦吟하여 글자 그대로 피의 자기투쟁을 하지 않으면 안되었던 것이다.

여기서 氏만은 몸도 가벼이 새로운 시대에로 줄달음질쳤던 것이었다. 어떻든 氏의 경우는 그것은 별로 轉身도 轉向도 아니고 本身의 자기에로의 回歸였었다고 나는 생각한다. 氏는 이 轉身에서 지금까지 무거운 짐마냥 氏에게 덮어 씌워졌던 시대의 압력으로부터 벗어나서 겨우 숨을 돌이킨 그런 형태였었다. 그렇지만 作爲的이었다고는 해도 한번 몸에 배어들었던 것이란 하루 아침에 가셔질 수 없는 것이어서 앞서 氏가 同伴者라고 불리우던 때 즐겨 취급한 사건이나 인물들이 그 뒤에도 꽤 오랫동안 새로운 무대 위에 흘끔흘끔 그 자취를 나타내고 있었지만 그러나 그것들은 벌써 外見的으로라도 氏의 文學의 중심을 이루는 것은 아니었고 氏는 자유분방히 있는 그대로의 자기를 노래하는 그것으로 되었던 것이다. 그리고 이 시대의 氏의 관심은 주로 性問題에 指向되고 있었던 것으로 생각된다. 창작집 〈聖畵〉에 수록된 작품은 주로 이 시대의 것에 속한다. 〈고사리〉 〈聖餐〉 〈聖畵〉 등은 이 경향의 작품의 대표적인 것이라고 말할 수 있을 것이다. 性은 氏에게 있어서는 道德 以前의 것이었으며 모랄의 세계에 속하는 것이다. 그렇기에 이들 작품에서 氏는 꽤 대담하게 이 문제에 파고 들고 있었으나 읽으면서도 예컨대 모파상의 諸作品에서와 같은 卑猥한 느낌을 일으키지는 않는다. 그리고 톨스토이와 같은 道德感이 드높은 작가는 예하면 〈復活〉 같은 경우에 있는 것같이 愛慾의 장면이 되면 오히려 강렬한 好色的 傾向을 露呈하는 것 같은데 氏는 이것이 없다. 뿐더러 氏의 경우는 D·H·로렌스에게서 보는 것과 같은 執拗스러움도 없ㅎ는 것이다. 이 점 어떻게 보면 채워지지 않는 불만감도 없는건 아니지만 그러나 그것이 또 氏의 氏다운 所以라고 말할 수 있을 것 같다.

性問題를 말할 때에는 氏는 散文家로서가 아니라 詩人으로서 그것에 마주 서고 있는 것이다. 이 방면에 관한 氏의 관심은 後年 마음놓고 털어 놓은 것이 長篇 〈花粉〉(1939년)인데 이 작품에 있어서도 지금까지 말한 테두리를 벗어나 있는 것은 아닌 것이다. 性問題에 피로하면 氏는 아름다운 自然의 風物 가운데에 휴식을 구하였다. 〈聖畵〉의 주인공 「나」는 「란야」와의 기괴한 愛慾生活에 지쳐서 그 반대의 극인 「유례」와 같이 바다와 산을 찾는 것인데 〈聖畵〉의 作者도 이 무렵부터 틈틈이 「산」이나 「바다」를 쓰고 自然을 讚美하는 수많은 작품을 마련하고 있었다.

이들 작품은 창작집 〈해바라기〉(1939년)에 수록되어 있지만 여기서도 作者는 결코 자연을 관찰하고 분석하고 해석하려고는 들지 않았다. 곧바르게 있는 그대로 자연의 아름다움을 노래하고 자연의 큰 품에 자신을 한껏 맡기고 있는 것이다.

끝으로 모든 시대를 통해서 氏의 作品의 基調를 이루고 있는 두 개의 기둥인 모더니즘과 哀愁를 들지 않으면 안되겠다.

氏의 작품 가운데는 전연 모더니즘과 관계가 없는 것 같은 例하면 〈모밀꽃 필 무렵〉 같은 것도 없는 건 아니지만 이것도 취급된 인물이나 사건이 그렇다뿐 作者의 세련된 솜씨 말하자면 불란서적인 것인 점에서는 역시 모더니즘의 작품이 아닐 수 없다.

그밖의 작품에서는 대개는 그 차림새부터가 하이 칼라하다. 피아노나 西洋 草花 버터 그리고 여객기나 문화주택들의 사이로 「유례」 「미란」이란 西洋 이름과 같은 젊은 여인들이 움직이고 있는 것이다. 이 점 氏는 같은 純粹文學 계통에 속해 있으면서도 骨董을 사랑하는 李泰俊氏와 같은 사람과는 정말 對蹠的인 입장에 서는 작가이다.

氏의 경우 모더니즘이란 결코 경박한 物質主義는 아니다. 氏의 모더니즘은 氏의 교양이 所致하는 바이고 교양을 구하는 마음 그리고 정신의 향연을 구하는 마음의 표현 이외의 아무 것도 아닌 것이다.

氏는 또 朱乙 부근 在住의 白系 露人들의 생활에 이상한 흥미를 가지고 있었으며 이 흥미는 쌓이고 쌓여서 1939년 여름의 하르빈 여행에까지 발전했지만 이것 역시 결코 백인 숭배라는 그런 천박한 동기에서가 아니었던 것은 말할 필요도 없을 것이다. 하르빈의 호텔에 있으면서 氏가 다채현란한 朝鮮의 古典的 衣裳과 食物 등에 로맨틱한 정열을 쏟은 것은 어떻게 보면 우스운 일같지만 따지고 보면 우스운 일도 아무 것도 아닌 것이다.

이렇게 봐오면 지금까지 내가 모더니즘이라고 말해온 것은 오히려 洗鍊이라는 그런 말로 바꿔 놓는 편이 적당할 것만 같다. 哀愁는 洗鍊과 같이 氏의 작품의 基調를 이룩하는 또 하나의 기둥이라고 말할 수 있는데 氏가 학생시대에 아일랜드문학을 전공했고 졸업 논문에는 「씽그」를 선택한 것도 결코 우연이 아니었다고 말할 수 있다. 그러나 주의할 일은 氏의 哀愁는 〈모밀꽃 필 무렵〉과 같은 예외의 경우도 없지는 않지만 그 多數는 鄕土的이 아니라는 사실인 것이다. 이것은 氏의 모더니즘과 같이 생각해 보면 당연한 일로서 누구나 수긍할 수 있는 일이다. 氏의 哀愁는 수많은 近代 知識人의 피로감에서 오는 것이다. 知識人의 무기력이라고 맹렬한 비난을 받은 바로 그것인 것이다. 이 哀愁는 모든 시기의 氏의 작품을 통해서 그야말로 끈기있게 얼굴을 내미는 것이지만 때로는 예하면 〈풀잎〉(春秋, 1942년 2월호)에 있어서와 같이 知識人의 特權이라는 것과 같은 것으로 모양을 바꿔서 俗衆에 대한 맹렬한 항의로서 나타날 때도 있는 것이다.

그러나 이상 말한 것으로서 곧바로 氏의 作品世界를 망라해 버렸다고 하기에는 조계가 아닌가 생각된다. 거듭 말한 바와 같이 氏는 情感의 作家이며 純粹의 作家여서 情緖의 움직이는 대로 작품을 쓴 사람이기에 그 作品世界도 역시 극히 多彩한 것이다. 〈皇帝〉에서 氏가 영웅의 운명에 통곡하고 商人 존불에 敗退하는 나폴레옹에게 빛나는 월계관을 敬虔한 태도로 바쳤다고 해서 놀라울 것은 없을 것이다. 그것 역시 氏의 일면이었던 것이다. 英雄의 운명은 詩人의 情緖를 움직이게 하는데 충분했기에 말이다.

어떻든 氏는 現代 朝鮮文學에 있어서 第一流의 作家의 한 사람이었다. 氏의 죽음으로서 받은 朝鮮文壇의 손실은 큰 것이다.

무엇이 어떻건 36세라는 그 젊음이 아깝다. 36세라면 芥川龍之介

氏가 자살한 것도 꼭같이 36세였다. 芥川氏의 경우는 思想的으로나 藝術的으로나 그야말로 막다른 골목에서의 죽음인데 반하여 李氏의 경우는 이상 말한 데서 밝혀진 것과 같이 作家로서의 本質 規定은 一但은 정해져 있었다 해도 인제부터 무엇을 해낼는지 그야말로 예측을 許하지 않던 바 있었던 것이다. 더욱 氏는 과거에 있어서 〈豚〉 〈모밀꽃 필 무렵〉 〈고사리〉 〈皇帝〉와 같은 전연 경향을 달리하는 작품들에서 각각 성공을 거두고 있는 것이다.

돌연한 氏의 死去는 정녕 아까와 하려와 아까와 할 수도 없는 바가 있다.

(蛇足같지만 附言하는 것은 여기 芥川氏를 들춰낸 것은 마치 죽은 나이가 李氏와 일치해 있었기 때문이며 그밖의 아무 他意도 없는 것이다.)

〈國民文學〉 1942년 7월

散文과 反散文

金東里

李孝石은 小說을 배반한 小說家다.

小說이 近代文學의 中樞的 지위를 점유하게 된 것은 小說樣式의 강대한 綜合性과 普遍性이 복잡다단한 近代生活의 반영이란 말이 이미 있거니와 近代人의 물심양면으로 複雜하고 심각한 生活은 그것이 전적으로 반영될 수 있는 그만치 綜合的인 文學樣式을 욕하게 된 것이며 여기서 近代의 저 燦然한 小說文學의 전당은 建設될 수 있었던 것이니, 그러므로 小說文學의 機能은 어디까지나 복잡다단하고 심각한 人間生活의 綜合的인 반영에 있는 것이며 그 本領은 어디까지나 散文精神에 있어야 하는 것이다. 여기서 물론 長篇小說과 短篇小說의 가진 바 형식의 性格的 차이에도 언급해야 하겠지만 李孝石의 作品世界에서와 같이 「복잡다단한 人間生活의 綜合的 反映」과 「散文精神」의 全面的 缺如가 그의 作家的 기질이나 역양 부족의 소치만이 아니고 그의 人間忌避와 散文(정신) 排擊의 意識的 作爲에 기인한다고 보지 않을 수 없을 때에는 그의 作品의 대부분이 短篇小說이라는 「장르」의 問題를 떠나서 總體的으로 그는 小說文學 그 自體에 대한 불신임 내지 항거를 한 것이라고 보지 않을 수 없는 것이다.

그를 소위 同伴作家라고 부르게 된 初期의 作品 〈都市와 幽靈〉 〈露領近海〉 등에서 이미 그는 性格(人物의)이나 「플롯」을 파악해 보려는 意圖보다도 분위기나 센스를 노리려는 傾向을 충분히 나타내고 있었고 그리하여 그의 筆致가 점차 圓熟期에 들어오면서부터는 그러한 思潮的인 카무프라즈마저 아주 一掃해 버린 동시 「人間」과

「散文」에 대한 嫌惡와 詰難을 노골적으로 토로하기 시작하였다.

거리는 왜 이리도 어지러운가.

거의 삼십 년 동안이나 걸어온 사람의 거리가 그렇게까지 어수선하게 눈에 어리운 적은 없었다. 사람의 거리란 일종의 지옥 아닌 수라장이다.

이것은 그의 〈人間散文〉이란 小說의 첫머리다. 이 作品의 主人公「문오」는 계속하여 말한다.

사람들은 모여서 거리를 꾸며 놓고도 그것을 깨끗하게 치울 줄을 모르고 그 난잡한 속에서 그냥 그대로 어지럽게 살아간다. 깨지락깨지락 치운다 하더라도 치우고는 또 널어놓고 치우고는 또 널어놓고 하여 마치 밑빠진 독에 언제까지든지 헛물을 길어 붓듯이 영원히 그것을 되풀이하는 그 꼴이 바로 인간의 꼴이요 생활의 모양이라고도 할까. 어지러운 거리, 쓰레기통 같은 거리.

「문오」라는 作中人物을 통하여 마음껏 압도하고 있는 「어지러운 거리」「쓰레기통 같은 거리」이것이 곧 그의 말대로 「人間의 꼴」이요 「生活의 모양」이라고 해도 좋다. 「복잡다단하고 심각한 人間生活의 綜合的 반영」이 小說文學의 本領이라면 이 「어지러운 거리」「쓰레기통 같은 거리」야말로 散文의 영토요 小說文學의 故鄕이 아닐 수 없다. 그러므로 이 어지럽고 「쓰레기통 같은 거리」에 대하여 얼마만한 情熱과 애착을 가지는가 그렇지 않으면 이것을 咀呪하며 기피하는가 하는 것은 곧 그의 散文精神에 대한 態度와 별개의 것일 수 없다. 그리고 作者 李孝石은 이 「散文의 領土」요 「小說의 故鄕」

인 「어지러운 거리」를 嫌惡하고 忌避하는 나머지 作中人物「문오」의 생각과 말을 빌어서 이렇게 決定的인 저주와 罵倒를 퍼부었던 것이다.

몹시도 지저분한 거리의 산문이 전신의 신경을 한데 모아 짓이기고 난도질하여 놓는다. 혼란의 아름다움을 노래하고 난잡의 운치를 찬미하는 예술 같은 것은 악마에게나 먹히워라.

그가 「거리의 산문」이라고 한 것은 「어지러운 거리」 「쓰레기통 같은 거리」에서 散文을 느꼈기 때문이요 이렇게 散文을 상징하는 듯한 「어지러운 거리」 「쓰레기통 같은 거리」에서 「혼란의 아름다움을 노래하고」 「난잡의 운치를 찬미하는 예술 같은 것」즉 一切의 散文藝術 특히 散文精神을 本領으로 하는 「小說文學 같은 것」은 「악마에게나 먹히우라」고 신경질을 부리는--이것이 곧 李孝石이다.

李孝石의 「散文」에 대한 神經質的인 혐오와 기피는 그의 모든 作品에 일관되어 있고 그러므로 〈人間散文〉의 主人公 「문오」는 作者의 이러한 心境과 思想을 表現하기 위한 作者 자신의 代辯者로 보아서 조금도 어색할 것이 없다.

「거리의 산문」을 惡魔에게 던지고 난 李孝石은 「거리의 산문」대신 무엇을 가져 왔는가. 「어지러운 거리」 「쓰레기통 같은 거리」의 〈人間散文〉을 버리고 그는 과연 〈모밀꽃 필 무렵〉의 아름다운 〈산〉과 〈들〉과 〈늪의 神秘〉와 〈오리온과 林檎〉의 탄력있는 肉體와 그리고 詩를 가져 왔다.

꽃다지, 질경이, 나생이, 딸장이, 민들레, 솔구장이, 쇠민장이, 길오장이, 달내, 무릇, 시금치, 씀바귀, 돌나물, 비름, 늘쟁이. 들은 왼통 초록전에 덮여 벌써 한 조각의 흙빛도 찾아 볼 수 없다. 초록의 바다.

이것은 〈들〉의 첫머리다. 그는 「어지러운 거리」「쓰레기통 같은 거리」를 버리고 이렇게 여러 가지 풀과 꽃으로 덮인 들--「초록의 바다」로 찾아온 것이다. 복잡한 都市의 거리와 어지러운 人間散文을 버리고 自然과 詩의 품속으로 돌아온 것이다. 그리하여 그는 自然의 향취에 취한 채 이렇게 부르짖는 것이다.

흙빛에서 초록으로--이 기막힌 신비에 다시 한번 놀라 볼 필요가 없을까. 땅은 어디서 어느때 그렇게 많은 물감을 먹었길래 봄이 되면 한꺼번에 그것을 이렇게 지천으로 뱉어 놓을까. 바닷물을 고래같이 들이켰던가. 하늘의 푸른 정기를 모르는 결에 함빡 마셔 두었던가. 그것을 빗물에 풀어 시절이 되면 땅 위로 솟쳐 보내는 것일까. 그러나 한 포기의 풀을 뽑아 볼 때 잎새만이 푸를 뿐이지 뿌리와 흙에는 아무 물들인 자취도 없음은 웬일일까.

이렇게 그는 과연 單純을 지니려 한다. 自然으로 돌아간다는 말은 單純으로 돌아간다는 뜻이다. 그러므로 항상 自然을 사랑하고 自然을 노래하는 많은 自然의 詩人들은 複雜多端한 人間心理를 추궁하는 小說家보다 언제나 동요의 世界에 통할 수 있고, 라기보다 最高의 詩人은 언제나 동요의 詩人일 수 있는 것이다. 「한 포기의 풀을 뽑아 볼 때 잎새만이 푸르지 뿌리와 흙에는 아무 물들인 자취도 없으니」 이것이 웬일이냐고 경탄할만치 單純한 童心의 世界에로 接近해 보려는 그는,

새가 지저귄다. 꾀꼬리일까.
지평선이 아롱거린다.
들은 내 세상이다.

이렇게 아주 自然에다 몸을 맡기려고도 한다.

나는 들이 언제부터 이렇게 좋아졌는지 모른다. 지금에는 한 그릇의 밥 한 권의 책과 똑같은 지위를 마음속에 차지하게 되었다.

들이 「한 그릇의 밥」과 地位를 같이 하게 쯤 되면 그 다음엔 어떻게 되는가. 밥을 떠나서 살 수 없듯이 그는 이제 들을 떠나서는 살 수 없는 것이다. 「떠나서 살 수 없다」면 떠나지 않아야 사는 것이며 떠나지 않으려면 그것과 나와 둘이 되지 않아야 하는 것이다. 그것과 나와가 둘이 되지 않으려면 하나가 되어야 하는 것이며 하나가 되려면 내가 들이 되거나 들이 내가 되어야 하는 것이다. 그런데 나는 「어지러운 거리」 「쓰레기통 같은 거리」와 人間散文에 극도의 嫌惡를 느끼고 들로 찾아온 것이다. 그러므로 나와 들이 하나가 되어야 한다면 내 자신이 들로 化해야 하는 것이다.

꽃다지, 질경이, 민들레…… 가지가지 풋나물을 뜯어먹으면 몸이 초록으로 물들 것 같다. 물들어야 될 것 같다. 물들어야 옳을 것 같다. 물들지 않음이 거짓말이다. 물들지 않으면 안될 것이다.

이리하여 그의 몸은 꽃다지, 질경이, 민들레……와 함께 초록으로 물들고저 한다. 들로 化하고저 한다. 그렇게 함으로써 그는 自然에 同化되고저 한다. 그것이 그의 故鄕이었고 그는 그의 故鄕에 돌아가고 싶었던 것이다.

같은 의향은 〈산〉에서도 나타나 있다.

낙엽 속에 파묻혀 앉아 깨금을 알뜰히 바수는 「중실」은 이제 새삼스럽게 그 향기를 생각하고 나무를 살피고 하늘을 바라보는 것이 아니었다. 그런 것은 한데 합쳐서 몸에 함빡 젖어들어 전신을 가지고 모르는 결에 그것을 느낄 뿐이다. 산과 몸이 빈틈없이 한데 어울린 것이다. 눈에는 어느결엔지 푸른 하늘이 물들었고 피부에는 산냄새가 배었다. 바슴할 때의 짚북데기보다도 부드러운 나뭇잎--여러 자 깊이로 쌓이고 쌓인 깨금잎 가랑잎 떡갈잎의 부드러운 보료--속에 몸을 파묻고 있으면 몸뚱어리가 마치 땅에서 솟아난 한 포기의 나무와도 같은 느낌이다. 소나무 참나무 총중의 한 대의 나무다. 두 발은 뿌리요 두 팔은 가지다. 살을 베이면 피 대신에 나뭇진이 흐를 듯하다.

들에 가면 풀이 될 것 같고 산에 가면 나무가 될 것 같도--여기서 문제는 特殊에서 普通으로 옮긴다. 이것이 동양인의 영원한 鄕愁요 또 究意的 歸依欲인 때문이다. 그것은 마치 서양인의 영원한 鄕愁와 究意的 귀의가 神에 있는 거와 마찬가지다. 동양인이 들에 가 풀이 될 것 같고 산에 가 나무가 될 것 같은 心的 狀態는 서양인이 神에 귀의하여 神에게 자기를 맡기려는 것과도 같은 경우다. 「살을 베이면 피 대신에 나뭇진이 흐를 듯하다」하는 것은 「여호와여 나는 당신의 종이로소이다」하는 것과 마찬가지 究意的 歸依를 부르짖는 기도의 소리다.

그러면 李孝石은 왜 〈산〉과 〈들〉에 돌아와 풀과 나무가 되고저 했는가 〈왜 自然에 동화되고자 했는가 〈왜 神에 歸依하고저 했는가

〈그것이 詩精神의 基地였기 때문이다. 그는 「어지러운 거리」에 신물증이 나 人間과 散文 〈왜 고 싶었던 것이다. 「어지러운 거리」와 「人間」과 「散文」의 對蹠的 세계가 곧 詩의 세계요 詩 세계의 核心이 自然(혹은 神)이었기 때문이다.

「살을 베이면 피 대신 나뭇진이 흐를 것 같다.」

한 것은 나는 위에서 自然의 歸依하는 기도의 소리라 하였다. 그리고 이것은 다만 詩의 핵심 詩의 故鄕을 찾아온 데 지나지 않는다고 하였다. 내가 특히 이 말을 강조하는 것은 그가 「詩」의 故鄕을 찾아오게 된 동기 그 자체에 歷史的 배경이 있었기 때문이다. 「어지러운 거리」의 科學과 散文이 인간생활의 究意的 意義를 보장하지 못한 데서 자기 자신(科學과 散文)의 변모가 요구된 것이며 「쓰레기통 같은 거리」의 정리는 한 개 世紀的 과제가 되어 있었기 때문이다. 그러므로 그가 散文을 버리고 詩의 故鄕을 찾아갔다는 사실에는 某種의 世紀的 檢討가 요구된 것이다. 그리하여 그가 科學과 散文의 飛躍的 변모를 위하여 投身한 것인가 그렇지 않으면 그것의 압력에 견디지 못하여 詩의 품속으로 단순히 退却한 데 지나지 않는 것인가를 規定해야 하게 된 것이다. 그리고 위에서 내가 그는 「다만 詩의 故鄕을 찾아온 데 지나지 않는다」고 强調한 것은 그가 後者에서 지나지 않는다는 것을 시사하려 한 것이다.

李孝石의 作品世界에 나타난 「自然에의 歸依」가 散文 자체의 世紀的 變貌이기보다 다만 詩에의 退却에 지나지 않는다는 사실은 그의 文學的 價値를 決定하는 치명적 조건이 아닐 수 없다.

그러므로 이것을 좀더 구체적으로 分析해 볼 때 거기에는 다음의 세 가지 理由가 介在해 있음을 발견하게 되는 것이다.

첫째, 散文 자체가 變貌를 가진다는 것과 散文을 부정한다는 것과는 전혀 동일하지 않을 뿐 아니라 오히려 對蹠的인 意味를 가지는 것이다. 前者는 어디까지나 散文의 자기 發展이요 자기 革命에서난 可能한 것이기 때문에 이것은 散文의 부정이기보다도 깊은 肯定이 아닐 수 없음에 반하여 後者--부정은 어디까지나 부정에 그치는 것이다. 그리고 그는 우리가 위에서 이미 보아 온 바와 같이 분명히 이것을 부정하고 저주하였던 것이다.

둘째, 그가 귀의한 自然의 性格 그 자체에 散文의 氣骨이 없다.

「살을 베이면 피 대신 나뭇진이 흐를 것 같다.」

하는 것이나,

「가지가지 풋나물을 뜯어 먹으면 몸이 초록으로 물들 것 같다. 물들어야 될 것 같다.」

하는 정도의 기도 소리는 自然에 대한 그 어떠한 새로운 知識도 愛情도 우리에게 플러스해 주지 않는다. 우리는 이미 老莊의 文이나 陶王의 詩나 禪門의 偈를 통하여 이보다는 진실로 까마득할 정도로 심화된 自然에 感情의 체험을 쌓아온 것이다. 그리고 이러한 自然의 체험이란 自然에의 귀의에서만 가능한 것이며, 무릇 무엇에 귀의한다는 것은 이미 生의 統一과 調和와 整理를 意味하는 것이므로 여기에 散文精神이 용납될 여지는 없다.

셋째, 以下 두 가지 條件과는 다소 性質을 달리하는 部面이 그에게 있다. 이번에는 草木에서 禽獸로 展開되는 것이다. 그가 귀의한 自然의 구체적 內容에 대하여 지금까지 내가 檢討하여 온 것은 「가지가지 풋나물을 뜯어 먹으면 몸이 초록으로 물들 것 같다」든가 「살을 베이면 피 대신 나뭇진이 흐를 것 같다」는 등 즉 草木의 世界가 위주되어 있었으나 그의 作品世界에는 아직도 그것(自然)의 다른 部面인 禽獸의 世界가 남아 있으며 지금부터는 이에 대하여도 살펴 보아야 할 것이다. 그리고 내가 여기서 禽獸라고 하는 것은 禽

獸的 본능 禽獸的 野性 등을 의미하는 것이므로 本能과 野性으로 온 人間의 일면도 물론 이(禽獸) 속에 包含되는 것이다.

맹랑한 것이 눈에 띄인 까닭이다. 껄껄 웃고 싶은 것을 참고 풀 위에 주저앉았다. 그 웃고 싶은 마음은 노래라도 부르고 싶은 마음의 연장인지도 모른다. 다시 말하면 그 맹랑한 풍경이 나의 마음을 결코 노엽히거나 모욕한 것이 아니요 도리어 아까와 똑같은 기쁨을 자아내게 한 것이다. 일반으로 창조의 기쁨을 보여준 것이다.

「들」의 「개울녘 풀밭에서」 한쌍의 개가 자웅질하는 광경을 보고 난 感想을 그는 그의 代辯者인 「나」를 통하여 이렇게 말하게 하는 것이다.

하늘을 겁내지 않고 들을 부끄러워하지 않고 사람의 눈을 꺼리는 법 없이 자웅은 터놓고 마음의 자유를 표현할 뿐이다. 부끄러운 것은 도리어 이쪽이다.

우리는 그가 한쌍의 개의 자웅질하는 광경을 왜 이렇게 「하늘」과 「들」을 끌어대어 誇張的으로 謳歌하고 있는지 그것을 理解하기에 조금도 힘들지 않는 것이다. 그리고 그것이 어떠한 前提的 意圖에서 그렇게 謳歌되어야 하는 것인가도 推斷하기에 힘들지 않는다.

보고 있는 동안에 어디서부터인지 돌맹이가 날아들었다. 킬킬킬킬 웃음소리가 나며 두 번째 것이 날았다. 가제나 몸이 떨어지지 않는 자웅은 그제서야 겁을 먹고 흘금흘금 눈을 굴리며 어색한 걸음으로 주체스런 두 몸을 비틀거렸다.

이러한 광경이 演出되고 있는 舞臺 뒤에는 으레히 이것을 監視하는 혹은 讚美하는 또 한사람의 女主人公이 配置되어 있어야 했던 것이다. 왜 그러냐 하면 男主人公 「나」는 이미 그 곁에서 누워 있었기 때문이다. 그리하여 「돌맹이질」의 主人公인 「옥분」이는 과연 「호담스런」 웃음소리와 함께 곧 舞臺 위에 나타나게 되는 것이다.

세 번째 돌맹이가 날리더니 이윽고 호담스런 웃음소리가 왈칵 터지며 아래편 숲속에서 사람의 그림자가 덥석 뛰어나왔다. 빨래함지를 인채한 손으로는 연해 자웅을 좇으면서 어깨를 떨며 웃음을 금할 수 없다는 자세였다.

이와 같이 개의 자웅질을 讚美한 지 불과 며칠이 되지 않아서 그들이 두 번째 우연히 만났을 때 作者는 그들로 하여금 그들이 그 며칠 전에 목격한 개의 자웅질을 그대로 實演하도록 한다는 것은 이미 作者의 計劃된 「프로」였다.

「딸기 따줄까.」

「무서워.」

그의 떨리는 목소리가 왜 그리도 나의 마음을 끌었는지 모른다. 나는 떨리는 그의 팔을 붙들고 풀밭을 지나 버드나무 숲속으로 들어갔다. 그의 입술은 딸기 보다도 더 붉다. 확실히 그는 딸기 이상의 유혹이었다.

거기서도 作者는 나중 다음과 같이 註釋할 것을 잊지 않았다.

양딸기 맛이 아니오 확실히 들딸기 맛이였다. 멍석딸기 나무딸기의 신선한 감각에 마음은 흐뭇이 찼다.

그는 「양딸기」보다 「들딸기」가 더 自然에 통하는 것이라고 생각했던 것이다. 그리고 그의 信念은 어디까지나 自然의 범위 안에만 있었다. 그가 귀의한 自然의 範疇 속엔 초목과 함께 禽獸도 居住했을 뿐이며 그리고 禽獸를 통하여 그는 野性과 性慾을 演繹했을 따름이다.

野性과 性慾으로 演繹되는 禽獸의 세계 이것은 걸핏 생각할 때 散文의 世界에 통하는 것 같다. 물론 통할 수도 있다. 그것이 大自然의 演繹에서 오는 境遇와 그것의 對立者로서의 人間의 演繹에서 오는 境遇가 同一하지 않기 때문이다. 前者는 「루소」의 境遇요 後者는 「졸라」의 境遇다. 兩者가 다같이 自然을 標榜하였으나 前者의 自然은 詩와 浪漫에 통하는 世界였고 後者의 自然은 散文과 「리얼」에 통하는 世界였다. 그리고 李孝石의 山과 들의 풀과 나무에서 演繹된 「玉紛」이와 「粉女」와 「복녀」〈수탉〉와 「유례」〈聖畵〉들의 그것은 前者의 詩와 浪漫에 通하는 自然이였다.

나는 便宜上 주로 〈들〉 한 篇에 대하여 말했지만 以上에 우리가 보아 온 두 가지 性質의 自然(草木과 禽獸) 이것은 그의 모든 作品에 共通된 世界다. 〈산〉과 〈들〉 두 作品이 완전히 같은 位置의 作品이요 〈모밀꽃 필 무렵〉이 原則的으로 이 系列의 作品이나 여기에 運命意識이 다소 가미되었을 뿐이고 그 이외에는 거의 全部가 系列서 말한 「두 가지 性質이 自然」중 後者에 치중하여 禽獸的 本能을 완題로 한 作品들이다. 그것을 요리조리 美化하고 聖化하여 구가하려 했을 뿐이다. 그리고 이 系列의 作品으로서는 다소 異質的 같要素를 包含한 듯이 보아질 수 있 作例外的 같作品 〈聖畵〉이 완전히 의 自殺未遂 같은 것도 愛慾의 絶對的 긍정에서 자기 자신을 抛棄했을 따름이지 그것을 부정하거나 超越하려 作意圖가 아님은 그 作

品 현실에서 보 作바와 같다. 그것이 비록 愛慾을 부정하는 것이거나 超越함은 아니라 하더라도 그것을 絶對視하여 자기 자신을 抛棄하는 데까지 이르면 거기엔 어느 程度 「모랄」意識이 加味되는 것이라고 이렇게 보고서도 그 本質이 그것을 美化하려는 詩意識에서 一步도 벗어나는 것은 아니다.

以上에 언급한 바로써 李孝石의 作品世界는 全部다. 그의 그 어떠한 作品도 以上의 範圍에서 벗어날 수 있는 것은 없다. 그리고 그것이 「草木」의 境遇든 「禽獸」의 境遇든 혹은 愛慾絶對의 境遇든 그 本質이 自然을 根源으로 한 詩意識에서 相馳된 境遇는 없다. 그의 愛慾謳歌나 本能禮讚을 「졸라이즘」의 自然과 混沌해서 안된다는 것은 위에서 이미 언급한 바이다. 動物性의 肯定은 비록 같을망정 前者는 自然에의 귀의를 究意로 하는 詩意識의 發露요 後者는 人間本然에 自立하려는 散文精神의 具現인 점에 있어 어디까지나 對蹠的이며 李孝石의 「禽獸」的 自然 또한 散文에 對立되는 詩意識인 所以인 것이다.

나는 위에서 李孝石의 文學的 本質을 形成히는 自然의 內容이 어디까지나 詩意識의 範疇 속에 있다는 것을 대략 指摘하여 왔다. 다음으로 그의 詩意識으로서의 自然이 散文的 氣骨을 구비할 수 없었다는 必然的 歸結로서 그의 文學形象의 隨筆的 性格에 言及해보려 한다. 그의 文學의 決定的 愞弱性은 「플롯」의 빈곤과 性格 創造의 결여에 있다. 그는 어떠한 作品에서도 人物의 性格이 主題로 된 적은 한번도 없다. 그리고 그의 모든 作品에 등장하는 모든 作中人物들이 性格 描寫에 있어 선명히 「부각」된 人物은 하나도 없다. 가령 그는 「가지가지 푸나물을 뜯어 먹으면 몸이 초록으로 물들 것 같다」고 作中人物인 「나」의 입을 빌어 자기의 意思를 代辯시킬 수는 있었지만 그것을 어떤 人物의 性格 自體에서 發見하거나 그러한 人間

型을 創造할 수는 없었다. 다만 그러한 感懷를 隨筆式으로 토로한 데 불과하지 小說的 形象을 提示한 것은 아니다. 그의 이러한 弱點은 中篇物에 갈수록 더욱 困難을 招來하였다. 〈花粉〉 〈聖畵〉 〈거리의 牧歌〉 등 一聯의 中篇物이 篇篇이 愛慾問題에서 取題되었을 뿐 아니라 진부하지 않은 感覺과 세련된 文章을 가졌음에도 不拘하고 민망할 程度로 읽기에 피곤을 느끼게 하는 것은 오로지 「플롯」의 貧困과 性格(人物)의 缺如에 基因되는 것이다.

이러한 意味에 있어 그는 本質的으로 長篇作家가 아닐 뿐 아니라 短篇에서도 〈모밀꽃 필 무렵〉과 같이 詩的 情緖가 「테에마」로 되었을 때에만 가장 成功할 수 있었던 것이다.

그러나 周知하는 바와 같이 「플롯」과 性格(人物)을 떠나서 小說文學의 氣骨은 유지되지 않는 것이며 小說樣式의 강대한 結合性과 普遍性은 어디까지나 「플롯」과 性格(人物)의 위주에서만 成就된 것이다. 그리고 이것이 散文精神의 本質的 스타일이기도 하다.

이러한 意味에 있어 그의 作品의 「플롯」과 性格(人物)의 빈곤은 그대로 그의 散文精神의 缺如를 意味하는 것으로 上記한 그의 文學形象의 隨筆的 性格도 모두 이에 基因한 데 불과한 것이다.

우리가 만약 科學과 散文을 抛棄할 수 있다면 그리고 詩에의 퇴각과 自然에의 귀의로 이 世紀的 매듭을 解決할 수 있다면 李孝石의 〈산〉과 〈들〉이 우리에게 自然에 對한 새로운 內容을 플러스해 주지 않아도 된다. 왜? 散文의 폭풍우 속에서 散文을 抛棄하고 詩에 귀의하였다는 그 태도만으로서도 그는 人類의 行進에 공헌이 될 수 있었기 때문이다. 그러나 이것은 불가능한 일이다. 우리가 科學과 散文을 放棄할 수 있다고 생각하는 것은 우리가 영원히 새로운 性格의 神을 가질 수 없으리라고 생각하는 것만치나 低能한 생각이다.

오늘날의 科學과 散文이 비록 人間生活의 究意的 意義를 보장하지 못한 데서 齎來된 世紀的 不信任狀을 接受하여 있음이 사실이라 하더라도 그것은 어디까지나 科學과 散文을 繼承할 새로운 性格의 神의 출현에서만 受理될 問題이지 소박한 自然讚美를 根據로 한 詩에의 退却으로 解決될 것은 아니다.

散文精神을 本領으로 하는 小說文學의 世界에서 散文을 마음껏 唾棄한 小說家 李孝石은 결국 소설의 形式을 빌어서 詩를 찾으려다 小說 그 自體를 弱質化시킨 데 그쳤던 것이다. 새로운 性格의 神의 출현만이 새로운 性格의 散文을 創造할 것이다.

孝石論

鄭漢模

1. 鄕愁的 審美의 文學 -序論-

1940년 〈朝光〉 (1월호)에서 孝石은 스스로의 文學的 方法과 指向에 대하여 다음과 같이 말하고 있다.

> ……이 人間的 현상과 근성에 대한 宿命的인 깊은 감상을 구해 주는 것은 문학임을 새삼스럽게 다시 인식한다.
>
> 문학의 知性이 아니라 文學의 審美性(문학의 지성은 곧 심미성으로 통하거니와)이야말로 幻滅에서 인간을 구해주는 높은 방법인 것이다.
>
> ……의 문학 본래의 효용과 임무의 견지에서 볼 때 그것은 될 수 있는 대로 多樣하고 振幅은 될 수 있는 대로 넓음이 마땅하다.
>
> 〈文學振幅擁護의 辯〉

文學의 審美性이야말로 환멸에서 인간을 구해 주는 높은 방법이란 말은 새삼스러운 말은 아니지마는 孝石의 文學을 이해하는 데 있어서는 孝石 自身의 이 말은 음미할 만하다.

孝石은 文學의 심미성을 詩的 경지와 그 방법에 의하여 순화시키려 하였다.

그리하여 그 대상 범위는 作家의 기질과 主體意識의 個性的인 농도에 반비례하여 축소되어 갔다.

스스로 좁혀 들어간 이 作家의 세계 속에서 좁힐수록 더욱 강렬하게 放射하는 光芒이 있었다.

나르시스의 倨傲와 貴族的 趣味는 世俗的인 모든 오욕으로부터 멀어지려 하였고 그럴수록 더욱 山 너머 저쪽에 대한 鄕愁는 숙명처럼 이 作家를 괴롭히기도 하고 또한 달래주기도 하였다.

山 너머 저쪽에 대한 鄕愁는 미래든 과거든 간에 이 作家에겐 항상 現在的인 존재였다.

鄕愁는 先驗的인 것에 대하여 再燃하기도 하였고, 미지의 대상도 늘 현재의 꿈으로서 벅차게 안겨 왔다.

鄕愁와 審美의 文學 - 孝石의 文學은 이러한 요소를 抽出해 나가므로써 그 윤곽이 드러나지 않을까 생각한다,

大同工專(崇實專門의 後身 - 日帝末期)에서 직접 강의를 받은 李在額은 스승 孝石을 다음과 같이 말하고 있다.

> 교수시간 중은 가끔 詩를 낭독하여 주신다.
>
> 맨스필드를 절대로 讚美하시면서, 입센의 〈人形의 집〉과 토마스만의 〈幻滅〉, 도니오구레달 등의 작품들을 매우 잘된 작품이라고 장·콕토의 〈電話〉와 같이 소개해 주시며 설명하신 적이 빈빈이 있다.
>
> 先生의 一言一句에는 모두다 因襲的인 관습, 모든 허영을 이탈한 벌거숭이 인간을 해부하여 참된 人間의 根本性을 노출시키어 여기에 새로운 「모랄」을 창조하심에 애쓰고 계시었다는 것이 문학을 모르는 우리들에게도 나타나 보였다.
>
> 「리얼」문학의 혜성이던 先生은 끝까지 浪漫主義者였다고 생각한다.
>
> 〈李孝石先生 看記〉

山 너머 저쪽에 대한 鄕愁는 이러한 면에서 나타나기도 하거니와 특히 人間의 本然的인 것에 대한 追咎에서는 그 의식이 확고부동하였고 이러한 점에서는 이땅에서의 진정한 로맨티스트의 일인자였다

고 말할 수 있다.

뚜렷한 作家의 主體意識으로 스스로의 세계를 축소하여 갔지만 이 축소되어가는 세계 속에서 더욱 밝게 빛난 鄕愁와 審美의 光芒을 찾아 살펴보기로 한다.

2. 세 개의 放射

鄕愁와 審美의 光芒은 그 光源을 하나로 보아도 좋을 것이나 그 射狀을 따라 세 개의 放射로 나누어 보기로 한다.

그 하나는 육신의 落地이며 어린 꿈의 요람지인 고향에 대한 血緣的 鄕愁이며, 또 하나는 現代文明의 發祥地인 구라파 내지 歐羅巴的인 것에 대한 現代文化圈내에 살고 있는 사람으로서의 鄕愁이고, 다른 하나는 現代文明 속에 이그러져가고 있는 인간들이 그 시달림 속에서 이그러지지 않았던 상태의 인간상을 찾고자 하는 鄕愁-Eden적인 것에 대한 鄕愁이다. 이 세 방향으로 放射되고 있는 孝石의 審美性을 찾아 보고자 한다.

(1) 關東에의 鄕愁

〈모밀꽃 필 무렵〉을 대표로 하는 몇 개의 작품에서 故鄕의 山河를 그 배경으로 삼고 있는 것은 새삼 말할 필요도 없지만 〈모밀꽃 필 무렵〉에서만 보더라도 장바닥 분위기에서부터 메밀꽃이 하얀 달밤, 나귀의 방울소리 절렁대며 넘어가는 산길의 묘사라든지 주고 받는 대화에서까지도 孝石이 얼마나 情緖的 世界의 창조에 그 抒情을 경주하였는가를 알 수 있다.

> 장에서 장으로 가는 길의 아름다운 강산이 그대로 그에게는 그리운 고향이었다. 반날 동안이나 뚜벅뚜벅 걷고 장터 있는

> 마을에 거지반 가까웠을 때 지친 나귀가 한바탕 우렁차게 울면 - 더구나 그것이 저녁녘이어서 등불들이 어둠 속에 깜박거릴 무렵이면 늘 당하는 것이건만 허생원은 변치 않고 언제든지 가슴이 뛰놀았다.

「허생원」의 과거를 이야기하기 위해서는 序曲으로 이러한 情緖의 전개가 孝石에겐 필요한 것이다. 序曲뿐만 아니라 이야기의 사이사이에 삽입되는 風物詩는 淸新한 감각과 情緖에 넘치면서 「허생원」의 과거의 회상을 충분히 음미하는 분위기를 마련해 준다.

> 이지러는 졌으나 보름을 가제 지난 달은 부드러운 빛을 흐붓이 흘리고 있다. 대화까지는 칠십리의 밤길, 고개를 둘이나 넘고 개울을 하나 건너고 벌판과 산길을 걸어야 된다. 달은 지금 긴 산허리에 걸려 있다. 밤중을 지난 무렵인지 죽은 듯이 고요한 속에서 짐승 같은 달의 숨소리가 손에 잡힐듯이 들리며 콩포기와 옥수수 잎새가 한층 달에 푸르게 젖었다. 산허리는 온통 메밀밭이어서 피기 시작한 꽃이 소금을 뿌린듯이 흐뭇한 달빛에 숨이 막힐 지경이다. 붉은 대궁이 향기같이 애잔하고 나귀들의 걸음도 시원하다. 길이 좁은 까닭에 세 사람은 나귀를 타고 외줄로 늘어섰다. 방울소리가 시원스럽게 딸랑딸랑 메밀밭께로 흘러간다.

珍富, 蓬坪, 大和의 近隣엔 지금도 메밀밭이 많다 한다.

孝石이 故鄕의 풍물에서 가장 인상깊게 삭여진 것도 아마 〈모밀꽃 필 무렵〉의 故鄕의 山河였을 것이다.

향수적 情緖에 무르익은 自然描寫일 뿐 아니라 지금은 세련된 현대의 감각 표현으로 審美할 수 있는 時空의 거리를 둔 이 作家에 의하여 충분히 鄕愁의 情緖를 객관으로 審美할 수 있는 여유를 보이고 있다.

> 도시 함석집이라고는 면내에서는 면소와 주재소, 조합과 학교, 그리고는 서울집이어서 사치하기로는 기와집 이상으로 보였다. 장거리와 뒷마을과의 사이의 넓은 터전은 거의 다 김 형태의 것이어서 그 한복판에다 첩의 집을 세웠다 한들 계관할 바 아니나 푸른 논 가운데 외따로 우뚝 서 있는 까닭에 횟벽 함석 지붕의 그 한 채가 유독 눈에 뜨이고 마음을 끌었다. 오대산에 채벌장이 들어서면서부터 박달나무의 시세가 한참 좋을 때에는 산에서 벤 나무토막을 실은 우찻바리가 뒤를 이어 대관령을 넘었다. 강릉 주문진 항구에 부려만 놓으면 몇 척이든지 기선에 싣고는 철로공사가 있다는 이웃 항구로 실어 나르곤 하였다.

〈개살구〉의 一節이다. 소재를 故鄕의 山河에 찾고 있는 이와 같은 계열의 作品에서만 아니라 孝石의 작품에서 눈에 띠는 로우칼칼라를 짙게 풍겨주는 어휘라든가 그러한 어휘들로 이루어 가는 鄕土的 정서는 모두가 孝石의 제일의 鄕愁에 연유하고 있다고 본다.

이 山村的인 情緖가 그대로 시골스런 표현에 그치지 않고 있는 것은 이 작가의 審美性의 지원 때문이거니와 그만큼 現代的인 審美性을 소중히 생각하는 孝石이면서 그 審美性으로 하여 鄕土的情緖의 표현이 침해되지 않고 더욱 빛내고 있는 점에 作家로서의 주체성이 부동함을 알 수 있다.

(2) 歐羅巴的인 것에 대한 指向

江原道 산간 벽지에서 태어난 孝石으로서 〈모밀꽃 필 무렵〉을 위시한 作品群에서 고향에 대한 향수를 저변에 흐르게 하고 있는 것은

당연한 결과라 하겠지만 다른 作品群이 더 많이 반영되고 있는 作家의 風貌는 전혀 후천적인 교양과 생활경험에서 온 것이라 보겠다.

서울에 올라와서 第一高等普通學校를 거쳐 京城帝大 英語英文學科를 졸업할 때까지의 취학 환경은 여유있는 편은 아니었다 하며 학부 재학시는 은사 Mr. Brith 의 학비 보조까지 받았다 한다.

그의 문학수업은 第一高普 시대부터 이미 체홉(Tchechov)에 열중했다는 것으로 보아 본격적인 것이었다고 볼 수 있으며, 豫科時代文科 A(法科)를 거쳐 학부에 올라오면서의 영문학 전공의 길을 택하게 된 것은 아마도 아버지의 의사에 반하여 자기의 길을 자유로이 선택 결정 한 것이라 보겠다.

豫科時代 校友 同人誌 〈文友〉〈清凉〉 등에 이미 작품 발표가 있었고, 大學在學時에 〈現代評論〉에 〈密航者〉를 번역 발표 하였을 뿐만 아니라, 豫科時代부터 익명으로 신문잡지의 懸賞文藝作品募集에 응모하여 빈번히 상금을 타가지고 하숙에서 한턱을 내곤 했다고 한다.

小說, 戱曲, 시나리오 할 것 없이 많은 작품을 주로 익명으로 써서 당선된 상금으로 「화려한 청춘의 한때」를 마음껏 즐겼다는 것이다.

이 무렵 주량도 斗酒級이고 痛飮하는 편이었다 하며 옷차림도 대단히 스마트하게 차리고 다녔고 「구두도 칠피단화에다가 여자 구두 모양으로 나비 형상의 장식을 붙인 것을 신었다」고 중학부터 대학까지 일년 선배였고 文壇的으로는 「완전한 同輩」이며 가장 친한 사이었던 兪鎭午氏가 孝石을 회상하는 글에서 말하고 있다.

> 대학을 졸업한 때에는 이미 中堅作家의 위치에 있었음은 1930年 여름 朝鮮日報 紙上을 통하여 5대작가의 한 사람으로 短篇 〈麻雀哲學〉을 게재한다는 예고로도 알 수 있다.
>
> 당시 대학출신들의 恒例로 孝石도 취직이 여의하지 않은

채 당시의 文壇的 분위기가 주위의 친근관계에 이끌리어 同伴作家라는 이름으로 작품 활동을 하고 있었으나 1,2년의 「浪人」생활을 하는 동안 생활은 궁핍하기만 했다.

이 경제적 궁핍을 타개하기 위하여 중학교 때의 은사(日人)의 알선으로 취직(경무국 검열계)이 親近者들의 맹렬한 기탄의 표적이 되어 한달도 못가서 결국 실의이 樂鄕을 하게끔 되었다. (〈孝石과 나〉……兪鎭午)

이와 같은 樂鄕을 결의한 당시의 孝石의 타격이 얼마나 컸던가는 짐작하고도 남음이 있으나 孝石의 文學的 생애에 있어서는 그 이후에 있은 진정한 孝石다운 문학의 소산을 결과케한 참으로 좋은 轉機였다.

樂鄕한 곳이 妻家가 있는 鏡城이었고 그 곳 농업학교 영어교원의 자리에 있으면서 孝石은 자기의 취미와 생활을 만족시키며, 순수한 문학의 세계 속에 탐닉하면서 많은 작품을 썼다.

근처에 있는 朱乙溫泉의 아름다운 자연을 문학의 배경으로 삼고 특히 白系露人을 중심한 外人別莊地帶인 노비나 村에서 느끼는 Exoticism을 하나의 창처럼 바라보면서 그 정서를 금붕어처럼 호흡하며 즐겼다.

崇實專門(大同工專) 교수로 평양에 옮겨가, 그 곳 倉田里에서 1942년 5월 25일 36세를 一期로 永眠할 때까지, 여름방학이 되면 온 식구를 거느리고 朱乙溫泉에 피서를 한 것을 보더라도, 아름다운 자연도 자연이려니와 먼 나라, 특히 西歐的인 風物에 대한 詩的 동경과 그러한 情緖를 자기의 생활감정으로 삼고자 한 孝石에 있어서는 朱乙溫泉 지대는 만족할 수는 없으나마, 그런대로 유일한 그의 窓이 되어 주었고 안식할 수 있는 곳이었을 것이다. 孝石의 일상생활과 그의 기호, 취미에서 보더라도 그의 Exoticism이 다만 작품을 위한 것이 아니라 절실한 생활감정에 기인한 생리적인 것임을 알 수 있다.

영애 瑠美孃이 아버지를 회상하는 글에서 다음과 같이 말하고 있다.

> 아버지의 식성은 양식을 좋아 하셨습니다. 늘 집에는 버터나 통조림이 떨어지지 않았고 혹시 우리를 데리고 외식을 하실 때도 꼭 양식으로 하셨습니다.

당시 大同工專의 학생이었던 李在顯이 思師였던 孝石을 追慕하는 글 가운데에도

> 先生 테이블 한 구석 설합에는 반드시 버터를 넣은 폿트가 놓이었고 그 곁에는 버터 나이프가 항상 놓여 있었다.

라고 말하고 있다.

삶은 옥수수를 우유맛이라고 즐기며 풋사과를 따다가 「애플소오스」를 만들기도 한 孝石의 食性이 아무래도 양식을 좋아한 것만은 틀림없다.

겨울이면 목도리를 날리며 스케이트로 대동강을 달리기도 한 孝石은 음악에 대한 취미도 그저 듣는 정도가 아니라 조예가 깊었다는 것은 다음 글로서도 알 수 있다.

> 저녁쯤 서재 창문 앞까지 당도하면 반드시 모차르트의 〈론도〉나 〈바이올린 소나타〉의 아름다운 멜로디가 흘러 나온다. 先生이 모차르트의 곡을 사랑하셨다는 것은 이미 유명하지만 항상 듣는 그 아름다운 선율을 들을 때마다 노크하는 손이 주저되는 것이다. 서재에는 피아노가 놓여 있었고 先生은 가

끔 쇼팡의 곡을 즐겨 치시었다. (李在顯)

孝石이 또 꽃을 사랑하였음은 넉넉히 알 수 있는 일이지만 그 사랑하는 꽃들이 梅나 蘭 같은 것이 아니고 〈花草〉라는 글에서 보는 바와 같이 薔薇에 대한 조예가 깊었을 뿐 아니라 들고 있는 꽃 이름들이 거개가 서양의 꽃들이며, 그것이 또 프록스, 프리므라, 카카리아 등 희귀한 꽃들이어서 화초에 대하여도 전문적인 지식과 취미를 가지고 있었음을 알 수 있다.

임종하는 머리말 화병에 글라디올러스가 꽂혀 있었다 한다.

長篇〈花粉〉의 서두에도 나오지만 「푸른 집」이라고 부를만큼 많은 화초에 뒤덮인 속에 살면서 孝石이 가장 좋아한 꽃은 薔薇인듯하다.

孝石 자신 다음과 같이 말하고 있다.

꽃은 다 좋은 것이요. 길바닥에 밟히우는 하치않은 한 송이라도 버리기 어려운 것이지만 강잉히 꼭 한 가지만 고르라면 장미를 취할까.

장미 냄새는 무슨 냄새 같을꼬…… 궤 속에서 잘 무른 라프랑스나 바아트렛(洋梨)의 냄새이다. 누렇게 익은 洋梨의 냄새-그것은 東洋의 냄새는 아니다. 장미의 냄새는 바로 구라파의 냄새인 것이다.

〈朝光〉(1941.8)

이 歐羅巴的인 것에 대한 鄕愁가 바로 孝石의 Exoticism의 基調를 이루고 있는 것이라 하겠다.

비단 장미뿐만 아니라 歐羅巴的인 온갖 風物 내지 정신은 孝石의 갈증을 축여줄 수 있는 것이다.

女人에 대하여도 孝石은 「다음과 같은 女人이면 이상에 가깝다고 할까」라고 말하고 있다.

> 꽃을 빛깔만 이야기하면 그 香氣를 짐작하며 內包가 넓고 함축이 많고 心理的 飛躍的 회화를 건넬 수 있으며 戀愛的 모험성이 있고, 肉體的 慾心을 말하며 눈자위에 윤택이 흐르고 凝視하는 초점이 確實하지 못하며 나를 노리는지 혹은 내 등너머의 죽은 石膏彫像을 바라보는지 분간할 수 없는 - 그런 여인이면……

하고 르노와르의 「쁘랑슈」급의 女人을 꼽고 있다. 지이드의 〈좁은 門〉에 나오는 「알리싸」와 「쥬리엣」중에서 말한다면 차디찬 알리싸보다 쥬리엣을 택하겠다고 말하고 있다.

女人의 머리에 관해서도 기름을 바르고 곱게 빗어 넘겨 쪽진 머리보다 살로메가 좋아하던 요하네의 머리를 살로메의 머리로 바꾸어 생각하여 살로메의 말을 인용하고 있다.

> 그대의 머리털은 포도송이 에돔 나라 에돔 포도원에 드레드레 드리운 검은 포도송이다. 그대의 머리털은 레바논산의 젓나무, 낮에는 오히려 사자와 산적이 와서 숨을 만한 으슥한 레바논산의 젓나무다.

이들은 모두가 東洋的인 女人像이 아니다. 孝石의 이상은 여인상을 그리는 데에도 歐羅巴的인 것이었다.

韓國女性들에게 그 會話術을 위하여 르노와르의 戱曲을 읽히고 싶다고 했다. 지금까지 보아온 생활이나 기호에 있어서 孝石의 Exoticism은 얼마나 身體的인 것인가를 알 수 있는 바이지만 이러한 생활 감정으로서의 Exoticism이 작품면에 어떻게 반영되었는가? 아래 작품 중에서 찾아보기로 한다.

유배 당한 孤島에서 寂寞한 終焉을 맞이하는 나폴레옹의 몸부림치는 獨白으로 일관된 작품 〈皇帝〉라든지 예수, 라사로, 막달라 마리아가 등장하는 戱曲 〈歷史〉와 같이 무대와 인물을 전혀 외국에 둔 特殊한 작품들이 있으나 이러한 작품에서는 오히려 作家가 전적으로 舞臺 뒤에 숨어 있는 까닭에 作家의 체취가 강렬하지 않다.

〈露領近海〉 〈北國點景〉 〈哈爾賓〉 같은 작품은 이미 그 표제에서부터 孝石의 향수 방향을 가리키고 있음을 알겠다. 마음의 故鄕에 대한 향수를 그런대로 위안시킬 수 있었던 朱之溫泉 근처의 정서는 수필 〈地峽의 가을〉을 비롯하여 〈聖畵〉 〈花粉〉 등 여러 작품에 나타나 있다.

피로한 도시의 知性人인 주인공들을 으레히 朱之溫泉을 찾게 하고 있으며 이러한 作中人物은 항상 孝石의 분신인 것이다.

> 산속은 시절에 대하여 한결 예민한 듯하다. 가을을 접어들었을 뿐 아니라 나뭇잎들은 물들기 시작하였고 마을길은 쓸쓸하게 하얗게 뻗쳐 있다. 길 위에도 나무 사이에도 별장 베란다에도 피서객 남녀의 그림자는 벌써 흔하게 눈에 뜨이지 아니한다. 그들은 한여름 동안 기르고 익힌 꿈을 싸가지고 푸른 능금이 익으려 할 때 손을 마주 잡고 할빈으로 상해로 달아난 것이다. 붉은 푸른 흰 지붕의 비인 별장들은 알을 까가지고 달아난 뒤의 새둥우리요 머루넝쿨 다래넝쿨 아래 정자는 끝난 이야기의 쓸쓸한 배경이다. 운동장 구석의 먼지 앉은 구석에도 때묻은 그네 줄에도 지천을 버려진 쵸코렛의 종이에도 사라진 꿈의 찌꺼기가 고요하게 때 묻었을 뿐이다. 한 잎 두 잎 떨어지는 낙엽은 이야기의 부스러기와도 같다.

노비나 別莊村의 가을 풍경이다.

孝石의 異國的인 것을 향하는 어쩔 수 없는 鄕愁는 이러한 外人別莊村에서나마 위안을 얻고자 하며 특히 白系露人들이 지니고 풍기는 哀愁가 孝石의 鄕愁에 젖어드는 공감을 가져오게 한 것으로 본다.

이러한 의미에서 孝石의 鄕愁는 특히 작품 〈旅愁〉에서 이국적인 情緖와 그 哀調를 만끽해 가며 스스로의 「카타르시스」를 하고 있는 것이다.

〈旅愁〉는 극장에서 미술 도안을 그리고 있는 주인공 「나」와 셀레비안・쇼오란 白系露人을 중심으로 폴랜드・헝가리・유태・체코인 등 마치 人種 전람회와 같은 白人들의 流浪 歌舞團이다.

「나」가 근무하고 있는 극장에 두 번째의 來演으로 「나」는 그 단원들의 태반과 구면이었다.

영화 〈望鄕〉의 상영과 함께 그 막간에 출연키로 계약된 이 외국인 애트럭슌의 멤버 하나하나는 모두 〈望鄕〉이상의 鄕愁에 몸부림치는 슬픈 사람들이다.

孝石의 마음의 鄕愁 「나」를 통하여 이 슬픈 사람들이 풍겨주는 旅愁를 통절한 실감으로 같이 느끼고 있는 것이다.

극장 선전위원으로서의 「나」의 교양과 취미는 작중인물로서 그치는 것이 아니고 〈旅愁〉를 읽고 있는 동안 「나」는 바로 孝石자신의 敎養과 취미와 기호를 지니고 孝石 자신의 思考方式과 生活感情을 表現하고 있음을 쉽사리 알 수 있다.

歐羅巴 내지 歐羅巴的인 것에 대한 憧憬에서 비롯한 鄕愁는 그들의 향수와 더불어 느끼는 정도가 아니라 더 한층 발전하고 있다.

孝石은 이 점에 대하여 辨解라기보다 오히려 뚜렷하게 자기의 주장을 앞에 내세우고 있다.

구라파에 대한 애착을 나는 가령 구라파 사람이 동양에 대해서 품는 것과 같은 그런 단지 이국에 대한 그리움이라는 것보다도 한층 높이 자유에 대한 갈망의 발로라고 해석해 왔다.

문화의 유산의 넉넉한 저축에서 오는 풍족하고 관대한 풍습이야말로 가장 그리운 것의 하나이다.

막상 밟아본다면 그 땅 역시 편벽되고 인색한 곳일지는 모르나 그러나 영원히 마지막의 좋은 세상은 올 턱 없는 인간사회에서 얼마간의 편벽됨은 면할 수 없는 것이요 실제로 밟아 보지 않은 이상 그리운 마음이 뻴 수는 없는 것이다.

아무리 고집을 피우고 뻗디뎌도 간에 오늘의 세계는 구석구석이 그 어느 한 거리도 구라파의 빛을 채색하지 않은 곳이 없으며 현대 문명의 발상지인 그 곳에 대한 회포는 흡사 고향에 대한 그것과도 같지 않을까.

막연한 憧憬 정서로서의 그리움에 그치지 않고 하나의 뚜렷한 주관이 歐羅巴 내지 歐羅巴적인 것에 대한 동경과 애착을 밑받침하고 있는 것이다.

나는 지금 내 고향 속에 살면서도 또 다른 곳에 고향이 있으려니만 생각되는 건 웬일인지 모르겠오.

또 다른 故鄕과 같은 것에 대한 그리움에서 출발한 孝石의 Exo-ticism은 性格과 敎養과 그에 따르는 생활체험을 기다려 마침내 단지 情緖만으로서의 異國을 향한 그리움이 아니라 자유에 대한 갈망과 현대 문화의 고향인 歐羅巴 및 歐羅巴的인 것에 대한 憧憬과 鄕愁를 기초로 하고 있는 것이다.

이러한 孝石의 Exoticism의 본질은 孝石이 자리잡고 있던 시대와 환경이란 배경 아래 孝石 자신의 理智와 감정의 世界에서 이루어진 것이며 이와 같은 자세로서의 지향은 문학의 세계에서 더욱 현저하게 그 특성을 露顯하는 결과가 되었다.

예민한 안테나의 촉수같이 예감하면서 항상 자유와 현대 문화의 샘인 구라파를 또 하나의 고향처럼 그리워하던 孝石의 鄕愁는 歐羅巴的인 敎養과 審美性을 기다려 그의 문학의 뚜렷한 하나의 특질을 이루어 놓았거니와 이러한 歐羅巴的인 것에 대한 갈구의 표현도 孝石의 主體性에 의하여 충분히 자기의 것으로 소화시켰다고 보아야 할 것이다.

(3) 人間性의 故鄕인 Eden的인 것에 對한 肯定과 禮讚

孝石文學의 特質을 이루고 있는 현저한 일면은 그의 人間 긍정에서 오는 愛慾의 예찬일 것이다.

自然으로의 몰입은 그대로 自然性으로서의 인간의 性을 純粹한 것으로 제시하려 하고 있다.

禽獸와 人間의 性本能의 순수성은 식물에서 느끼는 청순한 것과 다를 바 없는 아름다운 자연의 소산이라 보는 것이다.

Narskissos的인 자기 거오로서 人間을 찬미하고 현실에서 도피하여 자연 속에 돌아가려 한 루소(Rousseau J.J.)가 외친 것도 人間 본연의 姿態, 즉 自我의 회복이었다.

루소를 위시한 로맨티스트들이 외친 「우리들은 어디로 가려고 하는가? 언제나 故鄕으로!」라는 말은 상실해가고 있음을 의식한 自我의 자기 회복을 위한 신음이었다.

獨逸 로망主義의 젊은 수상 노봘리스는 다음과 같이 말하고 있다.

우리는 自我는 아니다. 그러나 自我가 되지 않으면 안된다.

> 우리는 自我가 될 맹아인 것이다.
> 우리는 모든 것을 너 自我에게 바꾸어 놓지 않으면 안된다.
> 그리하여서만이 우리는 우리 자신을 大我에까지 높일 수 있다.

自我에 대한 새로운 각성과 自我의 자기 회복을 위한 노력이 로망主義의 일면임을 볼 때 이 시기가 얼마나 解體에 직면한 自我의 우기임을 알 수 있다.

孝石文學의 시대가 韓國的인 의미에서 自我의 위기에 직면하고 있었다고 볼 수도 있거니와 그렇다면 孝石의 自然에의 歸依는 충분히 루소的인 것이라 할 수 있다.

> 野性과 性慾으로 演繹되는 금수의 世界, 이것은 걸핏 생각할 때 散文의 世界에 통하는 것 같다. 물론 통할 수도 있다. 그것이 대자연의 演繹에서 오는 경우와 그것의 對立者로서의 인간의 演繹에서 오는 경우가 동일하지 않기 때문이다.
>
> 前者는 「루소」의 경우요, 後者는 「졸라」의 경우다. 兩者가 다같이 自然을 표방하였으나 前者의 自然은 詩와 낭만에 통하는 세계였고 後者의 自然은 散文과 「리얼」에 통하는 세계였다. 그리고 李孝石의 山과 들의 풀과 나무에서 演繹된 「玉粉」이와 「粉女」와 「복녀」 〈수탉〉와 「유례」 〈聖書〉 들의 그것은 前者의 詩와 浪漫에 통하는 자연이었다.
>
> (金東里著〈文學과 人間〉)

自然이라는 용어로 하여 루소와 졸라를 들어 설명하고 있는 것은 거리가 먼 일이다. 여하튼 孝石을 루소的인 것으로 쉽게 結論지어 놓았다.

그러나 이것으로 孝石文學의 위치가 결정적인 것이 될 수는 없다.

우리는 孝石文學에 나타난 對自然, 對禽獸的인 세계에서의 인간과 性問題를 이해하기 위해서는 좀더 살펴볼 필요가 있다.

리얼리즘의 표현에 있어서도 서구에서는 육체의 내부에 파고들어가는 精神力을 동반함으로써 구성에 이르는 부피와 깊이를 가지면서 現象에 복종하지 않고 現實의 질서에 따라 藝術의 世界를 다시 이룩하는 精神의 가능성이 있었다.

한 그루의 나무, 한 개의 돌, 한 포기의 풀에 이르기까지도 그 사물을 표현하는 데 있어 제 자리에 들어맞는 가장 적합한 말은 꼭 하나 밖에는 없다고 할만큼 文章에 대하여 그렇게 刻苦하는 努力을 경주하던 플로베르에 있어서도 오늘날 본다면 그러한 정밀한 客觀描寫보다 오히려 이러한 客觀性에의 배려에 의하여서도 作家의 精神이 阻害되지 않았다는 점에 플로베르의 作品의 特質을 찾아볼 수 있지 않을까 생각한다.

「作家가 그의 作品 속에서 自然에 있어서의 神의 존재 이상으로 나타나서는 안된다」는 플로베르의 말은 作家는 自然에 있어서의 神의 存在처럼 作品 속에 편재해 있어야 한다는 말이기도 힌 것이다.

그러나 리얼리즘까지 통틀어 하나의 이름으로 불리워지고 있는 한국의 自然主義 文學에서는 非構成的인 평면의 寫實性만이 그 전부인 듯 皮相的인 리얼리즘에 그치고 만 감이 있다.

진정한 近代의 自我 形成도 이루어 보지 못한 채, 바로 현대의 해체 과정을 맞이한 한국의 現代文學의 特殊性에서 오는 것으로서 精神의 빈곤은 이러한 外形的 수법 만을 따르기에도 급급했던 것이다.

「小說이란 詩的 진실의 非詩的 表現」이라고 누가 말한 바도 있지만 非詩的 表現이란 詩的 이미지의 아름다움을 散文形式으로 출현한다는 말이라고 보거니와 散文的인 것을 산문 형식으로 표현하는 것이 소설이라고 할 수는 없는 것이다.

뿌리 깊은 전통 위에 피어난 꽃이 아니라 開花된 꽃의 移植이 었기 때문에 꽃의 아름다움보다도 그 꽃의 이름의 식별이 선행되었고 이미 알고 있는 色調로 구분하는 일이 더욱 焦急한 일이었다.

孝石의 자연이 루소的이라는 데 대하여는 그대로 수긍할 만한 점도 있으나 다만 한 단정만으로써 充分할 수가 없다.

孝石의 자연에의 歸依가 루소的인 系列이라는 점을 부정할 수는 없으나 루소的인 自然은 그 정신이나 사상의 면에서 다만 概念으로 파악한 것에 지나지 않는다고 본다. 보다 구체적인 계통을 보다 가까운 시기에서 찾아야 할 것이다.

배경이나 情緖로서의 자연은 그 방법과 기술을 체홉과 맨스필드에서 배운 孝石은 이것은 自然性으로서의 인간 본능과 결부시킴으로써 인간의 본능을 보다 純粹하게 바라보는 눈과 그 문학의 방법은 로렌스나 켓셀에게서 더욱 많이 흡수했다고 보아야 할 것이다.

여기에서 먼저 孝石의 愛慾謳歌를 로렌스의 性慾文學과 비추어 생각해 보고자 한다.

性이 原罪의 근원인만큼 孝石이나 로렌스의 愛慾의 구가는 그대로 원죄에의 讚歌가 아닐 수 없다.

> 人間이 처음으로 神을 배반하고
> 禁斷의 나무 열매 따 먹으니
> 죽음의 맛은 온누리 위에
> 죽음과 모든 쓰라린 슬픔을 주고 에덴을 잃고……(下略)……
>
> (〈Paradise Lost〉의 序頭大意)

罪意識을 부정한 뒤에 나타나는 죄의식 이 방향에 따라 現代文學은 다음에 오는 문학에 그 遺産을 계승시킬 수 있다고 믿었던 로렌스나 孝石의 原罪에는 讚歌는 충분히 現代的인 文學精神을 내포하고 있는 것이다.

「인간과 인간과의 결합은 肉體로부터 출발하지 않으면 안된다」고 로렌스는 말한다.

自我意識의 彼岸인 「따뜻한 마음(愛情)」은 육체를 基調로 하고 육체를 통하여서만 도달할 수 있다고 주장하고 있다. 육체의 완전한 결합에서 오는 性慾의 만족은 곧 自我意識의 승리와 만족감을 가져오는 것이라 생각한다.

그로 인한 感覺的 자극 아닌 全身的 도취는 全人的이고 生命的이며 우주적인 것이라고까지 믿는다.

이러한 로렌스의 精神世界는 物質的이라기보다 오히려 機械文明에 대한 認識에서 오는 반발이며 人間生命의 機械化에 반역하기 위하여 人間生命의 이상을 性慾에서 찾고 있는 것이다.

罪의 根源인 性이 그에게 있어서는 自己生命을 연소하고 충족시켜 주는 바가 되었다. 이 점에 있어서는 孝石이 바라보는 性의 세계도 유사한 점이 있다.

> ……人爲的인 것을 떠나 야생의 健康美를……(中略……人間의 本然의 것 건강한 生命의 動力과 神秘性……
>
> ……나아가서는 生命의 神秘性을 究明해 보려고 하였음에 지나지 않는다.)
>
> 〈現代的 短篇小說의 相貌〉

작가 자신 이렇게 말하고 있는 점에서 보더라도 孝石이 추구하고 있는 愛慾의 세계가 로렌스의 그것과 가까운 거리를 두고 있음을 알 수 있다.

로렌스는 그 思想뿐만 아니라 표현에 있어서도 藝術的인 자율성을 잃지 않았다.

> And it seemed she was like the sea, nothing but dark waves rising and heaving with a great swell so that slowly her whole darkness was in motion, and she was ocean rolling its dark, dump mass, Oh,……and further and further rolled the waves of herself away from herself, leaving her, till suddenly, in a soft shuddering convulsion, the quick of her all plasm was touched, she know herself touched, the connsummation was upon her, and she was gone. She was gone, she was not, and she was born, a woman.
>
> 〈Lady Chatterley's Loner〉

孝石의 愛慾의 세계가 아름다움을 잃지 않고 있음도 역시 그 藝術性에 있는 것이다.

> 어리석은 작자여 실낙원에서 왜 그것은 가르치지 않았는가.
>
> 문득 아까 본 영화 생각이 나며 아담과 이브는 어떻게 해서 그 용기를 얻었는고 하는 의문이 다시 솟기 시작했다. …… 어떻게 하면 그 담배 연기를 마시고 계란을 깨뜨리고 도랑을 건너 뛸 것인가 어떻게 하면 그 순간의 용기를 얻을 수 있을 것인가…….
>
> 요란하던 폭풍우는 어느덧 조금 자는듯 번갯불과 우뢰소리도 잠잠해지고 빗소리도 덜한 듯하다. 라디오의 전원교향악도 폭푸우의 대문을 벌써 지나 개인 전원의 풍경이 시작된 지 오래이다. 시냇물이 졸졸대고 무지개가 서고 이슬이 새고 새들이 노래하며 —— 평화로운 전원의 정서가 넘쳐 흐른다.

그렇건만 요 속에는 아직도 폭풍우의 공포가 서리운채로 두 사람의 마음은 한결같이 두려움에 떨며 어느 때까지나 계란 못깨뜨리고 도랑 못건너 뛰고 망설이고만 있는 것이었다.

〈花粉〉

그러나 같은 愛慾의 謳歌이면서 로렌스와 孝石과의 사이에는 유사한 同伴者이면서 궁극적인 목적지에 가까워질수록 차질이 생겨남을 발견할 수 있다. 로렌스는 뚜렷한 이론을 가지고 출발했을 뿐 아니라 선명한 旗幟로 그 목적지를 指標하고 있다.

女子는 「태초로부터의 神의 아들 하나」를 男子는 「최초로부터의 가장 아름다운 사람의 딸 하나」를 서로 찾아내는 관계이며 男女가 서로서로의 자기를 간직하고 완전히 조화하는 靜謐의 경지이며 따스한 것 「어두운 힘」에 접하는 일인 것이다.

이러한 性의 충족이 있은 뒤에 男性은 下腹部 神經中樞部에서 上部의 中樞에 옮겨져서 이번에는 女性이 아닌 男性과의 결힙을 찾게 되고 그리하여 새로운 사회의 건설이란 정치활동이 시작되는 것이다.

〈Fantasia of the Unconscious〉

이러한 로렌스의 이론이 작품에 그대로 반영되었다고는 볼 수 없으나 이와 같은 목적의식이 있는 性慾觀은 「하늘 아래 大地와 같이 절대의 복종」을 하여야 한다는 女性의 地位에 대한 男性優位의 설정에서부터 시작되었고 女性과의 성적인 완전한 결합으로 이루어지는 만족스런 감동이 남성과의 결합으로 사회적 활동의 힘이 된다는 結論을 가지고 있다.

男性의 優位를 설정한 데에는 로렌스의 性生活에 있어서의 劣位

意識에서 오는 반발 내지 자기의 고독한 自我를 보존하기 위한 egoism 일는지도 모르지만 이러한 로렌스의 性慾觀에 비하여 孝石의 그것은 순수한 것이 있다.

로렌스가 目的과 理想으로서의 길을 향하여 性慾을 출발시킨 데 비하여 孝石에겐 罪意識의 부정에서 오는 原罪에의 찬가 이외의 아무 협잡물이 없는 순수한 性慾의 謳歌라 할 수 있다.

이와 같은 孝石의 位置에 가장 가까운 거리를 두고 있는 作家가 하나 있다.

〈Belle de jour〉〈L'Equipage〉〈Nuits de Princes〉등의 대표작으로 알려져 있으며 1927년 Academie소설 대상을 받은 바 있는 프랑스의 작가 켓셀(Kessel Joseph)이다.

켓셀은 하나의 放出體로서 이미 前項에서 언급하였지만 그는 작품집 〈Les Coeurs Purs〉의 序文에서 다음과 같이 말하고 있다.

> 現代는 많은 사람들의 마음속에 우아한 本能이건 비속한 本能이건 본능은 모두 해방하여 주었다.
>
> 원래 本能이란 여러 가지 挾雜物을 제거해 버린다면 반드시 강력하고도 淸淨한 것, 사람을 감동시키고 사람으로 하여금 讚美하지 않을 수 없는 것을 가지고 있다.
>
> 본능 속에는 저 動植物이 가지고 있는 동식물의 淸純한 아름다움이 있다.
>
> 그것은 아무리 세련된 인간의 감정의 힘을 가지고서도 획득할 수 없는 것이다. 本能에 의하여 움직여지는 마음은 道德的인 槪念만 개입하지 않는다면 순수하고 거짓이 없다.
>
> 술이나 寶石이나 毒素처럼 순수하다. 그 격렬함과 완전함에 의하여 참으로 순수한 것이다.

「北方의 Gaugin」「세기의 Delacroix」라고도 불리워지는 켓셀의 이 말은 수목, 花卉나 禽獸의 自然本能과 인간의 性本能의 개입을 배제하고 아무런 베일도 씌우는 일 없이 순수한 그대로 바라보고 있는 孝石의 눈의 연유하는 바를 말해 주고 있다고 생각한다.

여기에서 孝石의 자연과 인간과 성의 연관이 물론 東洋書的인 자연이나 전통으로서의 文學的 기반이 전연 없다고는 할 수 없으나 보다 더 루소的인 자연과 人間의 本然的인 자태에 대한 예찬에서 출발하여 로렌스的인 것 즉 原罪意識에 대한 강한 부정에서 오는 육체와 性慾의 적극적 文學參與를 거쳐 Primitive한 세계의 憧憬과 켓셀이 示顯해 준 「本能의 純粹에의 환원」에 이르는 자연과 인간의 성에 투영된 西歐的인 정신이 孝石의 愛慾文學에 강렬하게 작용되고 있음을 알겠다.

다음에 孝石의 작품에서 動植物의 淸純한 아름다움과 인간 및 性本能의 순수화를 위한 실례를 그의 작품 속에서 들어보기로 한다.

먼저 植物性과 人間과의 관계에서 찾아보면 다음과 같은 것들이 있다.

「무슨 냄새 같을까 언니.」
「백합 냄새 같지.」
「무엇 말인데.」
「네 얼굴말야.」
「괴덕만 부리네. 누가 얼굴 말인가, 라일락 말이지.」
「장미 냄새 같잔우.」
「글쎄.」
「꿀 냄새도 같구.」
「냄새도 잘은 맡어.」

「사양 냄새두 나구.」

「바로 말하면 라일락 냄새도 몸 냄새라나, 잘 익은 살냄새라나, 갖은 비밀을 다 가진 몸 냄새…… 알겠니.」

〈花粉〉

파 줄기같이 밋밋하게 살찐 「미란」의 급작스런 발육에 놀라며 탐스러운 것으로 바라보는 「세란」은 이렇게 동생의 육체의 아름다움과 라일락의 향기를 교착시키면서 주고 받고 있다.

찔레순이나 파 줄기같이 밋밋하게 성숙해가는 「미란」의 육체의 향기는 라일락의 향기에 접근해 가고 있는 것이다.

「아니 이게 무슨 물이냐? 물감을 풀었니?」

「…………」

「목욕물이 아니라 온통 오미자 화채니 어떻게 된 노릇이야……」

「…………」

흰 대리석 목용탕 안의 물이 짜장 오미자 화채인양 불그스름하게 물들어 있다. 자욱하게 서리었던 물감이 말끔하게 걷은 후이라 흰 도가니 안에 고인 물이 유리잔 안의 술과도 같이 개끗하고 선명한 빛깔을 띠이고 있지 않은가…….

「오미자 화채가 아니구 그러니 이게 모두……」

옥녀는 목욕물을 한움큼씩 움켜서는 손가락 사이로 흘리면서 미란의 몸의 다달이 정해논 날수를 손으로 따져 보았다. 조금 일찍 온 듯하나 그 화채물 속에 그대로 뛰어들까 어쩔까를 생각하려니 별안간 부끄럼이 왈칵 오면서 옥녀도 고개를 숙여버린다.

〈花粉〉

性本能 및 그에 수반하는 일체를 아름다움으로 바라보는 눈은 오미자 화채 같은 植物性 色彩로 보이기도 하고 유리잔 안의 양주와도 같고 同性인 하녀 「옥녀」로 하여금 뛰어들고 싶게 하는 아름다움이 된다.

> 익은 송이는 방긋이 벌어져 붉은 알이 엿보이고 익으려는 송이는 막 열리려고 살에 금이 갔다.
>
> 그런 송이는 어린 기억과 같이 부끄러웠다.
>
> 〈石榴〉

살이 금이 간 막 열리려는 石榴 송이와 밤에 잠자리 속에서 옷을 말아내고 어머니 앞에 얼굴을 쳐들 수 없었던 부끄러운 初經期 少女의 기억을 연결시킨다.

植物과 人間의 성숙에의 입구를 동일한 아름다움으로 전개시켜주고 있다.

> 「딸기 따줄까.」
>
> 「무서워.」
>
> 그 떨리는 목소리가 왜 그리도 나의 마음을 끌었는지 모른다. 나는 떨리는 그의 팔을 붙들고 풀밭을 지나 버드나무 숲 속으로 들어갔다. 그의 입술은 딸기보다도 더 붉었다.
>
> 확실히 그는 딸기 이상의 유혹이다.
>
> 「무서워.」
>
> 「무섭긴.」
>
> 하고 달래기도 하였으나 기실 딸기를 훔치러 철망을 넘을 때와 똑같이 가슴이 후둑후둑 떨림을 어쩌는 수 없었다. 버드나무 잎새 사이로 달빛이 가늘게 새어 들었다. 옥분은 굳이 거역하려고 하지 않았다.

양딸기 맛이 아니고 확실히 들딸기 맛이었다. 멍석딸기 나무딸기의 신선한 감각에 마음은 흐뭇이 찼다.

〈들〉

며칠 전에 개의 자웅질을 같이 목격한 「나」와 「옥분」이가 딸기 이상의 유혹 속에서 황홀히 도취하는 맛을 들딸기 멍석딸기 나무딸기의 신선한 감각으로 음미하고 있는 性本能을 植物性 미각으로 純化한 것이다.

植物性으로서의 人間 및 性本能의 演繹은 이 외에도 허다하게 찾아볼 수 있다.

動物性으로서의 演繹은 더욱 직접적인 연관을 갖는다.

本能으로서의 性慾에 대하여 人間과 動物과의 거리를 두지 않는다. 이러한 전개를 위하여서는 動物을 人間과 동렬에 세워놓고 인간에 대한 애정 가득 찬 눈을 동물에 쏟음으로써 動物에 의한 人間의 演繹을 감행하고 있는 것이다.

반 평생을 같이 지내온 짐승이었다. 같은 주막에서 자고 같은 달빛에 젖으면서 장에서 장으로 걸어다니는 동안에 이십년의 세월이 사람과 짐승을 함께 늙게 하였다. 가스러진 목뒤털은 주인의 머리털과도 같이 바스러지고 개진개진 젖은 눈은 주인의 눈과 같이 눈곱을 흘렸다. 몽당비처럼 짧게 슬리운 꼬리는 파리를 쫓으려고 기껏 휘저어 보아야 벌써 다리까지는 닿지 않았다. 닳아 없어진 굽을 몇 번이나 도려내고 새 철을 신겼는지 모른다. 굽은 다 자라나기는 틀렸고 닳아버린 철 사이로 피가 빼짓이 흘렀다. 냄새만 맡고도 주인을 분간하였다. 호소하는 목소리로 야단스럽게 울며 반겨한다.

어린 아이를 달래듯이 목덜미를 어루만져 주니 나귀는 코

> 를 벌름거리고 입을 투르르 거렸다. 콧물이 튀었다.
> 허생원은 짐승 때문에 속도 무던히 썩였다. ……나귀까지 팔게 된 판이었으나, 애끊는 정분에 그것만은 이를 물고 단념하였다. 결국 도로아미타불로 장돌이를 다시 시작할 수밖에는 없었다. 짐승을 데리고 읍내를 도망해 나온 때에는 너를 팔지 않기 다행이었다고 길가에서 울면서 짐승의 등을 어루만졌던 것이었다. ……일신에 제일 가까운 것이라고는 언제나 변함없는 한 필의 당나귀였다.
>
> 〈모밀꽃 필 무렵〉

나귀는 「허생원」의 분신이며, 뿐만 아니라 「허생원」이란 인물의 대부분 ──얼금뱅이요, 왼손잡이라는 걸 빼놓고는 ──은 나귀를 통해서 충분히 묘사하고 있는 것이다.

동물에 대한 「허생원」의 애착과 情意의 表現에서 인간 「허생원」을 바라보고 있는 꼭 같은 시선이 나귀에게 던져져 있음을 알 수 있다.

種苗場에서 사다 논 양돼지 한 자웅을 「식이」가 애지중지하는, 〈豚〉에서도 이 동물에 대한 애정의 표시는 변함이 없다.

> 「김첨지 당나귀가 가버리니까 왼통 흙을 차고 거품을 흘리면서 미친 소같이 날뛰는 걸 꼴이 우스워 우리는 보고만 있었다우. 배를 좀 보지.」
> 아이는 앵돌아진 투로 소리를 치며 깔깔 웃었다. 허생원은 모르는 결에 낯이 뜨거워졌다. 뭇 시선을 막으랴고 그는 짐승의 배 앞을 가리워 서지 않으면 안되었다.
> 「늙은 주제에 암샘을 내는 셈야 저놈의 짐승이.」
>
> 〈모밀꽃 필 무렵〉

나귀 배 밑이 자기 배 밑의 것이나 처럼 낯이 뜨거워 가려서는

「허생원」, 또한 늙은 주제에 「충주집」 앞에 서면 얼굴이 붉어지고 「동이」에게 질투하여 뺨까지 때린 「허생원」과 암컷을 보고 발광하는 나귀와 하나도 다름이 없이 보고 있다.

「늙은 주제에……」 「허생원」이 내뱉는 이 말은 늙은 주제에 「충주집」을 생각하는 「허생원」자기 자신에게 배앝는 쓰디쓴 自嘲인 것이다.

동물에 대한 애정과 애정으로 인한 관심은 동물이 자기와 같이 劣等視될 때 참을 수 없는 분노로 나타난다.

> 못난 수탉, 내 꽃이 아닌가 ——을손은 화가 버럭 났다. ……또 싸운 모양이었다.
>
> 찢어진 맨드라미에는 피가 생생하고 퉁겨진 쭉지의 깃이 거꾸로 뻗혔다. 다리를 저는 것은 일반이나 걸어오는 방향이 단정치 못하다. 자세히 보니 눈이 한쪽 찌그러진 것이다.
>
> 감긴 눈으로 피가 흘러 털을 물들였다. 참혹한 꼴이었다. 측은한 생각은 금시에 미움의 감정으로 변하였다. 을손은 불같이 화가 버럭 났다.
>
> ——그 꼴을 하고 살아서는 무엇해, 살기를 띠인 손이 부르르 떨렸다. 손에 잡히는 것을 되구 말구 닭에게 던졌다.
>
> 〈수탉〉

고추장에 밥을 비벼먹여도 이웃집 닭에게 지기만하는 못난 수탉의 꼴과, 학교에서 무기정학 처분을 받고 그 위에 사랑하는 「복녀」에겐 버림받아 앙상한 밤송이 같은 현실에 묻혀 있는 「을손」과의 연관도 다를 바 없는 하나의 劣等에 떨어져 있는 存在들의 相照인 것이다.

「——그 꼴을 하고 살아서는 무엇해」하고 터지는 분노로 손에 잡히는 대로 닭에게 던지는 몽둥이는 「을손」자기 자신에게 던지는 自

虐의 매이며, 그러므로 끊었다 이었다 하는 가엾은 닭의 비명이 「을손」의 오장을 뒤흔들어 놓는 것이며 다리를 뻗고 푸득거리는 꼴에서 「을손」은 시선을 피해 버리는 것이다.

동물에 대한 애정은 동물과 인간의 운명적 因果律까지도 일치시키려 하고 있다.

> 「나귀야, 나귀 생각하다 실족을 했어. 말 안했던가, 저꼴에 제법 새끼를 얻었단 말이지, 읍내 강릉집 피마에게 말일세. 귀를 쫑긋 세우고 달랑달랑 뛰는 것이 나귀새끼같이 귀여운 것이 있을까, 그것 보러 나는 읍내를 도는 때가 있다네.」
>
> 〈모밀꽃 필 무렵〉

「동이」의 이야기를 들으면서 「동이」의 어머니가 꼭 옛날 물방앗간에서 단 한번의 인연을 맺은 「성서방네 처녀」이고 「동이」가 그 인연으로 인한 오직 하나의 자기 아들임을 알았을 때 그러한 생각만 하다가 물에 빠졌음에도 「허생원」의 기쁨은 말할 수 없이 컸다. 「허생원」도 나귀도 그 꼴에 제법 새끼를 얻었다.

「저 꼴에 제법 새끼를 얻었다」의 「저 꼴에 제법……」, 이 말은 허생원이 자기 자신에게 하는 말이기도 하다.

「나귀새끼같이 귀여운 것이 있을까」라는 중얼거림도 「아들같이(자식새끼같이) 귀여운 것이 있을까」하는 「허생원」의 부풀은 심정의 토로인 것이다.

동물과 인간과의 愛情交流의 발전은 人間의 性本能과 동물의 性本能의 한계를 철회하고 인간이나 동물의 구별을 벗어나 性本能자체로서의 純粹한 現象으로 드러내 놓고 그 위에 Primitive한 인간과 동물과의 공통성을 그려내고 있다.

털몸을 근실근실 부딪치며 그의 곁을 궁싯궁싯 굼도는 씨돋은 미처 식이의 손이 떨어지기도 전에 화차와도 같이 말뚝위를 엄습한다.

시뻘건 입이 욕심에 목메어서 풀무같이 요란히 울린다. 깔리운 암돈은 목이 찢어져라 날카롭게 고함친다. 둘러선 좌중은 일제히 웃음소리를 멈추고 일시 농담조차 잊은 듯하였다.

문득 분이의 자태가 눈앞에 떠 오른다. 식이는 말뚝에서 시선을 돌려 딴전을 보았다.

──「분이 고것 지금은 어디가 있는구」……늘 뾰로통해서 쌀쌀하게 대꾸하더니, 그 고운 살을 한번도 허락하지 않고……

능금꽃 같은 두 볼을 잘강잘강 씹어 먹고 싶던 분이인만큼 식이는 오늘까지 솟아오르는 심화를 억제할 수가 없었다.

──「다 됐군.」

딴전만 보고 섰던 식이는 농부의 목소리에 그쪽을 보았다. 씨돋은 만족한 듯이 여전히 꿀꿀 지르면서 그곳을 떠나지 않고 빙빙 돈다.

파장 후의 광경이언만 분이의 그림자가 눈앞에 어른거리는 식이는 몹시도 겸연쩍었다. 잠자코 섰는 까칠한 암퇘지와 분이의 자태가 서로 얼켜서 그의 머리 속에 추근하게 떠올랐다.

〈豚〉

돼지의 性本能 행사장면의 리얼한 描寫를 하는 동안에 「식이」로 하여금 돼지의 자태 위에 「분이」의 모습을 Over Lap시키는 것을 잊지 않고 있다.

얼핏 보기에 점잖지 못한 類推作用이라 하겠으나 그것이 거짓이나 꾸밈으로 가리워진 것이 아니요 적나라한 진실을 공개한 바에야 얼마나 순수한 것이냐 하는 이 作家의 태도가 이러한 적극적 연관을 맺게 한 것이라고 본다.

> 기운찬 사슴 떼를 바라보고 있는 동안에 별안간 란야의 자태가 머리 속에 떠올랐다.
>
> 〈聖書〉

별안간 떠오르는 것은 무의식에서 온다. 그러나 李石은 이 무의식의 類推를 언제나 용의주도하게 의식하고 있다가 예외가 없이 이 준비한 「無意識」을 사용하고 있다.

이러한 「無意識」의 의식이 강하게 사용될 때 의식의 「無意識」이 밖에 노출하는 수가 있다.

> 맹랑한 것이 눈에 띄인 까닭이다. 껄껄 웃고 싶은 것을 참고 풀 위에 주저앉았다. 그 웃고 싶은 마음은 노래라도 부르고 싶던 마음의 연장인지도 모른다. 다시 말하면 그 맹랑한 풍경이 나의 마음을 결코 노엽히거나 모욕한 것이 아니요, 도리어 아까와 똑같은 기쁨을 자아내게 한 것이다. 일반으로 창조의 기쁨을 보여준 것이다. 개울녘 풀밭에서 한 자웅의 개가 장난치고 있는 것이다. 하늘을 겁내지 않고 들을 부끄러워하지 않고 사람의 눈을 꺼리는 법이 없이 자웅은 터놓고 마음의 자유를 표현할 뿐이다. 부끄러운 것은 도리어 이쪽이다.
>
> 〈들〉

李石의 Primitive한 것을 찾고저 하는 의식은 「無意識」의 표현이나 리얼만으로는 만족하지 못하고 性本能의 謳歌를 위하여 作家自身의 의식을 서슴지 않고 노출시킨다. 純粹化를 위하여 藝術的인 心像을 미처 이루기 전에 作家意識의 너무나 적극적인 참가는 이리하여 創世記的인 순수성에 성급하게 접근해 가는 것이다.

> 삼년 동안이나 손가락 하나 대어 보지 못한 남편의 육체에

대한 정열이 송곳같이 날카롭게 솟아오를 뿐이다.

대낮에 홀연히 잠이 들었다. 부끄러운 꿈을 꾸고 얼굴을 붉히며 깜짝 놀라 깨나는 때가 많다. ……바다로 가는 길에 종묘장을 지나게 되고 종묘장을 지날 때에 반드시 돼지 우리의 그것이 눈에 뜨이는 것이다……

사실 타오르는 나의 마음의 동요가 모두 이 야릇한 돼지 우리의 풍속의 죄가 아닌가도 생각한다.

거기에는 원시의 욕망 이외의 아무 것도 없다. 그러나 그 원시의 자태가 사람의 일면과 흡사함을 볼 때에 나는 일부러 가면을 쓰는 사람의 꼴을 밉게 생각할 때조차 있다.

〈獨白〉

原始의 욕망에 대하여 가면을 쓰는 자에 대한 증오는 그러한 사람들에게만 향하고 있는 것이 아니다. 原始의 慾望을 충족시키는 데 대하여 죄를 주고 樂園을 철회한데 대한 반발이기도 한 것이다.

原罪에 대한 부정과 반발을 오히려 原罪에 대한 讚歌로 나타내고 인간과 원시로부터 絶對的 慾望인 性本能의 긍정과 그 순수성에 대한 美意識이 강렬할수록 原罪의 가장 순수한 고향인 「Eden」의 모든 事象이 곧 孝石이 지향하는 또 하나의 고향이었을 것이다.

그리하여 原罪의 純粹性은 끝없는 讚美의 대상이 되었고 刑罰에 대한 반발은 증오와 야유로서 나타나고 있다.

이렇게 양면으로부터 영입하는 Eden적인 모든 사상은 孝石의 작품의 도처에 散見된다.

담배 심부름을 나갔다가 행길에서 뱀을 잡아든 것을 보고 가엾은 짐승의 기괴한 아름다움에 취하여 정신없이 서 있는 재희였다.

〈石榴〉

뱀과 이브, 孝石은 뱀과 여인을 결부시킨다. 「재희」의 네 살 때 기억 속에서 아름다움으로 여인을 도취케 하는 뱀의 유혹을 암시하고 있다.

〈花粉〉에서 찔레순을 꺾으려던 「미란」으로 하여금 오미자 화채를 만들게 한 것도 뱀의 소치였다.

> 고전 영화 〈실락원〉의 한 편은 두 사람의 혼을 송두리째 뽑을 지경이었다.……낙원에서 아담과 이브의 생활――각각 월계나무 잎으로 앞을 가리운 그들의 자태가 해면같이 시선을 빨아들여 미란은 정신없이 몸을 앞으로 쏠리우다가도 그래도 부끄러운 마음에 문득 자세를 바로 잡으며 어두운 주위를 휘둘러 보곤 했다.
>
> 악마가 뱀으로 변신하고 낙원으로 숨어드는 장면에서는 문득 집 뜰에서 본 뱀 생각을 하고 섬짓해지면서 얼마나 흉측스런 짐승인가를 느끼며 뜰에서 뱀 본 자기의 자태가 바로 낙원의 이브였던 듯한 생각이 들며 몸서리를 쳤다.
>
> 〈花粉〉

「미란과」 미소년 「단주」는 마치 아담과 이브같이 처음으로 둘이서 영화관에 갔다. 「미란」이 뱀에 놀란 바로 그날 저녁의 일이었다.

영화 〈失樂園〉을 보면서 금단의 과실이란 무슨 뜻이며 유혹이 얼마나 컸기에 그런 용기를 얻었을까 하는 의문이 생긴다.

이 중대한 의문을 해석하지 못한채 「미란」과 「단주」는 비에 갇혀 「단주」의 아파아트 방에서 하룻밤을 같이 보내게 되는 것이다.

意識의 作品化에 있어 얼마나 孝石이 作爲的 노력을 기울이고 있는가를 알 수 있거니와 너무나 선행된 의식으로 말미암아 그 作爲的인 자욱을 감추지 못하고 있는 때가 있다.

「오라 해수욕복을 싫어하는 성미요——월계나무 잎새 대신에 호박잎새나 잔뜩 뜯어 가시지, 아담같이 앞을 가리셔, 호박잎새는 잔가시가 있어서 조심 안하시면 살이 아플걸요.」

오도깝스럽게 깔깔 웃고 목덜미를 더운 입으로 물었다……

「이브는 누구에요 대세요.」

「……사람 없는 가을 해변에 한쌍이 서면 옛날의 낙원같이 즐겁겠지요.」

〈聖書〉

「란야」의 嫉妬에서 나오는 말들이다.

여기선 Eden 의식보다 대화의 비약이 더욱 소중한 것이 되고 있지마는 여하간 이같이 도처에서 愼重한 重量으로 또는 경쾌한 야유나 비유의 대상으로 나타난 Eden 의식은 孝石의 純粹한 性本能의 고향을 찾기 위해서였으나 때로는 너무나 意識的인 의식이 스스로의 Paradox를 마련하는 경우도 잇다.

능금을 따고 낙원을 쫓기운 것은 전설이나 능금을 따다 학원을 쫓기운 것은 현실이다.

농장의 능금은 금단의 과실이었다. 을손들은 그 율칙을 어긴 것이다. 동무들의 꼬임에 빠졌다니보다도 을순 자신 능금의 유혹에 빠졌던 것이다. 능금은 사치한 욕망이 아니다. 필요한 식욕이었다……

실상은 즉 담배도 능금과 같이 금단의 것이었으나 율칙을 어김은 인류의 조상이 끼쳐준 아름다운 공덕이다.

〈수탉〉

학생이 학교에서 범한 規律違反까지도 Eden的인 거역과 결부시킨다. 「을손」은 학교 당국에 대한 罪意識의 거부로 표현되었거니와 孝石

의 원죄에의 거부의식은 이러한 罪意識에까지 동조하고 있는 것이다.

순수한 미를 찾기 위하여 原罪에 대한 부정 뒤에 오는 것은 역시 하나의 罪意識이었던가.

육체와 性慾의 純粹한 추구에 따라 신의 창조물인 육체와 愛慾에의 찬미는 성을 초월한다.

「서울집」의 아름다움을 황홀히 엿보는 「점순」의 도취가 「재수」에 대한 질투와 반감으로 나타나는 〈개살구〉와 또한 〈花粉〉에서 「옥녀」가 「미란」의 육체에서 느끼는 황홀경은 同性의 육체에 대하는 눈이면서 異性의 눈과 같은 도취가 있다.

> 지금도 옥녀는 한가한 틈을 타서 잠간 부엌 일을 멈추고 철벅거리는 미란의 자태를 창 밖에 서서 물끄러미 들여다 보면서 그 고운 살결을 탐내고 있는 것이다. 보얗게 서리운 안개속에 움직이는 처녀의 자태는 배추단같이 멀쑥하면서 물고기같이 퍼들퍼들하다. 봉곳한 팔이며 앵도알 같은 젖꼭지가 그대로 보기는 아까운, 뛰어들어가서 만져라도 보고 싶은 것이다. 자기가 만약 사내라면 그 흰 다리를 독수리같이 물어뜯고야 말 것, 망간 북새들을 친 찔레나무 아래 뱀이 마음 있던 짐승이라면 그 고운 팔다리를 그대로 두지는 않았을 것을 생각하면서 아무리 들여다 보아도 귀중한 보물같이 싫어지지 않는다.
>
> 〈花粉〉

「옥녀」의 눈을 통하여 본 「미란」의 肉體讚美에 「배추단같이 멀쑥하면서도 물고기같이 퍼들퍼들하다」고 動植物의 純粹美와 비유하고 있다.

또한 「옥녀」를 통한 내면 독백의 한 例이지만 이러한 描寫의 예는 孝石의 작품에서는 희귀한 것이 못된다.

同性에 대한 이와 같은 肉慾的 讚美는 여성에만 국한되지 않고 남성의 세계에까지 확대 발전 시킨다.

> 짐승같이 육중한 현마와 아름다운 단주와의 대립되는 인상은 사십대와 이십대의 차이도 아니요, 이십관과 십오관의 체중의 차이도 아니요 사랑을 하고 사랑을 받는 괴이한 애정관계에서 오는 것이었다…….
>
> 현마와 거리를 걸으며 점심을 먹으며 차를 마시며 할 때의 그림같이 현마의 옆에 붙어서 혹은 단장 노릇을 하고 혹은 한 송이의 꽃노릇을 하면 그만이었다. 아파아트의 한 간을 구해 가지고 유숙하게 된 때부터 현마는 거의 밤마다 찾아와서는……한 침대에서 같이 밤을 새우거나 했다…… 별안간 솟아오르는 애정의 표현으로 단주에게 몸을 쏠리며 그의 입술을 찾는 것이다. 당초에 현마가 단주를 알기 시작했을 무렵에 그의 아파아트에 찾아가서 두 사람만의 비밀한 시간을 가졌던 그때의 애정의 부활인 듯 벅찬 힘으로 단주의 육체에 접촉해 오는 것이다. 침실에서 아내 세란과 같이 지낼 때와 같은 조수같이 세찬 애정의 발로였다. 단주는 현마와 같이 지낼 때에는 언제든지 그래왔고 그런 때 조금도 거역도 없이 잠자코 현마의 뜻에 모든 것을 맡기는 습관이었으니……
>
> 〈花粉〉

집에 들면 「옥녀」가 도취할만치 아름다운 「세란」과 「미란」이란 肉慾에 통하는 미의 대상이 있으면서도 美少年 「단주」를 충분히 肉慾的 조건에서 사랑하는 현마의 性愛는 육체와 性慾의 순수화 뒤에 오는 더욱 극으로의 발전이라 보겠으나 孝石에 있어서 이러한 극으로의 발전이 性의 도착이라든가 기타 變態性의 추구까지는 결과하지 않았다.

어디까지나 純粹性의 한계를 Eden的인 性本能의 세계에 두고 현대의 기계화한 Moral의 틀 속에서 왜곡된 인간의 성을 動植物性의 청순으로 演繹하면서 Eden적인 순수한 세계에까지 소급하는 性의 純粹化를 위한 지향이 곧 孝石文學에서 가장 커다란 주류를 이루고 있다고 볼 수 있다.

이러한 性意識은 다만 原罪의 讚歌 속에서만 그 지향하는 세계를 찾은 것이 아니다. 보다 더 近代的인 고민을 동반하고 있었다.

이러한 고민을 결국은 자기대로의 詩情緖로 귀납시키고 있는 때가 많지마는 여하간 이러한 근대적 고민은 그가 전개한 性生活面의 다양성으로 나타나고 있다.

〈花粉〉에서 보더라도 「미란」과 「세란」의 두 자매를 중심으로 전개되는 愛慾의 갈등과 교섭은 복잡한 交叉線을 그리고 있다.

「세란」의 남편인 「현마」와, 「현마」가 사랑하는 美少年 「단주」, 「미란」과 「세란」의 육체를 憧憬하는 하녀 「옥녀」, 「단주」와 「세란」, 「단주」와 「미란」, 「단주」와 「옥녀」, 「현마」는 또한 「세란」「단주」이외에 처제인 「미란」과의 선을 그린다.

〈개살구〉에서 「서울집」을 두고 「재수」와 「재수 아버시」와의 삼각의 선이 그려지고 있으며 〈들〉에서도 「옥분이」의 그 들딸기 맛은 「나」만이 맛본 것이 아니라 「문수」도 같이 나누었던 사이임을 안다.

Eden的인 순수한 아름다움으로 性本能을 純化시키려 하면서도 다만 概念的인 단순한 파악으로 쉽사리 해결된 美意識의 척도로서 덤비지 않고 보다 近代的인 고민을 동반시킴으로써 精神的 低流나 구체적인 의식의 지원을 갖게 된 점으로 보아 孝石의 性意識은 자기대로의 뚜렷한 관념을 확립하고 있었다고 볼 수 있다.

愛慾의 禮讚은 이와 같이 作家로서의 주체성을 확고하게 세워놓고 있거니와 또한 人間 孝石으로서의 愛情觀도 그의 생활감정으로 나타나 있어 더욱 밑받침하고 있는 것 같다.

末期의 생활상에서도 알 수 있으나 喪妻 이후 여기에 大同工專時代 동료였던 韓壽哲氏가 전하는 孝石의 말은 더욱 그러한 孝石의 일면을 實證해 준다.

> 愛情만이면 그뿐 아닌가? 그밖에 우리가 더 생각할것이 무엇인가? …… 역시 애정 없이는 생에 아무런 의의도 가질 수 없다. 愛情 앞에는 타협도 패배도 없다.

이러한 생리에서부터 출발하고 있는 孝石의 촉수는 歐羅巴的인 것에 대한 지향으로 영향 받는 바 적지 않을 것이지만 그 자연과 인생을 다루어 나가는 文學觀이 하나의 概念으로 생경하게 받아들이지 않고 文學的 審美性으로 藝術化시킬 수 있는 文學的 주체성과 섬세한 기법으로 살려 나가는 능력을 충분히 가지고 있었다.

> 혀끝에 뱅뱅 돌면서도 쉽사리 무엇인지를 생각해 볼 수 없는 맛과도 흡사하다. 이윽고 석류였음을 깨달았을 때 재희의 마음은 무지개를 본 듯이 뛰놀았다. 어디서 흘러오는지도 모르게 그윽하게 코끝을 채이는 그리운 옛 향기, 약 그릇이 놓이고 어머니가 앉았고 머리맡에 병풍이 둘러치워 있었다. 약 향기가 어머니의 근심스런 얼굴에 서리었고 병풍속 나무에 석류가 귀하였다.
>
> 익은 송이는 방긋이 벌어져 붉은 알이 엿보이고 익으려는 송이는 막 열리려고 살에 금이 갔다. 그런 송이는 어린 기억과 같이 부끄러웠다.
>
> 〈石榴〉

Tense의 미묘한 이동으로 과거와 현재를 교착시키는 구성 및 內面獨白의 操作, 또한 용어와 문장의 抒情的 일종 독특한 散文體, 이러한 치밀한 아름다움은 孝石이 가장 좋아했다는 「英國의 체흡」인 맨스필드를 방불케 하거니와 색채와 미각과 향기가 부드러운 안개처럼 번지는 속에 현재와 과거의 추억을 교착시키면서 詩的 분위기를 釀成해가며 주인공의 內面獨白으로 서서히 이야기가 발전되어 가는 수법은 映畵的인 수법 이상의 것이라고 생각한다.

이러한 수법은 孝石의 작가의 도처에서 찾아볼 수 있다.

歐羅巴的인 것에 대한 지향은 歐羅巴的인 近代的 自我의 발견을 위하여 Eden的 인간상을 추구했고 이러한 지향관 추구는 孝石자신의 생활감정과 審美性으로 하여 완전히 孝石다운 것으로 완숙시켜 빛내 주었다고 생각한다.

3. 孝石文學의 特質

孝石은 그 문체에 나타난 性格的 특질으로서 총명하고 치밀하고 또한 그만큼 우수한 기질을 가지고 있는 듯하면서 실은 금강석같이 차고 굳은 內面을 가지고 있는 사람이며 詩人的인 抒情을 지니고 있으면서 항상 都市人의 감각이 앞서는 사람이라 하겠다. 作家에 나타나는 鄕土的 情緖는 혈연적 精神的인 풍토에서 오는 것에 지나지 않고 그 오관과 뇌리는 理智에 빛나는 예민한 감성이 깃들고 있다.

이렇듯 知性的인 詩人의 정신은 항상 外界에의 前進에 있기보다는 內面으로 深化하려고 한다.

의지가 강인하지 못하고 생활력과 그 의욕이 왕성하지 못한 그는 一世를 풍미할 만한 정열이나 대작과는 인연이 먼 것이다.

도시인의 氣質을 지니고 있으면서 都市를 타기하는 태도는 그의 反俗的 精神에 있다.

사회를 부정한다거나 이상을 추구한다거나 하는 정신이 아니라 자기 세계 속에 아늑히 沈潛하려고 하는 정신이다.

> 그가 평소에 세상과 시비하기를 싫어하던 것은 그의 공고한 자기 세계(직감과 강한 個性만으로 쌓아 놓은)를 배경으로 세상을 무시한 데서 나온 태도였었다.
>
> (韓壽哲)

아늑히 침잠할 수 있는 自己世界——그의 작품 속에(특히 후기의 작품) 나타나는 석류의 맛이나 그윽한 향기나 메밀꽃 피는 달밤의 정경 이상으로 사랑할 수 있는 세계는 없는것이다.

이러한 作家의 정신은 純粹性으로 나타난다.

純粹性이란 이 作家에 있어선 詩的 정신이라고 바꾸어 말할 수 있다.

孝石 자신이 말하고 있는 높은 詩의 경지란 높은 詩精神에 의하여 이루어진 경지라는 말일 것이다.

그러므로 어떠한 작품이라도 詩精神이 없이는 성립할 수 없다는 것이다.

그의 작품 마다에 아늑한 孤寂, 甘美한 애수를 느끼게 하는 抒情을 담게끔 하는 것도 이와 같은 孝石의 作家精神의 소산인 것이다.

作品의 가치는 그 속에 포함되어 있는 詩的 精神의 우열에 의하여 결정된다고 믿고 있었던만큼 그 작품에 대하여 散文에의 반역, 또는 詩에의 퇴보라는 말로서 평하는 것을 孝石은 미소로서 받아들이고 있을 것이다.

孝石을 論하여 金東里는 〈散文과 反散文〉이란 題 아래 다음과 같이 말하고 있다.

> 孝石은 小說을 배반한 小說家다…… 물론 長篇小說과 短篇小說의 가진 바 형식의 성격적 차이에도 언급해야 하겠지만 孝石의 作品世界에서와 같이 「복잡다단한 인간 생활의 종합

적 반영」과 「散文精神」의 전면적 결여가 그의 作家的 氣質이나 역량부족의 소치만이 아니고 그의 인간 기피와 散文(정신) 배격의 의식적 작위에 기인한다고 보지 않을 수 없을 때에는 그의 작품의 대부분이 短篇小說이라는 「장르」의 문제를 떠나서 總體的으로 그는 소설문학 그 자체에 대한 불신임 내지 항거를 한 것이라 보지 않을 수 없는 것이다.

〈文學과 人間 p.28〉

李孝石의 작품세계에 나타난 「자연에의 귀의가 散文 자체의 世界的 변모이기보다 다만 詩에의 퇴각에 지나지 않는다는 사실은 그의 文學的 價値를 결정하는 치명적 條件이 아닐 수 없다.」

〈同 p.36〉

그가 귀의한 자연에의 範疇 속엔 초목과 함께 禽獸도 거주했을 뿐이며 그리고 禽獸를 통하여 그는 야성과 性慾을 연역했을 따름이다.

〈同 p.41〉

그의 愛慾謳歌나 本能禮讚을 「졸라이즘」의 자연과 혼돈해서 안된다는 것은 위에서 이미 언급한 바이다. 動物性의 긍정은 같을 망정 前者는 자연에의 귀의를 究竟으로 하는 시의식의 발로요 後者는 인간 본연에 자립하려는 散文精神의 구현인 점에 있어 어디까지나 對蹠的이며 李孝石의 「禽獸的 자연」 또한 산문에 대립되는 詩意識의 所以인 것이다.

〈同 p.42〉

散文精神을 本領으로 하는 小說文學의 세계에서 산문을 마음껏 타기한 小說家 李孝石은 결국 소설의 형식을 빌어서 시

> 를 찾으려다가 소설 그 자체를 약질화시킨 데 그쳤던 것이다.
> 새로운 성격의 神의 출현만이 새로운 성격의 散文을 창조할 것이다.
>
> 〈同 p.45〉

이상의 論評 속에서 孝石이 소설을 배반하고 詩의 세계로 퇴각했다는 설에 먼저 관심을 두지 않을 수 없다.

金東里의 소설에 대한 종래의 散文意識과 小說形式에 대한 너무나 확고한 정의에서 볼 땐 孝石의 산문 내지 소설이 지니고 있는 詩精神이 소설을 배반하고 詩의 세계로 퇴각한 것이라고 하겠으나 산문에 대한 孝石의 의식적인 醇化와 그 作爲를 생각한다면 그것이 그대로 散文精神의 배격이나 小說文學에 대한 불신임 내지 항거라기보다는 新文學 이후 소설에서 주로 形式的인 理論에 이끌려 진부할 정도로 踏步하고 있던 산문에 대한 孝石의 불만이 詩的 情緖의 표현을 산문에 도입함으로써 우리의 散文에 現代的인 實質을 넣어준 것이라고 생각해야 할 것이다.

그러한 노력이 散文의 비약적 변모를 결과했다고는 할 수 없을지라도 산문의 압력에 견디지 못하여 詩의 품 속으로 퇴각했기는커녕 메마른 散文의 빈 껍질 속에 柔軟하고 함축 있는 現代散文의 實質을 넣어 주는 결시를 거두었다 할 것이다.

孝石의 性格的인 因이 詩的 고독과 懦弱의 결과를 가져온 점도 없지는 않으나 孝石時代의 文學的 환경이 현대의 지성인 孝石으로 하여금 그 문학과 散文精神에 孤高와 고독을 한층 더 필요하게 하였을 것이다. 그리하여 그 자신 마련하는 문학의 세계 속에 스스로 포근히 자리잡고 숨쉬면서 우리의 산문을 詩的 아름다움으로 살찌게 했다고 보아야 할 것이다.

詩가 형식에 있어서나 정신면에 있어서 산문에 접근해 왔다면 또한 산문이 그만큼 詩에 접근해 온 것도 사실이다.

孝石의 산문에서 詩的인 것을 느낄 수 있다는 것은 위에서 보아온 바에 의하면 필연한 결과이며 그것은 그대로 現代的인 면모가 아닐 수 없다.

특히 短篇小說에 있어서 시적 접근은 金東里도 그의 著 〈文學槪論〉 속에서 短篇小說의 3대 특질 중의 하나로 다음과 같이 지적하고 있다.

> 短篇小說은…… 인생의 斷面圖(단일 구성)이기 때문에 압축과 강조를 통하여 主觀性을 곁들이고 主觀性은 본질상 抒情詩p 접근함으로써 長篇에 비하여 보다 더 낭만적 색채를 띠는 것이다.
>
> 〈同 p.84〉

특히 孝石의 短篇小說의 경우 그 구성이나 표현이 內面性을 띠고 있으므로 詩的 표현을 빌리지 않고서는 그야말로 삭막한 것이 될 것이다.

다음으로 孝石의 愛慾의 세계에 대하여도 「자연」이라는 용어 때문에 「루소」니 「졸라」니 하는 槪念的인 단위로써 설명하려 들지마는 孝石의 애욕의 세계는 그러한 근대의 시발점으로부터 몇걸음 앞선 지점에 자기의 거점을 정해 놓고 그 거점을 발판으로 자기대로의 演繹을 작품화하고 있는 데 대하여서는 前項에서 보아온 바이다.

孝石이 바라보는 性的 세계에서는 인간과 禽獸의 장벽이 철회되었다.

Eden的인 純粹한 본능으로서의 성욕을 순수한 그대로 美化하기 위하여는 Moral에 한 善惡의 판단이나 가식의 베일이 필요 없다.

純粹한 본능 그대로 바라보고 있는 孝石의 눈은 오히려 리얼의 근원적인 의미에선 가장 리얼일는지도 모른다.

그것은 현대의 罪意識에서 출발하여 그 죄의식이 原罪意識을 정면으로부터 부정함으로써 얻어진 결과이기 때문에 孝石의 Eden的인 愛慾의 세계는 동화적인 다만 詩意識의 발로가 아니라 오히려 보다 現代的인 의식의 소산이라고 보고 싶다. 로렌스나 켓셀과 더불어 孝石의 現代的인 위치가 정립되는 소이도 여기에 있는 것이다.

다음에 小說의 기골인 Plot와 성격의 빈곤을 말하고 있지만 이 문제에 대하여도 孝石은 기성의 낡은 형식이나 방법에 있어서의 일률적인 것에 대한 불만에서 외면에 현저히 나타나지 않는 Plot와 성격의 보다 더 만족할 만한 창조를 위하여 고심하고 있는 자취를 간과할 수 없다. Plot나 성격이 小說文學의 가장 중요한 根幹的인 것이면서도 그러한 기본적인 것의 직접적 外顯을 경계하는 노력은 孝石의 意識的인 지향이었다고 생각한다. Plot나 성격을 小說의 根幹이라고 생각하던 近代小說 理論에서 볼 때 現代小說이 얼마나 그러한 基本論에서 비약 발전하고 있는가는 현대의 많은 작품으로써 충분히 증명될 것이다.

형식과 방법만이 지상의 것이라고 앞세우고 빈곤한 정신과 내용을 지닌채 내려오던 바탕 엷은 우리 나라 散文藝術에 現代的 詩情으로 살을 붙이고 서구적인 精神內用과 현대의 文學意識을 도입하고 또한 고유한 정서의 피를 순환시키면서 우리의 산문에 知性과 詩情緖의 洗禮를 준 孝石의 공헌은 결코 과소평가 되어서는 안되리라 믿는다.

實質을 추구해서 그 위에 높은 詩의 경지를 이룩한 곳에 作家의 제2단의 자각이 서야 한다. 〈現代的 短篇小說의 相貌〉는 자신의 小說論에서도 孝石은 자기대로의 자세를 준비하고 있지만 그가 실천

한 작품 속에 이러한 持論은 아름답게 나타나 있다.

外國文學의 영향을 직접으로 또는 간접으로 孝石만큼 많이 받은 사람도 없을 것이다.

孝石 이전 거개가 개념으로 파악한 西歐文學의 公式的 間接輸入에 지나지 않았던 우리 나라 現代文學 특히 散文藝術 분야에 知性的인 비판과 여과를 거쳐 안정된 자세로 소화한 外國文學의 영향을 자기대로 틀이 잡힌 울 안에서 정제하여 진정한 피를 순화시키고 살을 붙여준 것이 李孝石이라고 할 수 있다.

그 純粹性에 의하여 또한 그 서정적 뉘앙스를 밑바닥에 흐르게 함으로써 非詩的 散文의 세계를 윤택있는 생명체로 소생시켜 주었다.

이러한 孝石의 詩的 순수성이 그 작품 세계의 한계를 좁히는 결과를 초래한 것은 당연한 歸結이다.

西歐的 現代의 정신과 방법을 채택한 孝石이었으나 外的 실재와의 대결로써 인간의 계속적인 가능성을 위한 더욱 권위있는 自我의 확립을 위한 대결에 필요한 힘에 있어서는 孝石의 散文精神은 외적 실존의 한 모서리를 意識的으로 기피했나는 점에서 弱化되었다 할 것이다.

孝石은 俗界와의 遊離를 意識的으로 희망했다.

現世的 生活意欲에서 돌아 선 孝石에겐 都市의 거지였고 혐오의 대상에 지나지 않았다.

달팽이나 소라 같은 甲殼을 자기 몸에 꼭 맞도록 맞추어 놓고 들어 앉아서 한정된 자기세계 속에서 外界와의 적극적인 교섭과 대결을 회피하고 정서와 감각으로 파악한 자기 생활의 향기에 묻혀 현대의 靜謐面만을 호흡하면서 愛慾의 세계를 바라보기도 하고 자연과 인간을 나란히 생각하기도 하고 自己內面의 표백에 조용히 귀를 기울이기도 하였다.

우선 情緖나 感覺 내지 生理的인 면에서부터 완전히 파악되지 않은 주제란 생각할 수 없었을 것이다.

自己世界의 意識的인 縮圖 속에 도사리고 앉아 있는 自我를 작품의 주체로 삼고 그것으로 하여금 全作品에 일관된 作者의 투영을 기도한 것이 孝石文學의 세계이며 방법이었다.

> ……孝石처럼 외유내강한 사람은 文壇人으로서 드물다고 생각한다. 그의 溫和하고 부드러운 표정에는 처음 사귀는 사람이나 오래 사귄 사람이나 그의 人格의 여운을 느끼지 않는 이가 없으리라.
>
> 그러나 그의 內心——個性이라고 할까?——은 굳기가 비할 데 없어 한번 자기 속에 들어 앉으면 外界에서는 어떤 天變地動이 있든 조금도 까딱 않는 성격의 소유자였었다.
>
> 오히려 外界가 소란할수록 그는 더욱 문을 굳게 닫고 틈사리를 꼭꼭 바르고 구석구석에 불을 밝히고 향수를 뿌리고 조용히 들어 앉아 生의 향기를 호흡하고 있는 것이었다.
>
> 그러나 마음이 키이면 저 혼자 방긋이 문을 열고 나와서 그 香氣 그 도취를 가지고 인생을 律하려고 하였었다……(中略)………
>
> 첫 단편집 〈露領近海〉는 그렇게 되기까지의 방황하던 시대요 〈모밀꽃 필 무렵〉에서 완전히 자기세계를 찾은 때었다……

이것은 孝石의 동료였던 당시 大同工專 韓壽哲 教授가 孝石이 別世한 직후인 1942년 7월에 발표한 추도문 〈憶! 李孝石〉 중의 구절이거니와 직접 인간 李孝石을 가까운 거리에서 바라보던 사람으로써 그 인간뿐만 아니라 그의 문학까지도 정확하게 이해하고 있다.

그리하여 그의 사고는 純粹化되면서 그 세계는 더욱 좁아지고 도

시나 實社會와 멀어져 자기세계를 스스로 축소시키는 동시에 그만큼 뚜렷한 자기세계의 한계선을 설정하였다.

이러한 文學的 생활방식이 그의 문학의 특질을 현상하고 있거니와 외국 문학의 수용 태도에 있어서도 이와 같은 自律的인 방법에 의하여 同化될 수 있는 土壤과 온도와 種子만을 냉정한 비판으로써 받아들였다고 생각한다. 그러면서 자기 영토에 받아들일 수 있는 대상만 발견하면 心醉的 狀態로 무조건 수용했으리라고도 보고 싶다.

현대를 生理的으로 호흡할 수 있었던 孝石의 精神의 틀은 확실히 현대를 수용하기에 충분한 것이었다.

소설에서 완전에 이르기 위해서는 외계와의 넓고 진지한 교섭과 대결이 필요했을 것이지만 자기의 영토 속에 안주할 수 있는 것만을 수용해 두고 吟味할 수 있는 대상만을 자기의 抒情으로 演繹하면서 調和와 안정과 詩的 정서로 현대 단편이나 산문이 가져야 할 藝術性을 高調한 孝石의 우리 나라 現代文學에 대한 기여는 큰 바가 있으며 이것은 또한 스스로 축소한 자기세계 속에 알뜰하고자 한 孝石이 자기 자신의 만족을 위한 의도에서 所產되었을 것이다.

韓國現代文學의 한 지점에 서서 진정한 西歐的 現代性을 문학으로써 具象化하여 보였고 短篇小說이 가져야 할 藝術性과 그 技法面에 새로운 개척의 공헌은 귀중한 것이 있다고 생각한다.

끝으로 孝石의 문학은 그 描寫나 技法의 면에선 리얼의 길을 택하고 있으나 그의 精神的 放射의 선상은 韓國에서의 가장 뚜렷한 光芒을 가진 作家였으며 진정한 의미에서의 韓國的 로망主義의 一人者였다고 나는 믿고 싶다.

僞裝된 順應主義

鄭 明 煥

「살기 싫어요, 견딜 수 없어요—죄수같이
이 벽속에만 갇혀 있기가.」(〈薔薇 病들다〉)

Ⅰ. 小說의 主體性

오늘날 실제적 행동은 물론, 학문적 탐구와의 관련하에서도 자주 쓰이는「主體性」이라는 용어를 문학에 적용할 때, 그것은 어떤 뜻을 띨 수 있을까? 일반적으로 볼 때, 이 말은 인식과 행위에 있어서의 객관적 기준의 불충분성 또는 無效性을, 따라서 개인적 경험을 통한 대상 파악 및 그 처리의 필요성을 반영하고 있을 것이다. 그러나 주체성의 주장은 그 결과로서 반드시 객관적 가치나 진리의 부정을 가져오는 것은 아니다. 다만 객관적인 것을 인식할 때도, 그것이 당연한 자연적 所與로서 받아들여지지 않고 自我를 매개로 하여 획득되고 재구성된다는 점이 중요하며, 이렇게 함으로써 主體와 객관적 인식이 가장 행복하게 결부될 가능성도 생기는 것이다. 근본적인 회의로부터「코기토 에르고 숨」에 일르고 이것을 계기로 하여 보편적 異性과 神의 존재를 증명한 데카르트의 경우가 바로 그렇다.

그러나 객관적 진리의 재발견이 결과로서 이루어지건 이루어지지 못하건 간에, 자기의 입장에서 자기의 全責任下에 대상을 처리하는 작용과 그 과정이 가장 두드러지게 나타나는 분야가 아마도 문학, 특히 소설일 것이다. 철학에 있어서 주체성의 문제가 20세기에 들어서서부터 유난히 강조되어 왔다는 사실은 지금까지 주체성을 고려에 넣지 않은 철학이 있었다는 것을 반증하는 것이며, 또 앞으로 ―

般概念이나 抽象論에 의거한 철학의 재생이 가능할지도 모른다는 의미도 된다. 가령 정밀과학으로서의 人間科學을 지향하여, 역사를 만들어 나가는 주체자로서의 인간보다도 문화현상과 사고방식에 있어서의 보편적 법칙을 찾으려는 構造主義의 출현을 우리는 그 예로 들 수 있을 것이다. 따라서 철학에 있어서의 주체성의 문제는 철학의 본질 그 자체를 이루는 것이 아니다. 그러나 우리는 소설에 대해서 그런 말을 할 수는 없다. 작가는 항상 개인적인 경험을 구체화시켜서 개인의 자격으로서 이야기한다. 「인간이란 무엇이냐?」는 물음에 직접적인 대답을 하기 위해서 작품을 쓸 경우라도, 소설가는 결코 일반개념을 빌어서 글을 쓰지 않는다. 만일 「여기에 인간이라는 괴물이 있다. 인간은 비참한 존재다. 따라서 인간은 神의 救援을 찾아야 한다」는 설교를 하고 싶을 때, 그 말을 그대로 쓰는 작가가 있다고는 상상할 수가 없다. 그는 반드시 프랑소와・모리야크처럼 테레즈・데크루니 또는 레이몽・꾸우레쥬니 하는 인물을 동원해서 은연중에 그런 사상을 독자에게 고취시키려고 애쓸 것이다.

이와 같이 특정된 상황을 설정하고 특정된 인물을 사용해야 비로소 성립되는 소설을 대할 때, 우리는 세 가지 점에서 小說=主體性이란 말을 할 수 있을 것이다. 첫째로 소설가와 소설의 관계이다. 우리는 소설가에게 이렇게 물을 수 있다. 「당신은 왜 하필이면 그런 상황과 사건과 인물을 골라서 그런 식으로 이야기를 전개시켰습니까?」 그리고 이렇게 물음으로써 우리가 알고 싶어 하는 것은 소설가가 주체자로서 대상을 선택, 파악하고 처리하는 근거이다. 이 질문은 가장 객관적으로 보이는 묘사를 하는 작가에게조차도 던져질 수 있다. 객관적 묘사라는 말은 도시 낭만주의가 표현한 感性的言語에 대한 불만 때문에, 19세기 후반의 과학적 諸思想의 용어를 빌어 쓰여지기 시작한 데 지나지 않으며, 가령 「수소와 산소가 합하면 물이 된다」는 표현 따위가 갖는 객관성과는 아무런 인연이 없는 것이다. 비록 문학에 있어서 객관성 이란 말을 고집한다고 해도 그것은 필연적으로 주체의 눈을 통해서 처리되고 선택된 객관성이며, 이 점에서 객관성은 가장 개성적이며 독단적인 묘사와 마찬가지로 주체의 표현이라고 말할 수 있다. 한 사과를 가장 객관적으로 묘사하라고 해도 결코 동일한 두 가지의 표현이 나올 수는 없는 것이다. 이리하여 우리는 어떤 시대 어떤 경향의 작품에 대해서도 그 글을 쓴 주체자로서의 작가를 문제로 삼고 그의 상황, 고정관념, 변모, 세계관의 특이성을, 그의 소재와 언어를 통해서 밝힐 수가 있다. 그리고 가능하다면 그 의미와 한계를 평가하도록 애써 보는 것이다.

둘째로 우리는 작품 그 자체, 특히 작품에서 思考와 感情과 行動을 전개하는 인물들과의 관련하에서 소설의 주체성을 논할 수 있다. 소설의 인물들은 그 자신의 과거를 가지고 현재에 살면서 미래로 投企해 나가며 반드시 다른 작중인물들과의 과계를 맺어 나간다. 그들은 시간적, 공간적으로 일정한 상황을 지니고 자신에게 독특한 방법으로 현실을 인식하고 처리한다. 하기야 이 인물들 중에는 작가 자신이나 實在人物로 인정되기에 충분한 모습을 보이는 것도 있다. 이른바 私小說, 自傳的小說 혹은 테에제 小說에 나타나는 인물들이 그렇다. 그들을 가까스로 은폐해 놓은 얄팍한 僞裝을 벗기면 작가 자신 또는 그와 가까운 사람의 모습이 그대로 드러난다. 그러나 작가는 관찰된 自我나 他人에 대해서 상상작용을 가함으로써 엉뚱한 인물을 만들어내는 수가 있다. 이 경우가 더욱 많다. 그때는 작중인물은 작가의 산물이면서도 작가 자신이 아니다. 마치 사과나무에서 양분을 따오면서도 그 나무와는 전혀 다른 형태와 조직을 지니는 사과열매처럼, 그 인물들은 자체의 주체성을 지니고 자신의 논리와 감정에 따라 행동한다. 그러기 때문에 경우에 따라서는 작중인물이 작가의 손아귀에서 벗어나 도리어 작가가 무슨 魔力에 의해서처럼 작중인물에게 끌려 의도했던 것과는 전혀 다른 모습을 띄우기도 한다. 앙드레·지이드는 이 경우가 훌륭한 소설가의 경우라고까지 말하고 있다. 「서투른 소설가는 작중인물을 만들어낸다. 그는 작중인물들을 조종하고 입을 벌리게 한다. 진실한 소설가는 인물들에게 귀를 기울이고 그들이 행동하는 것을 주시하고 있다……. 그리고 그들이 무엇인지를 차차 작가가 이해하게 되는 것은 그들의 이야기를 듣고 있기 때문이다.(Charles Braibant, *Le Metier d'Ecrivain*, 1951에서 再引用). 그러기 때문에 우리는 작가를 완전히 떠나서 소설 그 자체만을 우리의 분석과 평가의 대상으로 삼아 작중인물의 행동과 사상을 살피면서 인간을 논할 수 있다.

셋째로 우리는 독자와의 관련하에서 소설의 주체성을 말할 수 있다. 하나의 돌이 우리들 앞에 현존하는 경우 우리는 우리 자신의 주체적 企圖에 따라서 그것을 본다. 그것은 무기가 될 수도 있고 장난감이 될 수도 있다. 그러나 이 경우 돌과 우리는 한쪽이 객체며 또 한쪽은 주체라는 일방적인 관계를 띠며, 주체에 의한 객체의 任意處分權이 성립한다. 그러나 소설의 주인공을 대할 때 이 객체와 주체의 일방적 관계는 사라진다. 작중인물들은 순수한 객체로 머무르기를 거부하고, 주체자로서 우리의 주체와 관계를 맺기를 요구한다. 그들은 허구적 존재이니만큼 실존인물 보다도 더욱 크고 무거운 리얼리티를 띠고 독자인 우리의 주체에 도전한다. 때로는 우리에게 부드럽게 속삭이면서 우리의 생각을 바꾸어 놓기도 하고, 또 때로는 야릇한 행위를 통해서 우리의 비위를 거슬려 놓기도 한다. 한편 우리도 우리 자신의 企圖와 입장에 따라서 작중인물의 행위에 새로운 뜻을 부역하기도 하고 또 이미 부여했던 뜻을 철회하기도 한다. 소설은, 이와 같은 부당한 왕래, 다시 말하면 두 주체의 상호침투와 상호충돌이 그려나가는 복잡하고 생생한 곡선 없이는 그 존재를 생각할 수 없는 것이다. 그러나 작가, 작중인물 및 독자와의 관계를 통해서 확인될 수 있는 이와 같은 소설의 三重의 주체성은 실제에 있어서는 서로 뒤섞이는 것이며 결코 기계적으로 분류되고 독립적으로 다루어질 성질의 것이 아니다. 익명의 혹은 未知의 작가의 경우에는 할 수 없지만, 작가의 自傳的 요소나 의도를 안다는 것은 그의 작품의 이해에 도움을 주며 때로는 그 이해를 위한 중요한 역할을 할 경우도 있다. 가령 싸르트르의 〈말〉이나 까뮈의 〈作家手帖〉을 읽는다는 것은 그들의 작품세계를 더욱 잘 이해하기 위한 필요한 조건의 하나가 될 것이다. 또 이름모를 작가의 경우라도, 그 작품을 뜯어 보고 주위의 사정을 살핌으로써 작가의 이름을 밝혀 내려는 노력에도 단순한 호기심을 넘어선 충분한 이유가 있다. 왜냐하면 이름이 알려지는 것을 계기로 하여 그에 관한 諸資料의 수집과 분석과 종합이 가능해지고, 그럼으로써 작품 그 자체의 의미를 파악하는 데 새로운 照明이 던져질 수 있기 때문이다. 그뿐 아니라, 작가의 주체성을 문제로 사간 작품의 평가를 한건 독자는 항상 그 자체의 주체성을 가지고 있다는 사실로 말미암아 필연적으로 주관적인 견해를 나타낼 수밖에는 없다. 분석과 논리와 방법은 결코 객관적 평가를 보장받기 위해서가 아니라, 주관적 견해에 정당한 근거를 주기 위해서 있는 것이다. 「훌륭한 비평가란 많은 학식과 취미를 갖고 편견도 없고 善望도 없는 예술가이다」라고 볼테에르는 말하고 있다. 그러나 그는 「이러한 사람은 여간해서 발견되기 어렵다」고 곧 덧붙여 놓고 있다. 사실 편견도 선망도 없기를 바랐던 볼테에르 자신이 누구보다도 개인적, 시대적 편견에 사로잡혀 있었던 사람이다. 그는 파스칼에 대해서, 셰익스피어에 대해서, 그리고 합리주의적 정신에서 벗어나는 모든 것에 대해서 이해를 할 수 없었다. 그러나 또 한편으로 보면 그가 근대의 형성을 위한 역사적 역할을 할 수 있었던 것은 자기 자신과 시대의 편견을 대담하게 내세웠기 때문이다.

이와 같이 문학의 세계에 있어서는, 특히 소설의 세계에 있어서는 주체적 접근방법과 주관적 견해가 작가의 생성, 작품상의 인물 및 독서의 체험이라는 3중의 면에서 불가피하다는 것을 솔직히 인정하고 그 상관관계를 생각해 나갈 수밖에 없다. 이 주체성의 상관관계에 대한 의식과 고찰은 더구나 한 작가의 작품 전체를 다룰 경우에는 본질적인 중요성을 띨 것이다. 여러 가지 인물과 사건의 描出을 통해서 나타나는 작가의 세계의 변도가 어떤 의미를 지닐 수 있느냐는 문제를 우리는 우리 자신의 입장에서만 이야기할 수 있을 뿐이며, 아마도 이것이 이른바 作家論의 본 모습이리라. 이제 내 앞에는 얼마큼의 산문을 남겨 놓은 李孝石이라는 이름의 과거의 작가가 있다. 그는 자신의 문제를 지니면서 한 시대를 살았다. 그리고 그 경험을 적어 놓았다. 그것이 그의 시대와는 다르게 보이는 오늘날에 살고 있는 나 자신에게는 어떻게 보이는가 그 이야기를 시작해야겠다.

II. 參與의 喜劇

李孝石의 최초의 作品集 〈露領近海〉가 나온 것은 1931년이다. 1931년이라고 하면 카프에 의해서 대표되던 左翼思想이 문단 전체와 깊은 관련을 가지고 있던 무렵이다. 찬성을 하건 반대를 하건 그 무렵의 문인들로서는 좌익사상에 대해서 어떤 태도를 취하느냐는 식으로 문제가 제기되었다. 〈露領近海〉 역시 孝石이 그 나름으로 이 문제에 대해서 던지고 있는 하나의 해답이다.

文學史는 孝石의 이 해답에 「同伴者的」이라는 레테르를 붙여 주고 있다. 그 당시의 문단의 파란을 몸소 겪은 朴英熙의 定義에 따르면 동반자 작가라 함은 「카프에서 보기에는 會員 아닌 작가로서 카프가 가진 동일한 사상성을 가지고 어느 정도로 카프와 보조를 같이 하는 작가」를 말한다(〈初創期의 文壇側面史〉 (8) 思想界). 그러나 朴英熙의 정의를 그대로 따른다고 해도, 우리는 소위 동반자 작가라는 말에 대해서 두 가지의 틀린 해석을 내릴 수 있다. 첫째로는 작가 자신이 좌익사상에 의식적으로 공명하면서도 무슨 이유에서이든간에 그들의 단체에 가입하지 않고 직접 간접으로 그 사상을 작품에 나타낸 경우를 들 수 있다. 가령 현대 서구의 예를 들면 철학상의 본질적 견해차이 때문에 공산당에는 들어가지 않지만, 많은 면에서 공산당의 혁명이론에 동조하는 싸르트르와 같은 인물이 그렇다. 둘째로는 작가 자신은 좌익적 사상에 공명하지 않는데도, 그 작품의 테에마라던가 그 일부의 묘사가 카프의 작품과 희미한 유사성을 보이는 것을 구실로 삼아 我田引水格으로 「이 사람도 우리와 동지다」라고 규정지은 경우를 생각할 수 있다. 만일 우리가 앞서 引用한 朴英熙의 정의에서 「카프에서 보기에는」라는 표현에 중점을 두면 이런 가능성은 무척 많았을 것이다. 그 실례로 金基鎭은 〈韓國文壇側面史〉(〈思想界〉 1956. 12)에서 이렇게 말하고 있다. 「1934년에 내가 열거한 同伴者作家의 이름만 보더라도 兪鎭午, 柳致眞, 李無影, 洪曉民, 崔貞熙, 朴花城, 趙容萬, 李孝石, 嚴興燮, 蔡萬植, 趙碧岩, 安含光, 韓仁澤, 李 洽, 金麻宙, 安德根……」 이 리스트를 보면 1930년경에서부터 작품활동을 시작한 거의 모든 작가들이 소위 동반자 작가로 열거되어 있는 것을 알 수 있다.

이 두 가지의 매우 다른 의미를 띠는 태도를 다같이 「동반자적」이라고 한 묶음으로 부른다면 1930년을 중심으로 해서 뜻있는 활동을 한 많은 작가는 동반자 작가가 되고 말 것이다. 그러나 이런 총체적 견해는 文學史를 정리하는 데 도움을 주기는커녕 큰 과오를 가져오기가 쉽다. 20세기 전반의 서구작가들이 이른바 「不條理」라는 개념과 다소간의 인연이 있는 작품을 보여 주었다고 해서 그들을 모두 「실존주의자」라고 규정하는 것이 넌센스인 것처럼, 1930년대의 농촌과 도시와 지식인의 문제를 가장 긴박한 사회적 현실로서 다룬 모든 작품을 「동반자적」이라고 명령하는 것은 쑥스러운 짓이다. 작가가 그이 상상력을 아무리 드높게 비상시킬 경우라도 그는 자기가 살고 있는 가장 절박한 사회적 현실에서 벗어날 수 없는 것이다. 원컨 원치 않건 간에 일정한 시대적 분위기가 있고 공통적 문제가 있는 것이다. 그리고 훌륭한 작가일수록 이 분위기와 문제에 대해서 제 나름으로 대처해 나가려고 한다. 같은 문제를 소재로 다루면서도 대처하는 방식에 있어서는 까뮈와 싸르트르처럼, 또 드류・라・로셸과 앙드레・말로처럼 전혀 다른 모습이 나올 수도 있다. 더구나 이 모습이 다양하면 다양할수록 그 나라, 그 시대의 문학사는 윤택하게 될 것이다.

따라서 金基鎭이 열거한 그 숱한 이름들 중에서, 우리가 진실한 의미에 있어서의 동반자 작가를 가려내는 길도, 소재나 부분적 묘사 그 자체에 의존하는 것이 아니라 작품의 全體像이 카프의 이론과 갖는 본질적 공통성을 따져 보는 것이다. 이렇게 보면, 기령 失業狀態에 있는 지식인의 절망을 그린 蔡萬植의 〈레디메이드 人生〉(1934)은 「변혁의 의지는 마르크스主義的 認識下에 조직적으로 표현하기를 노력해야 한다」는 尹基鼎의 宣言이나 혹은 「우수한 프롤레타리아 藝術作品이란 것은 그것이 藝術 그것으로서의 條件을 具備했다느니보다는 徹底하게 프롤레타리아의 生活意志에 봉사하는 作品을 잃는 것이다」라는 林和의 定義(以上 白鐵 〈朝鮮新文學思潮史 現代篇〉 94~95 面에서 再引用)와는 아무런 상관이 없는 것을 알 수가 있다. 사회적 현실을 그린다는 것은 사회주의적 리얼리즘과는 전혀 다른 것이며, 「동반자적」이라는 개념과도 반드시 일치하는 것이 아니다. 만일 이 개념을 터무니없이 확대하여 사회적 현실을 그린 모든 작품을 이 카테고리 속에 포함시킨다면 한국문학의 훌륭한 유산의 태반은 「동반자적」이 되고 말 것이다. 이것은 분명히 언어의 남용이며, 언어의 남용은 혼란을 가져온다. 따라서 우리가 1930년대의 사람들처럼 「동반자」라는 말을 굳이 사용해서 일군의 작가의 경향을 묶어 보려고 한다면, 그 말을 「카프의 圈外에 서면서도 意識的으로 카프의 主義主唱—즉 프롤레타리아 혁명의 성취를 위한 예술활동의 주장에 동조한 작가」라고 새로이 엄밀하게 규정해야 할 것이다. 그리고 나서야 우리는 한편으로 이들 동반자 작가의 문학사적 의의를 살피고 또 한편으로는 카프의 그룹이 동반자가 아닌 작가마저 동반자라고 호칭한 이유를 따지고 들어갈 수 있을 것이다.

이렇게 볼 때 〈露領近海〉의 李孝石은 과연 동반자였을까? 白鐵은 앞서 인용한 金基鎭의 리스트에 언급하면서 이렇게 말하고 있다.

> 이와 같이 다수의 同伴者作家를 말한 것은 카프가 공적으로 표명한 것이 아니고 金基鎭 자신의 의견에서 온 것이었으며 또 한 가지는 이때는 벌써 프로文學運動의 下向期로서 同伴者作家에 대한 개념도 상당히 막연해진 때인데 그 점에서 볼 때에 朝鮮에서 역시 同伴者作家로 지적된 작가는 兪鎭午, 李孝石이었다. (白鐵 前揭書 174 面)

그러나 다름아닌 兪鎭午 자신은 孝石이 동반자 작가가 아니라고 설명하기에 부심하고 있다.

> 냉정하게 당시의 氏의 작품을 검토해 보면 氏가 이데올로기的으로 左翼에 공명했던 자취는 찾아볼 수 없을 것이다. 아닌게 아니라 당시의 氏의 작품에는 흔하게 「運動」이니 「鬪士」니 하는 말이 튀어나오지만 이것들은 그것 자체로서의 의미

가 있는 것은 아니었다. 그건 氏의 詩를 위해서 있는 단순한 도구 같은 것밖에는 아닌 것이다. (1959年 春潮社 發行 孝石 全集 第5卷 339面)

과연 孝石은 어느 쪽이었을까? 만일 동반자 작가였다면, 그는 무엇 때문에 카프에 들어가지 않고 한낱 동반자로 남아 있으며, 또 1931년의 〈露領近海〉의 작가가 1940년에 이르러 「文學의 知性이 아니라 審美性……이야말로 幻滅에서 人間을 구해 주는 높은 방법인 것이다」(〈文學振幅擁護의 辯〉 全集 第5卷 315面)라고 선언하게 되었을 때까진의 內的 변모는 어떻게 이루어진 것일까? 이와 반대로 그가 동반자가 아니었다면, 孝石의 사회적 관심의 본질은 무엇이며, 「운동」이나 「투사」와 같은 단어를 굳이 사용해야만 도달할 수 있었던 詩境地란 도대체 무엇일까? 이런 의심—아마도 孝石의 주체성의 본질을 파악하는 데 가장 도움이 될 의심을 간직하면서 〈露領近海〉를 살펴보자.

1931년 6월 초판이 나오고 곧 이어 10월에 재판된 同志社刊의 이 단편집에는 〈都市의 幽靈〉, 〈奇遇〉, 〈行進曲〉, 〈追憶〉, 〈北國點景〉, 〈〈露領近海〉, 〈上陸〉, 〈北國私信〉의 여덟 작품이 수록되어 있다. 그 중 가장 오래된 〈都市의 幽靈〉은 京城大 法文學部 在學時인 1928년 (22세)의 작품이니까 약 31년에 이르는 이 3년간은 사회적, 문학적으로 식민지 한국이 겪어야 했던 가장 큰 시련의 한 시기였다. 이 무렵 세계공황의 여파가 이 동양의 벽지에까지 밀려와서 농촌의 심각한 불황, 이민, 실업 등의 어두운 세태가 전개되고 일본의 탄압은 光州學生事件을 계기로 더욱 철저해졌다. 이에 따라 지식인의 저항운동도 더욱 치열해 가는데, 그것이 문학적으로는 규합된 세력으로 나타나지 못하고 민족주의 진영과 프로문학의 대립을 더욱 예각화시켰다는 아이로니칼한 결과를 초래했다. 이 대립을 오늘날 생각해 보면, 계급을 넘어선 민족 전체의 운명을 문제삼은 사람들의 역사적 정당성을 밝힐 수 있다. 그러나 당시의 청년들로서는 카프派의 주장에 대해서, 그것이 참신하다는 단 한 가지 이유만으로도 넉넉히 큰 매력을 느꼈을 것이다. 그것은 무엇보다도 합리주의적인 전통이 없는 나라에 그 자체로서의 이론적 체계를 갖추고 있는 듯한 사상이 들어올 때에 풍기는 그런 매력이었다. 개인의 행동과 사회적 현실이 이론적으로 완전히 설명되고, 더우기 그 이론을 따르면 새로운 사회의 필연적 도래가 분명한 듯한 그런 사상은 이 나라에 없었던 것이다. 그것은 비판적 검토를 겪기 전에 하나의 마술적 신앙으로서, 절대적 진리로서 수용되었다. 그뿐 아니라 그 사상은 이중으로 위신을 갖추고 있는 듯이 보여졌다. 첫째로는 소련의 존재에 의해서 그 實效性이 보증되어 있는 것 같았고, 둘째로는 1930년 전후의 한국의 경제적, 사회적 또 심지어는 민족적 난관을 극복하기 위한 유일한 구체적 무기로서 詩宜適切하게 보였고, 셋째로는 1931년의 大檢擧事件을 위시한 그 사상가들의 가지가지의 불행이 영웅적 수난으로 비쳤던 것이다.

李孝石이 이러한 시대적 분위기에 대해서 무관심했다고는 상상하기 어렵다. 더구나 고독으로서의 잠입도, 탈출의 시도도 거의 불가능하고, 소수의 작가들이 거의 매일처럼 얼굴과 사상을 맞대고 지내야 하는 한국문단의 폐쇄적 성격으로 보아 프로문학은 그 무렵의 유일한 관심사였음에 틀림없다. 그러나 知的 形成期에 있어서 孝石은 주로 서구와의 접촉을 통하여 문학이 사회적 문제에 대한 직접적 관심을 넘어서서 새로운 감성을 치밀한 언어로써 표현하는 것임을 알았다. 그가 즐겨 읽고 또 따르기를 꽝한 오스카·와일드, 베를레느, 장·콕토, 체홉은 그에게 언어예술로서의 문학의 존재를 터득시켰다. 따라서 孝石의 의식은 당연히 오늘날의 용어를 빌자면 참여문학이냐 혹은 순수문학이냐는 두 갈래 길에서 분열되고 그 틈바구

니에서 자신을 선택할 입장에 놓였으리라. 우선 이러한 전제를 두고, 22내지 25세의 문학청년 李孝石이 어떻게 이 문제를 고민하고 해결해 나갔는가를 보기로 하자. 〈露領近海〉에서 하나의 短篇을, 가장 일찍 발표되었던 〈都市의 幽靈〉을 예로 들자. 孝石은 한 미장이를 주인공으로 삼아 그의 체험담을 통해서 한편으로는 빈자의 처지를 그려 보이고 또 한편으로는 일종의 시회비판과 사회개조를 위한 적극적 참가를 부르짖어 보려고 하고 있다. 「어둠침침한 행랑방 하나 없는」 이 미장이는 술을 피곤한 하루의 解毒劑로 삼아 마시고는, 비오는 날 우중충하고 기분 나쁜 분위기에 감싸인 종묘 안으로 들어가서 하룻밤을 보내려 한다. 그러자 이 老宿者는 정전 옆에서 「훌쩍 날고 날다가는 꺼져 버리는」 불덩어리 같은 것을 보고 섬짓한 마음이 든다. 그는 「이놈의 서울이 사람 사는 곳이 아니구 도깨비굴이었던가」 하는 언짢은 생각을 하면서 그 자리를 뜨고 수구문 밖으로 김서방네 행랑을 찾아간다. 이윽고 이상의 경험에 대한 결론이 벌써 성급하게 주인공의 입을 통해서 나온다. 그러나 테에제 소설에 있어서 흔히 일어나는 것처럼 이 결론은 주인공의 입을 빌어서 나오는 작가 자신의 목소리다. 〈異邦人〉의 제2부에서 뫼르소가 까뮈로 둔갑하듯, 이 무식한 미장이는 가장 유치한 단계에서 프로문학운동에 호응하는 지식인 李孝石으로 둔갑한다. 「이렇게 하여 나는 원 무엇이 씌었던지 하룻밤에 두 번씩이나 도깨빈지 귀신한테 혼이 났었다. 사실 몇해 수는 감했을 것이다. 그러나 대체 누구를 원망하면 좋았으리오? 술먹고 늑장을 댄 자 자신일까, 노숙하지 않으면 안된 나의 운명일까, 혹은 도깨비나 귀신 그것일까, 그렇지 않으면 그 외의 무엇일까……나는 이제야 겨우 이중의 어느 것을 원망하는 것이 마땅하다는 것을 똑똑히 깨달았다.」 말하자면 이 句節이 테에마를 형성하고 단편의 나머지 부분은 이 테에마를 강화해 나가는 데 목적이 있다. 주인공은 「사실 한다하는 X자놈들이면 몰라도 무엇을 못 먹겠다고 하필 가난뱅이 노숙자를 못살게 구느냐」고 정석대로의 흥분을 하면서 주인공은 이튿날 도깨비를 때려 죽이러 다시 밤의 동묘를 찾아간다. 그러나 도깨비인 줄 알았던 것은 사실은 집없는 母子였는데, 孝石은 또 이 기회를 놓치지 않고 宣傳員의 노릇을 한다. 「불량배와 기생년들이 그득한」 자동차에 치여서 「발목은 끊어져 달아나고 장딴지는 나무개비같이 마르고 아물지 않은 자리가 시퍼렇게 질려 있었다.」 이윽고 사치와 빈곤이 대조되는 서울 밤거리의 모습이 생경한 언어로 묘출되고, 모든 貧者는 결국 유령이니까 이 유령들이 「근본적으로 생겨나지 못하게」 하기 이해서 모두들 일어서자는 다음과 같은 반항에의 초대로 이야기는 끝난다. 「현명한 독자여! 무엇을 주저하는가, 이 중하고도 큰 문제는 독자의 자각과 지혜의 힘을 기다리고 있지 않는가!」

관찰, 표현, 구성에 있어서 거의 아무런 배려도 하고 있지 않은 이 이야기는 한 문학작품이라기보다도 스스로에게 강요한 정치적 팜플랫이라고 부르는 것이 마땅하리라. 孝石은 대학시절에 그가 쌓고 있던 문학수업의 편린조차 보이지 않고 프로문학의 서투른 앞잡이 노릇을 하고 있는 이 이야기는 동반자적이며 오직 동반자적일 따름이다. 이 미장이는 그가 늘어놓는 너무도 많은 비참의 전시에도 불구하고 투사의 대열에 끼여 있지 않은 국외자이며 전혀 행동의 세계와 동떨어져 있다. 그는 다만 작용을 겪는 상태에 머물러 있다. 孝石 자신도 필경 적극성 없는 이 인물의 불충분성을 알았으리라. 그러니까 末尾에 가서 엉뚱한 독자에의 호소를 던져 그것을 보완하려고 했음에 틀림없다. 그럼으로써 자기를 스스로 半鬪士의 위치에라도 끌어올리려고 한 것이겠지만, 이 호수의 추상성과 개념성은 마치 남의 옷을 빌어 입었을 때처럼 어색할 따름이다. 거기에는 어떠한 방향제

시도, 또 실감이 가져오는 절박감도 없다. 갑자기 미장이의 탈을 벗고 나온 「현명한 독자여! 무엇을 주저하는가」라는 표현을 통해서 우리는 주저하고 있는 孝石, 그러나 주저하지 않는 척하려는 孝石의 모습을 보고 있는 것이다. 그는 말하자면 벤취의 맨 뒤에 앉아 일종의 의무감에서 응원가를 부르고 있는 어린 중학생과 같다.

그러나 어린 孝石은 1년 후인 1929년에 이르러서는 여전히 응원가를 중얼거리기 시작하면서도 한편으로는 그 의의에 대한 의심을 품고 어느 정도 지식인으로서의 자신의 모습을 살펴보기 시작한다. 이제는 구호를 부르는 입과 고민이 깃든 가슴 사이에 거리가 있다는 것이 애매하게나마 드러난다. 그것을 알기 위해서 〈行進曲〉을 살펴보자.

이 작품은 두 가지 면에서 〈都市의 幽靈〉과 다르다. 첫째로 주인공이 지식인이며, 둘째로는 행동의 문제가 나타나기 때문이다. 이것은 〈行進曲〉이 〈都市의 幽靈〉보다도 한결 작품으로서 리얼리티를 가질 수 있다는 것을 말해 준다. 지식인을 등장시킴으로써 孝石은 자기가 하고 싶은 말, 아니 차라리 해야겠다고 억시로 생각한 말을 보다 자연스럽게 주인공의 입에 담게 할 수 있었다. 이와 아울러 주인공으로 하여금 秘密運動次 만주로 떠나게 함으로써 이야기가 다소나마 추상성을 면하고 드라마틱하게 된다. 그러면 이 지식인의 구체적 행동을 통해서 孝石이 말하고자 하는 것은 무엇인가? 역시 표면적인 의도는 〈行進曲〉이라는 제목이 암시하듯, 〈都市의 幽靈〉의 경우와 대동소이한 「행동하자! 나가자! 일하자!」는 식이다. 그러나 표면을 뚫고 보면, 이 작품 자체의 통일성을 방해하고 그 구성을 약화시키는 요소 그러나 孝石의 그 후의 발전을 예고하는 듯한 요소가 있다.

우선 불행한 대중과 지식인의 관계가 〈都市의 幽靈〉에 있어서처럼 圖式的 공통성을 띠고 있지 않다. 그 작품에서는 앞서 본 바와 같이 미장이의 의식과 주장은 곧 孝石 자신의 의식과 주장이 되어 있지만, 〈行進曲〉에서는 주인공이 대중을 他者로서 바라보고 그 사이의 융합이 아니라 분열을 느끼고 있다.

> 지혜를 짜고 속을 태우고 용기를 내고 힘을 쓰고 하루면 스물네 시간 일년이면 삼백육십오 일의 모험이 있고 죽음이 있다. 이러한 자기의 처지와 주위의 군중을 대조하여 생각할 때에 그는 침울하여 졌다. 다만 침울한 정도가 아니다. 이 침울의 밑바닥에 늘 자신에 대한 우월감과 대중에 대한 멸시가 깔려 있다.
>
> 끓는 청춘의 혈조를 초조와 모험에 방울방울 태워버리고마는 나, 그것을 이해하기는커녕 오히려 경멸하는지도 모르는 수많은 그들, 세상이 어떻게 되어가는지도 모르고 알려고도 하지 않는 그들, 가난은 모두 전세의 죄라고밖에는 생각할 줄 모르는 그들, 그들과 나 사이에는 간격이 있다. 바다가 있다. 어쩔 수 없는 구렁이 있다.

그렇다면 이 구렁을 어떻게 처리할 것인가? 전혀 자기의 운명을 이해 못하는 인간 이전의 대중을 계몽함으로써 그들을 내게 가까이 다가오게 할 것인가? 혹은 내가 지식인으로서의 거만한 포우즈를 버리고 그들의 심연까지 내려가 볼 것인가? 그럴 경우 지식인으로서 나의 가슴속에는 어떤 드라마가 생길 것인가? 만일 문제가 이렇게 전개되었다면, 우리는 아마도 廉想涉의 「三代」를 넘어서는 문학적 기념비를 가질 수 있었으리라. 그러나 孝石은 일체의 知的 성찰에서 멀다. 후일 그의 자기중심적인 도피주의로 발전하게 될 이 대중과의 갈 隔離意識 에도 불구하고 孝石은 애써 행동적 혁명가의 제스처를 스스로에게 강제한다. 행동이 가져오는 諸문제, 즉 그 타당성과 가능성은 아예 따지지 않고 신격화된 행동 앞에서 知性을 내던진 한 청년의 귀엽고도 속빈 흥분을 보라.

> 처음에 행동이 없다면 별수없이 굶어 죽었지 생각할 여유조차 없었을 것이다. 책상 구석에서 뽐내고 진리니 콧구멍이니 외치지 말아라. 한 끼의 밥이 없었다면 철학자의 대가리가 다 무어 말라죽은 것이냐. 생각보다는 행동하자! 나가자! 일하자!

대중과의 거리의 의식으로 말미암아 한결 약화된—그러니까 작품적 진실성에 있어서는 다소나마 플러스가 된—이 〈行進曲〉의 동반자적 성격은 어떤 페시미스틱한 토운의 개재로 말미암아 더욱 약화되어 있다. 「나가자! 일하자!」고 외쳐대는 이 지식인 운동가는 말하자면 敗走를 하면서도 가끔 적진으로 고개를 돌려 「싸우자, 승리는 우리 것이다」라고 자신없이 중얼거려 보는 병졸과도 같다. 基調를 이루는 것은 약속하고 거센 운명의 파도 앞에서 미리 패배를 맛보는 자의 센티멘탈리즘이며 그 위에 부자연스럽게 간신히 구호가 얹혀 있는 것이다.

> 잔약한 처녀가 거칠은 세상에 길떠난다. 의기는 용감하고 사랑스러우나 결국 파도의 아가리에 넘어가 버릴 잔약한 수부일 것이다. 그 나이 어린 수부는 배 떠나기 전에 건져야 한다. 그러나 그렇게 생각하는 나 자신도 일각 후의 운명을 헤아리지 못하는 위험한 몸이다. 무슨 힘으로 그를 건지 수 있을까? 여기까지 생각하였을 때에 청년의 마음은 슬펐다. 자기 자신의 무력을 분개도 했다. 결국은 늘 다다르는 결론 「나가자! 일하자!」에가지 이르자…….

이때 형사들의 습격을 받은 주인공은 격투 끝에 사라져 버린다. 그러면 그 후 주인공은 어떻게 되었을까? 물론 孝石은 그 이야기를 하지 않는다. 형사의 출현은 이 단편에 있어서 孝石이 더 이상 이어 나갈 수 없는 思考를 알맞게 중단시켜 주고, 그가 구체적으로 생각할 수 없는 행동의 프로그램과 결과의 추구를 면제해 준다는 기능적 역할을 하는 것이기 때문이다. 다만 물 위에 뜬 죽은 고기처럼 구호만이 남고, 이 구호를 처녀의 입을 통해 다시 한번 되풀이하게 함으로써 자기가 모든 것에 불구하고 동반자라는 것을 강조하고 있을 따름이다.

> 그동안에는 나도 배우고 알아서 다시 만날 그때에는 그와 같이 손을 잡고 일할 만한 훌륭한 나의 자태를 보여 주자.

여기에서도 처녀가 어떻게 그런 자태를 보여 주었는지 우리는 전혀 알 길이 없다. 다만 행동을 위한 空手票를 떼고, 결국은 이루어지지 못할 행동의 약속을 허공을 향하여 해보는 것, 여기에 孝石의 동반자적 특색이 있으니까 말이다. 사실 〈露領近海〉에 수록되어 있는 거의 모든 단편이 프로작가들과는 거리가 먼 감수성을 보이면서, 이와 비슷한 헛된 구호로 끝을 맺고 있는 점에 주목해 보자.

> 이 샛빨간 염통이 두 조각이 나는 한이 있더라도 그이 맺히고 맺힌 원한만은 풀어 주고야 말 것이다. 그의 영시 앞에 고개숙이고 앉은 나는 마음속 깊이 그이 외로운 영혼과 맹서 지었었다. (〈奇遇〉)
>
> 그는 지금 누구덩이에 가서 파묻혀 있을까…… 그렇지 않으면 북국의 거리 으슥한 회관에 모여서 잦설은 동지들과 일을 꾀하고 있을 것인가……어디를 가 있던 비나니 건재하라! 잘

> 싸워라! (〈追憶〉)
>
> 이렇게 하여 그는 처음으로 이 땅을 밟았고 새살림의 첫 계단을 올랐던 것이다. (〈上陸〉)

이와 같이 볼 대 孝石은 이미 〈行進曲〉에서 구호와 실질 사이에서 자아의 분열을 의식하고 그것을 가까스로 미봉하려는 흔적을 남기고 있지만 이 분열이 한결 두드러지게 나타나고 또 多岐化되고 있는 것이 1931년에 발표된 〈北國點景〉이다. 물론 이런 경향과 이에 따르는 동반자적 색채의 희박화를 우리는 단편 〈露領近海〉나 〈上陸〉이나 또는 〈北國私信〉을 통해서도 엿볼 수 있을 것이다. 가령 〈露領近海〉를 보면 계급의식이 여전히 강조되어 있으면서도, 대중과의 관련성이 후면으로 물러앉고, 그 대신 배, 항구, 로서아, 만국지도 등의 언어의 유도를 통해 그의 상상의 지평선이 바깥을 향해서 넓어진 것을 알 수 있다. 이와 동시에 작품의 끝을 맺는 말도 이미 투사적이 아니며 센티멘탈한 모습을 노골적으로 드러내고 있다.

> 어쩐지 다시 돌아오지 못할 길을 마지막으로 떠나는 것 같아서 배가 항구를 벗어나 산모퉁이를 돌 때까지 정든 산천을 돌아보며 그는 눈물지었다. 눈물지었다! 눈물을 담뿍 뿜은 깊은 안개 선창 밖에 서리웠고 개일 줄 모르는 애수 흐린 가슴속에 서리웠다.

〈北國點景〉은 이런 센티멘탈리즘이나 異國的인 것에 대한 관심과 아울러 다른 감수성이 깃들어 동반자적 경향과 共棲하고 있는 작품이다. 여기에 포함되어 있는 5편의 小品에는 그 스타일과 내용에 있어서 李孝石의 전체가 雜然히 깔려 있다. 그는 시인이며 동반자이며 土俗의 애호가며 서구의 선전가이다.

> 들의 보리 이삭 패고 마을 밖에 피리소리 고요할 때 능금꽃 푸신하게 언덕을 싸고 우거진 꽃향기 언덕을 넘고 밭을 넘고 개울 건너 들을 건너 마을까지 살랑살랑 흘러왔다. (〈林檎〉)

이것이 한국적인 자연의 아름다움을 읊으려는 詩的 散文의 시도임은 분명한 일이다. 가급적 조사를 생략해서 44조의 전통적 리듬을 살리려고 애쓰고 있다. 그러나 이 리듬 자체에 전혀 새로운 맛이 없는 데다가 여기에 나오는 단어들은 이미지의 구체적 응결을 불가능케 하고 古代小說에서 흔히 볼 수 있는 바와 같은 인벤토리의 나열에 지나지 않는다. 그러나 孝石은 한국의 자연을 사랑하는 동시에 서구에 끌린 모던 보이이다. 그래서 이 한국적 향토를 읊은 詩에 무작정 서양을 끼워 넣는다. 능금이라는 단어가 그에게 아담과 이브의 이야기를 상기시킨 것이다. 「황금햇발 머리카락 두드리며 수레 위에 앉아서 능금 먹는 처녀와 총각…… 타락의 시초인지 몰락의 첫걸음인지 그 뉘 알리오만은 너 한 잎 나 한 잎……」 그뿐 아니라, “Connais-tu le pays où fleurit l'oranger?”를 번안해서 「그 옛날 이곳에/그대여 아는가/꽃 피고 열매 맺는/행기로운 능금밭……」과 같은 노래를 짓기도 서슴지 않고 있다. 이미지가 慣例的이고 전체적인 토운이 형성 안되고 향토적인 것과 서구적인 것이 서투르게 혼합되어 있는 이 소품은 형식과 문체에 대한 그의 흔한 설교에도 불구하고 孝石의 작품 전체를 지배하게 될 진부성과 무질서와 未分化狀態를 암시하고 있는 것이다.

그러나 이 이야기는 뒤에 미뤄 두기로 하고 지금으로서는 이런 새로운 감수성의 표현의 난입으로 동반자적 의식이 매우 약화된 상태에서 간신히 그 명맥을 유지하고 있을 뿐이라는 점만을 지적해 두면 된다. 우리는 이런 현상을 특히 〈마우자〉라는 소품을 통해서 잘 알 수 있다. 러시아 혁명에 쫓겨서 내려온 白系露人의 美女가 있고 「나」는 그녀를 바라본다. 우선 異國的인 아름다움이 그것 자체로서 깊은 인상을 남기고 「나」를 彼岸의 화사한 세계로 끌고간다. 「창으로 새어드는 햇빛에 비쳐 김오르는 살빛, 젖가슴, 허리, 배, 두 다리 할 것 없이 백설같이 현란하다.」 그러나 동반자 孝石은 이 아름다움이 부르조아的인 것이라고 덧붙이기를 잊지 않는다. 「산 깊은 이 벽촌에 와서도 그들의 호화는 오히려 다름없다. 부르조아는 어디를 가든지 간에 생활을 윤있게 할 줄 알고 향락할 줄 안다.」 선망인지 고발인지조차 분간하기 어렵게 된 이 표현은 孝石의 사고의 중점이 〈都市의 幽靈〉이나 또 〈行進曲〉과는 다르게 이동하고 있음을 보여준다. 그렇다면 「나」는 이 아름다운 女體 앞에서 어떤 사고의 결단을 내리는 것일까? 선뜻 감정에 몸을 맡기고 審美와 性의 세계를 반갑게 맞이해야 할 것인가? 그렇지 않으면 동반자적 의식을 고집해서 그 유혹을 배격해야 할 것인가? 孝石의 자연스런 템페라멘트는 前者의 해답을 가져오겠지만, 사대사조에 대한 부채감은 後者의 방향을 강요한다. 그래서 孝石은 양사의 요구를 다같이 반반씩 받아들임으로써 회색의 지대에 머무르려고 한다. 「어떻든 온천의 마우자, 탐나는 정경이오 아니꼬운 풍경이다.」 이리하여 우리는 논리적, 지적 작업을 겪으면서 문제로서 추구되어야 할 모순을 감정적 차원에서 함께 포옹하는 傳來的 사고방식의 한 패턴을 보게 되는 것이다. 특히 〈모던 거얼 멜론〉에 이르러서는 「양장한 현대적 미인」, 「교양있는 모던 거얼」, 「보기만 하여도 유혹적인 새빨간 즈로오스, 살 냄새 나는 비단 양말」로 단장한 인물이 알고 보니 권총과 탄환을 지닌 운동가였다는 식의 장난 같은 이야기로써 美意識과 同伴者意識 사이에서 불성실한 곡예를 하고 있는 것이다.

이상에서 우리는 1928년의 〈都市의 幽靈〉, 29년의 〈行進曲〉 그리고

31년의 〈北國點景〉을 통해서 孝石이 걸어온 정신적 과정을 살펴 보았다. 그리고 그것을 종합하면 다음과 같은 말을 할 수 있을 것이다.

첫째로 孝石은 白鐵이 지적하고 있듯이 동반자적인 태도를 보여왔다. 兪鎭午의 그 모든 군색한 변명에도 불구하고 孝石은 「詩를 위해서 있는 단순한 도구」로서가 아니라 카프의 주장을 의식적으로 지원하기 위해서 그의 언어를 쓰고 있는 것이다. 그것을 확인하기 위하여 우리는 창작의 베일을 걷어치우고 더욱 직접적으로 자신을 표현한 수필 〈書店에 비친 都市의 一面相〉(1930, 全集 第5卷 205~309面)이나 또는 그의 평론 〈過去 一年間의 文藝〉(1931, 全集 第5卷 323~331面)를 읽어 보아도 좋을 것이다. 그러나 이 동반자 작가는 내적 필연성에 의해서보다도 시대사조에 영합하기 위해서 좌익사상으로 자신을 분장했다. 〈露領近海〉에 나오는 꼭두각시와 같은 생명없는 인물들이 이것을 증명해 주고 있다. 좌익적이 된다는 것, 그것은 그 무렵의 順應主義였다. 진보적, 혁신적으로 보이는 그 시대의 유행사상에 대한 부채감은 孝石으로 하여금 위험의 圈外에 서서 참여의 喜劇을 꾸미게 했던 것이다. 그러나 이것은 그의 내적 경험이나 내적 필연성과 관계가 없는 自己强制的인 것이었다. 따라서 그는 수차의 검거와 내부분열을 통한 프로문학의 퇴조의 틈을 타서 슬금슬금 자신의 개성적 표현을 보이기 시작하고 그것을 동반자 의식과 억지로 결부시켜 보려고 했다. 그리고 처음에 동반자 의식의 밑에 깔려서 겨우 그 존재를 알리던 개성적 표현은 프로문학의 계속적인 후퇴와 아울러 점점 더 표면화되고 드디어 1933년의 「九人會」에의 가입과 〈豚〉으로 변모해 가는 것이다.

그러나 동반자 문학으로부터 이른바 「순수문학」으로 이행하는 과정에 있어서 孝石에게는 朴英熙의 轉向記에 상당하는 것이 없다. 하기야 孝石은 앞에서 말한 바와 같이 카프에 가입할 만한 내적 이유가 없이 이에 동조했으니까 전향기를 쓸 만한 처지에 있지 않았다고 말할 수 있다. 그러나 또 한편으로 생각해 보면 이 사실은 동반자시대가 孝石의 의식에서 완전히 청산되지 않았다는 것을 의미하기도 한다. 필연성 없이 받아들여진 사상은 필연성 없이 잔존하는 법이다. 諸思想이 역사적 좌표를 갖지 못하고 잡연히 共棲하고 있는 현대의 한국문학사 전체가, 아니 우리 모두의 의식구조가 이것을 증명해 준다. 같은 현상이 좌익사상과의 관련하에서 孝石에게 일어나고 있는 것이다. 주체적으로 정리되지 않았다는 바로 그 이유 때문에 그것은 있는 것도 없는 것도 아닌 막연한 상태로서 孝石의 의식의 밑바닥에 깔려 있다. 그리고 이 사상의 망령은 1933년 이후에도 가끔씩 작품상에 나타난다. 더구나 작품의 내용이나 구성과는 전혀 상관없는 삽입구처럼, 그러나 추억이니까 더 아름다운 모습을 띠고 무슨 鄕愁와 같은 어감을 풍기면서. 우리는 그것을 〈日記〉(1934), 〈受難〉(1934), 〈粉女〉(1936), 〈들〉(1936), 〈附錄〉(1938), 〈薔薇 病들다〉(1938) 등을 읽음으로써 확인할 수가 있다.

이런 점에서 프로문학과 孝石의 관계는 흡사 시어머니와 며느리의 관계와도 같다고 할 수 있다. 孝石은 말하자면 시어머니의 권위에 복종하는 척하고 그의 비위를 맞추는 것이 이롭다는 것을 아는 약은 며느리이다. 그러나 시어머니는 어디까지나 거북한 존재이며 며느리는 기회를 타서 복종과 아첨의 베일 밑에서 개성을 슬그머니 드러내보려고 애쓴다. 그러나 반항을 모르는 며느리는 이 개성의 충분한 開花를 위하여 시어머니의 노쇠와 죽음을 기다릴 수밖에는 없다. 과연 프로문학이라는 시어머니는 객관적 정세에 몰려서 다행히 조속한 노쇠현상을 보인다. 그것이 1931년경의 일이다. 이윽고 시어머니는 죽었거나 죽은 것과 다름없는 꼴이 되고 만다. 1932년의 치안유지법의 공포와 34년의 카프 제2차 검거는 프로문학 활동에 최후의 치명적 타격을 주었다. 孝石이라는 며느리는 이제 눈치를 볼 필요가 없는 일개의 독립된 개성으로서 행세하게 된 것이다. 그러나 가끔 죽은 시어머니의 생각이 난다. 1933년 이후의 작품에 나타나는 동반자시대의 추억에는 哀愁와 悔恨과 鄕愁가 깃들어 있다.

> 건이 그것을 버린 지 삼년이 넘었다. 커다란 시대의 움직임이었다. 그 역 한 시험이라고 생각할 수밖에 없었다……이것을 기회로 새로운 생활로—한번 벗어났던 그 길로—돌아갈 수 있는 것이다.
>
> (〈季節〉 1934)

돌아갈 수 있다니, 천만의 말이다. 그것은 시어머니의 사랑을 확인하고 나서 공연히 효성을 맹세하는—더구나 남들의 부목을 계산에 넣고 맹세하는 며느리의 위선이다. 이러한 동반자 시대의 孝石의 태도를 보고 그가 불성실하고 비굴한 지식인이라고 규정지을 수도 있을 것이다. 그러나 일단 판단을 보류하자. 20세의 청년이 자기를 발견하고 초기의 작품 속에 그 후의 모든 발전의 씨를 뿌려 놓고 있는 것은 지이드나 말로와 같은 대작가의 경우뿐이다. 孝石은 결코 대작가가 아니다. 그는 프로문학이라는 시어머니에게서 크게 해방되어 이제야 개성적 표현을 충분히 보이려고 한다. 거기에는 土俗도 있고 西洋도 있고 性도 있고 윤리도 있다. 1930년대의 한국에서 孝石이라는 주체는 자기를 형성해 나감에 있어서 이 모든 것에 각각 어떤 의미를 부여하며, 어떤 기본적 선택하에 그 상호간의 관련을 맺어나가려고 하는 것일까? 그리고 그가 밟아갈 궤적을 1960년대를 사는 우리는 어떻게 보아야 할 것인가? 〈露領近海〉 이후의 그의 작품은 이제 우리가 이런 질문에 대답해 주기를 기다리고 있다.

Ⅲ. 反社會로의 轉換

우리는 앞서 孝石의 정신적 궤적에 있어서 自己强制的인 무리한 同伴者的 작품이 생산된 이유를 살펴 보았다. 그리고 이러한 작품을 쓰면서도 孝石은 프로문학의 퇴조와 아울러 말하자면 자기 회복의 기회를 얻어 해가 갈수록 개성적 표현을 증가시켜 나간 곡절을 주로 〈露領近海〉 중의 몇편을 통해서 확인했다. 이제 우리에게 남은 일은 프로문학이라는 시어머니에게서 일단 해방되면서 孝石이 어떤 방향으로 자기를 발전시켜 나갔으며, 그 발전의 의미가 무엇인지를 따져보는 데 있다.

작품상으로 볼 때 孝石의 轉機가 명백히 나타난 것은 1933년의 〈豚〉이라고 할 수가 있다. 이 단편의 주인공은 학대받는 사람들의 일원임에도 불구하고, 〈露領近海〉에서 늘 보아 온 좌익적 구호는 전혀 외치질 않고 性慾의 대변자 또는 權化로서 긍정적으로 묘출되어 있다. 그리고 사람들은 그 무렵부터의 孝石의 작품을 이른바 純粹文學 또는 예술적 문학으로 보고 그의 본질적 가치나 文學史上의 위치를 논할 때도 대개 그 무렵 이후의 작품을 고찰의 대상으로 삼아 왔다.

이러한 관례적 견해의 타당성을 논박하기는 어려울 것이다. 孝石은 1932년 이후로는 거북하고 유치했던 의무감에서 손쉽게 벗어나 자기 자신에게로 돌아갔다고 할 수가 있다. 사실 그러한 回歸의 징조는 앞서 본 바와 같이 〈北國點景〉의 小品에 나타나 있고, 또 1932년의 그의 대단한 맹세를 들어 보아도 분명하다. 孝石은 「예이츠」에 심취하던 20대를 회상하고는 이렇게 쓰고 있다.

> 갈피갈피의 인생의 관조에 피곤하고 현실에 부대껴 불그스레하던 동안에 핼쓱하게 여위었소이다. 그러면서도 아직 찾을

> 것을 못찾았소이다. 그러나 예이츠의 인물과 같이 그것을 기어이 찾아내고야 말겠소이다. 파도 심하고 배 부서지고 옷이 찢겨졌다 할지라도.
>
> (〈無風帶〉, 全集 V권 306면)

무엇을 찾겠다는 것인지는 모르지만 현실의 파도를 헤쳐 나가면서, 하나의 독특한 세계를 스스로 탐구하고 구축해 보겠다는 재생의 각오는 충분히 짐작할 만하다.

이 자리에서 우리는 그 시기에 있어서 孝石뿐 아니라 한국문학의 새로운 경향이 사회현실로부터의 유리라는 점을 주목해 두어야 한다. 프로문학과 가장 줄기찬 투쟁을 한 것은 梁柱東과같은 민족주의적 입장에 섰던 사람이었음에도 불구하고, 프로문학의 쇠퇴는 민족적 의식의 승리를 가져오지 않았다는 점에 식민지하의 문학의 아이러니가 있었던 것이다. 그것은 마치 우리의 독립운동과 해방의 관계와 같다. 그 뜻깊은 독립운동에도 불구하고 해방을 갖다 준 실질적 세력이 美英蘇의 군사력이었고 그 때문에 우리가 바랐던 상황이 전개되지 않았던 것처럼, 프로문학의 敗退는 민족주의의 투쟁에 힘입은 것이 아니라 일본의 강경화된 식민 정책의 결과였다. 그러기 때문에 프로문학과 싸워온 민족주의 문학은 프로문학과 함께 힘을 잃게 되고, 여기에 사회현실과 유리된 문학이 들어설 여지가 생긴 것이다. 예술적 표현을 중시한다는 이 새로운 문학적 감성이 프로문학의 公式主義에 대한 불만이나 혹은 일본을 통해서 불어온 新感覺主義나 心理主義나 모더니즘의 영향만으로 개발되었다고는 할 수 없는 이유도 바로 여기에 있다. 무엇보다도 사회적 상황 속의 인간에 대한 무관심이 드러나 보이는 이 새로운 문학은 어떤 의미에서는 日帝의 식민정책의 소산이라고까지 말할 수 있다. 압제자가 과하고 싶은 질서를 파괴할 힘을 갖지 못하고 말하자면 현실사회의 欄外에 머무르기를 동의하는 그러한 문학은 無害한 것으로서 그 존재가 허락될 수 있는 것이기 때문이다.

그러나 한 개인이나 한 시대의 문학이 사회적 현실과 유리되고 침략자의 묵인하에서 자라났다고 해서 그 표현의 가치 전체를 부정하는 短見은 경계하지 않으면 안된다. 만일 이것이 인간성에 관한 새로운 발견을 초래하고 현실의 깊은 의미를 파악할 수 있는 반성의 제기가 된다면 그처럼 다행한 일은 없다. 따라서 우리는 1933년경부터 나타나기 시작한 藝術派의 사람들이 일제의 정책에 무의식중에 휘말려 들어갔다거나 참여의 문학을 하지 않았다는 이유를 가지고 그들을 비난할 권리는 없다. 그보다도 우리는 참여해야 했을 시대에 참여를 하지 않고 민족적 현실을 응시하고 괴로워해야 했을 시대에 문학의 자율성을 주장함으로써 스스로 얻은 댓가는 무엇이며, 한국의 문학사에 남겨준 뜻깊은 공헌은 무엇인가를 물어야 한다. 그렇다면 1933년경부터 동반자적 迷妄에서 풀려나와 새로운 탐구의 길로 나서겠다고 맹세한 孝石의 경우는 어떤 것인가?

인간의 문제를 사회적 관련하에서가 아니라, 그것을 넘어선 또는 그것에서 벗어나려는 개체로서 살피는 작가의 입장을 우리는 편리상 認識論的인 것과 체험적인 것의 두 가지로 갈라 볼 수가 있다. 가령 현실에 있어서의 對他關係보다도 존재의 상징적 의미를 탐구한다거나 혹은 무의식의 세계를 창조하는 많은 서구의 작가 시인의 경우를 우리는 前者의 카테고리에 넣을 수 있다. 그들에게 있어서는 인간은 사회적 현실에 의해서 결코 규정될 수 없는 超社會的인 영역으로 思考와 추리의 날개를 펼치는 존재로서 인식되고, 이 점에 제일차적인 중요성이 부여된다. 이 반면에 사회에서 벗어난 개인으로서의 인간 파악이 작가의 어떤 구체적인 사회적 체험에 유래하는 경우가 있다. 이 경우도 전자의 경우처럼 허다한 것이며 우리는 그 예로서 19세기의 알프레드·드·비니(Alfred de Vigny)나 20세기의 쟝·아누이유(Jean Anouilh)를 들 수가 있다. 그들은 사회와 개인의 존재를 敵對關係下에서 보며 사회에 대한 혐오 내지는 증오를 표시한다. 그 결과로서 비니처럼 끝끝내 사회에 대한 저항의 포우즈를 취하는 수도 있고 피할 수도 있다. 또 플로베르와 같이 예술적 창조 속에 자신을 유폐할 수도 있다. 그러나 이와 같은 선택의 여러 가능성을 여기에서 논할 것이 아니라 우리는 社會的 自我로서의 어떤 쓰디쓴 체험이 反社會的 人間觀의 성립을 가져오며 孝石은 분명히 이 카테고리에 속한다는 것을 강조해 두면 된다.

사실 1933년경부터 발표하기 시작한 새로운 경향의 작품을 통해서 그는 단순히 사회적 현실에 대한 무관심을 나타내고 있는 것이 아니라, 이에 대한 否定的 비판을 함으로써 인간을 그것과 유리된 존재로서 다루는 권리를 주장하고 있는 듯이 보인다. 孝石으로서는 분명히 그럴 만한 이유가 있다. 그가 동반자적 태도로부터 벗어나게 된 것은 물론 시대의 움직임에 힘입은 바 크지만, 그 자신으로서는 새로운 각도를 마련하기 위한 일종의 정리와 반성이 자기 정당화를 위해 필요했으리라는 것은 넉넉히 짐작이 간다. 비록 하나의 喜劇일망정 방금까지도 사회주의를 위한 문학을 지지해 오던 그가 이제 와서 뻔뻔하게 「나는 社會를 모른다. 그렇지만 社會를 떠난 個人의 問題가 존재한다」고 말할 수는 없기 때문이다. 그래서 그는 사회주의 운동과 사회 그 자체에 대한 비판을 함으로써, 그리고 이 作業을 통하여 다소나마 자기 批判을 함으로써, 마치 주체적 선택에 의해서인 양 個我로서의 인간을 다룰 수 있는 구실을 스스로 마련한다. 우리는 그 징조를 1932년의 〈오리온과 林檎〉을 통해서 확인할 수 있다. 이 작품은 轉向을 위한 서투른

몸짓과 같은 것이다.

이 작품을 보면 나오미라는 적극적인 여자가 등장한다. (자기의 감정을, 그리고 때로는 성욕의 충동을 노골적으로 나타내 보이면서 남자를 유혹하는 여자가 孝石의 작품에는 많이 나온다. 〈受難〉, 〈풀잎〉, 〈天使와 散文詩〉, 〈聖餐〉, 〈가을과 山羊〉의 여주인공들 그리고 〈花粉〉의 세란과 같은 예를 들 수가 있다.). 그녀는 사회주의 운동에 가담하면서도 그 의의를 별로 느끼지 못한다.

> 십시간 이상 노동 절대 반대—그러나 지내 보니까 이 속에는 한 사람도 똑똑한 아이가 없어요. 결국은 이런 곳의 조직의 필요성은 아직 제 시기에 이르지 못한 것 같아요.
>
> (全集 Ⅰ. 90면)

이렇게 사회주의 운동은 時宜適切하지 않을 뿐 아니라, 가장 중요한 과제일 수도 없다. 왜냐하면 그것과 아울러 또 하나의 生의 목표가 있기 때문이며 나오미는 그것을 「능금」이라는 말로써 표시한다.

> 저곳을 내려다 보세요. 번잡한 거리에서 헤매이고 구물거리는 저 많은 사람들의 찾는 것이 결국 무엇일까요—한 그릇의 밥과 한 개의 능금이 아닐까요.
>
> (全集 Ⅰ. 90면)

여기에서 나오미가 말하는 능금은 물론 사랑이라는 뜻을 지나지 않는다. 그러나 사회주의 운동이라는 공적 활동의 안티테제로 사랑이라는 사적생활의 권리를 주장함으로써 孝石은 개인으로서의 자아에 관심을 돌리려는 분명한 의향을 나타내고 있다. 더구나 그러한 운동은 겉껍질에 지나지 않는다.

다만 그는 약고 영리한 까닭에 그것(능금)을 표현함에 사업(운동)이라는 방패를 써서 교묘하게 그 자신을 카무플라즈하고 그의 체면을 보존하려고 하였을 뿐이지요.

(全集 Ⅰ. 93면)

이렇게 해서 표명된 사회주의 운동의 無效性과 僞善性으로부터 사회적 행동의 가치나 사회적 존재의 의의에 대한 회의와 부정으로 옮아가는 것은 그렇게 어려운 일이 아니었다. 사실에 있어서는 전자와 후자는 전혀 별개의 것임에도 불구하고, 孝石은 이윽고 사회 고발과 아울러 反社會的 태도를 보여 나간다. 사회적 활동은 곧 몸을 버리는 것이며(〈一票의 功能〉), 사회는 자아의 실현을 가로막는 불가항력적인 힘을 가지고 있다.

사랑은 왜 두 사람만의 뜻과 주장으로써 족한 것이 못될까? 두 사람 사이에 세상이라는 쓸데없고 귀찮은 협잡물이 끼여 들어옴을 알았을 때 준보는 움칫해지며 불쾌한 느낌이 전신을 스쳐 흘렀다.

(〈풀잎〉, 全集 Ⅱ. 383면)

이것은 말하자면 〈椿姬〉의 재판이다. 그러나 孝石은 듀마 피스처럼 社會改造를 위하여 그것을 고발하는 사람은 이미 아니다. 그 단계는 몸에 배지 않은 참여의 희극으로서 일단 끝나 버렸다. 그렇다면 남은 길은 무엇인가? 그것은 두 가지다. 한편으로는 준보처럼 불쾌한 느낌에 몸을 맡기며 실현되지 못한 자아에 대해 헛된 優等感情을 품거나 혹은 술과 여자로 슬픔을 달래 보고 또 한편으로는 현실을 도피하면서 무슨 가치나 의의를 찾아보려고 한다. 그러나 이러한 수단을 통해서 孝石은 과연 사회의 彼岸에 설 수 있었던 것일까? 그는 거기에서 안주할 수 있는 땅을 찾지 못했을뿐더러, 도리어 그가 혐오하던 사회에 의존하고 그 사회의 관례와 조건을 스스로 애용하기까지 하고 있다. 다시 말하면 그는 자기를 둘러싸고 있는 사회에 순응하면서 도피와 분개와 비판의 제스처를 해 온 것이다. 이러한 小市民的인 한계 내에서의 제스처—인사이더로 머무르면서 꾸며온 아웃사이더의 遊戲에 孝石의 특색이 있는데, 그 이야기는 뒤로 미루어 두기로 하고, 우선 그가 사회적 현실과 떠나면서 취한 태도와 그로 말미암아 얻은 수확이 무엇인가를 살펴보자.

Ⅳ. 逃避의 行脚

사회를 증오하고 社會的 存在로서의 자아의 성립의 가능성을 의심하는 대부분의 작가가 그렇듯이 孝石은 自然과 자연적 충동에 매력을 느낀다. 그리고 이 매력은 그로 하여금 속세의 번거로움에서 벗어나게 해 줄뿐더러 그에게 어떤 가치를 주는 듯이 여겨진다. 인간은 자연의 아들이며 자연으로 돌아감으로써 자기 자신의 本體와 가장 잘 융합할 수가 있다고 생각하는 점에서 그는 루소를 연상시키기도 한다.

우리는 그것을 〈산〉(936)이나 〈들〉(1936)과 같은 작품을 통해서 충분히 알 수가 있다. 「거리의 살림살이가 도무지 마음을 당기지 않아」 산에 오르면 「그 넓은 세상은 사람을 배반할 것 같지는 않았다」(〈산〉, 全集 Ⅰ. 101, 104면). 머슴 생활에 지친 중실이 나무를 하러 산에 올라서 이렇게 일순의 도취를 맛보는 것과 마찬가지로 사회운동의 투사였던 〈들〉의 주인공도 이제 「사람은 들과 떼려야 뗄 수 없는 인연이 있는 것 같다」(Ⅰ. 151면)을 발견한다. 다만 인연이 있을 뿐만 아니다. 「자연과 벗하게 됨은 생활에서의 퇴각을 의미하지」 않으며 「신념에 목숨을 바치는 영웅이라고 인간 이상이 아닐 것과 같이 들을 사랑하는 졸부라고 인간 이하는 아니다」(Ⅰ. 同面) 그래서 30세의 청년은 사회를 등지고 고향을 찾아 「산천을 사랑하고 벌판을 반가와 하는 심정」에 젖는다(Ⅰ. 153면).

우리는 여기에서 孝石의 자연예찬의 특질을 이해하기 위해서 루소의 경우와 비교해 보자. 이 양자에 있어서 하나의 큰 공통점이 있다면 그것은 反文明的 태도이다. 루소가 문명사회가 가져오는 품성의 추락과 불공평을 규탄하는 것과 마찬가지로 孝石은 「공포를 만드는 것은 자연이 아니요, 사람의 사회인 듯싶다.」(〈들〉, Ⅰ. 170면) 고 말한다. 그러나 이런 표면상의 약간의 유사성은 이 두 자연예찬자를 갈라놓고 있는 본질적인 차이를 덮어 버릴 수는 없다.

무엇보다도 루소의 경우 그의 反文明論은 투쟁의 소산인 반면에 孝石의 그것은 타기와 망각을 위한 것임을 지적할 수 있다. 말을 바꾸면 루소의 자연론은 反社會的, 反文明的인 외양에도 불구하고 사실은 사회적 의미를 지니고 사회개조의 원리로서의 기능을 하고 있는 데 반하여, 孝石은 엄격히 개인적인 도피의 수단을 자연에서 찾고 있을 따름이다. 루소의 경우 자연으로의 회귀의 주장은 이중의 의미에서 도전이었다. 인간의 자연적인 상태가 평등하다는 것을 내세움으로써, 그는 앙시엥 레짐의 身分制度를 직접적으로 공격했다. 이와 아울러 자연 상태에 있어서의 인간의 선과 행복을 문명이 파괴했다는 그의 신념은 합리주의적 입장과 물질적 진보에 대한 신뢰를 새 시대의 動力으로 삼으려던 볼테에르와의 격렬한 충동을 빚어냈다. 이와 같이 기존 질서에 대한 반항과 新時代의 이념에 대한 분신을 동시에 표명하면서 제나름의 理想社會의 프로그램을 제시한 점에 루소의 특이성이 있고, 이 때문에 그는 兩側에서 위험 사상가로서의 학대를 받을 수밖에 없었다. 그의 자연 예찬은 청소년기에 당했던 사회의 박해에 유래하는 일종의 아카디안 리프렉스임에는 틀림없지만, 그것이 18세기의 혁명적 사상으로서 체계화되고 정치와 문화의 이론으로 발전되면서 시대의 주도적 사조와 격돌한 사실을 우리는 잊지 말아야 할 것이다.

이와 같은 루소의 자연론에 비해 볼 때 孝石의 자연의 주장은, 그와는 전혀 다른 의미를 지닌 것을 쉽사리 알 수가 있다. 孝石의 경우에는, 루소의 경우처럼 자연관이 原理로서 작용하는 것이 아니라 매우 취약한 위안처의 역할을 한다. 그의 자연은 일종의 마취약이며 여기서 두 가지의 결과가 생긴다. 첫째로는 그가 자연의 매력에 끌리면 끌릴수록 그를 못 살게 구는 사회는 힘을 얻는다. 그가 자진해서 圈外로 물러나가기 때문에 사회는 구태여 그에게 追放令을 내릴 필요도 없다. 이 점에서 孝石은 루소와 정반대의 입장에 서 있다고 말할 수 있다. 그는 스스로 사회를 등짐으로써, 자기가 싫어하는 사회의 존속에 간접적인 도움을 준다는 뜻에서 오히려 李朝時代 이래의 逃避主義의 전통을 이어받고 있는 것이다. 그러나 孝石이 살고 있던 1930년대는 이미 이조시대가 아니며, 또 그의 신분 역시 무위도식 내지는 유유자적이 가능했던 이조의 양반과는 다르다. 그래서 또 하나의 결과로서 孝石의 자연은 모든 마취제와 같이 일시적 효력밖에는 없다는 슬픈 현상이 생긴다. 그는 살기 위해서 보기 싫은 사람을 보아야 하고 하기 싫은 일을 해야 한다. 그러기 때문에 오늘날의 월급장이가 일요일날 등산이나 낚시질을 즐기듯이 그는 자연의 꿈속에 일순이나마 안겨 보려는 것이다.

> 날이 밝으면 다시 교직과 책임이 우리를 부르게 될 것이나 그날 하루는 마지막의 일순까지라도 교직을 벗어난 세 사람의 자유로운 해방의 날이어야 한다……온전히 야생의 날이었다.

문명을 벗어나서 야생의 부르짖음만이 명령하는 날이었다. (〈山精〉, Ⅰ, 18~19면)

이렇듯 孝石의 자연은 피로한 都市人의 일시적 위안에 지나지 않으니까 그 묘사에 있어서 이조문학이 보여주는 자연 속으로의 自我의 同化는 찾아 보기 힘들다. 그렇다고 해서 할 수 없이 사회생활을 이어 나가는 자아와 자연을 찾으려는 자아 사이의 갈등이 반성적으로 意識化되어 있는 것도 아니다. 다만 문제를 포함하지 않는, 또 문제가 있어도 그것을 知的으로 처리하기를 회피하고 直線的 망각으로 달려가려는 충동에 지배될 뿐이다. 그리고 이 망각으로의 탈주가 토속적인 자연과 마주칠 때, 〈모밀꽃 필 무렵〉과 같은 靜的이며 精緖的인 단편이 가끔 태어나는 것이다. 이렇듯 孝石의 자연은 실생활에 대한 감정적, 일시적 해독제의 구실만을 할 뿐이니까, 자연의 창조력이나 생산성이나 신비와 같은 깊은 의미가 파악되지 않는다. 자연 앞에서 인간은 무엇인가, 그 속에 깃들어 있는 생명의 근원은 어떻게 나타나는가 하는 따위의 탐구의 궤적을 우리는 그의 작품에서 전혀 찾아 볼 수가 없다. 그가 자연에 관해서 이루어 놓은 가장 훌륭한 것은 잘 다듬어진 언어로 그려 놓은 몇 폭의 風景畵이다. 그러나 이 풍경화를 앞에 대할 때, 우리는 잠간동안 조용한 감정에, 이른바 향수에 젖을 뿐, 결코 새로 제시된 현실 앞에서의 변신과 같은 것을 느낄 수는 없다. 이와 같은 이야기는 그이 자연묘사가 흔히 수반하는 性慾의 묘사에 대해서도 할 수가 있다. 성적 충동이 인간을 지배하는 가장 큰 힘이라는 것을 孝石은 암시하고 있지만, 그런 암시만으로서 한 문학작품이 성립하는 것은 아니다. 문학이 의학적 검증이 아닌 이상, 작가는 성적 충동을 그 자체의 존재를 확인하는 것을 넘어서서 그것이 삶과 맺을 수 있는 관계와 의미를 살펴야 한다. 따라서 로렌스의 위대성은 다만 위선에 가득한 영국 사회에서 대담한 성묘사를 했다는 점에 있는 것이 아니라, 性을 다른 모든 가치보다도 귀중한 것으로 선택하고 거기에 가장 강렬하고 건전한 생명의 발현을 보았기 때문이다. 또 이와 반대로 졸라는 성적 충동이 초래하는 끔찍한 파괴력을 그려 보였다는 점에서 뜻을 지닌다. 그리하여 우리는 전자를 통해서 生의 神秘에 참여하고 후자를 통해서는 生의 나락과 맞부딪친다. 그러나 孝石의 性은 이러한 뜻있는 체험을 나누어 갖게 하는 것이 아니다. 흔히 그를 로렌스와 비교하면서 유사성을 추출해 내지만 성의 충동에 피상적으로 끌려가는 孝石의 인물들과 그것을 유일한 구원의 길로 삼아 자기의 전적인 책임하에 주체적으로 수용하는 로렌스의 인물과는 별다른 공통성이 없다. 성적 행위의 도중에 혹은 그 끝에 이르러 人生의 기쁨을, 變身의 체험을 느끼는 인물을 孝石의 문학에서 찾아 내기는 불가능한 일이다. 다만 성적 본능에 끌려가는 것이 인간이며 이 점에서 인간은 동물과 다름없다는 것, 그리고 그것이 나쁜 짓이 아니라는 것을 孝石은 말해 주고 있을 뿐이다. 사실 많은 인물들이 동물의 교미에 자극되어 못견디게 異性의 육체를 그리워한다. 맹목적인 본능을 따른다는 점에서 돼지와 개와 당나귀와 인간은 같은 평면에 놓여 있다. 거기에는 양반도 쌍놈도, 노동자도 지식인도 없다. 모두가 거역할 수 없는 본능에 끌려가는 암컷과 수컷이 될 따름이다.

이러한 性觀은 孝石에게 있어서 어떠한 기능을 하고 있는 것일까? 善惡의 판단을 넘어서서 性의 引力에 압도당해 가는 인물들을 그림으로써, 孝石은 그가 자연을 대할 때처럼 사람의 권외에서 보려는 것이다. 다시 말하면 그의 性의 세계는 하나의 가치로서의 적극적 중요성을 띠고 있는 것이 아니라, 사회적 자아로 하여금 잠시 상황을 잊게 할 수 있는 市井의 나이트클럽과 같은 것이다. 그 안에 머무를 때만은 社會內存在로서의 자아가 어떻게 되건 별로 염두에 둘 필요가 없이 본능이 명령하는 대로 춤을 추거나 혹은 남의 춤을 바라보고 앉아 있을 수가 있다. 그러나 자연의 세계와 마찬가지로 이 성의 세계도 항상 무너지기가 쉽다. 짐승의 교미를 보고 분이의 육체를 생각하던 〈豚〉의 주인공은 아차하는 사이에 현실의 복수를 받고 만다. 이것이 바로 孝石 자신이다. 「그는 性에 끌리는 인간을 그림으로써 사회적 현실과의 거리를 유지하고 싶었지만, 사회는 그에게 그런 사치를 허락하지 않는다.」「신비없는 생활은 자살을 의미한다. 환상이 위대할수록 생활도 위대할 것이니 그것이 없으면서도 참참하게 살아가는 꼴이란 용감한 것이 아니요 추잡하고 측은한 것이다.」(V, 29면) 별 수가 없는 것이다. 일상생활은 환상도 순식간의 꿈도 허락지 않으면서 구질구질한 현실 속으로 孝石을 끌고 들어간다. 〈聖樹賦〉, 〈空想俱樂部〉, 〈附錄〉, 〈幕〉 등은 현실과 마주쳤을 때의 그의 패배의 기록이다.

그러나 그럴수록 도피의 욕구는 더욱 강해진다. 자연이나 性만이 아니라 孝石은 현실과의 대면을 가로막아 주는 모든 것을 반긴다. 孝石을 처음 읽는 사람은 한 인간 속에 그토록 동양적인 것과 서양적인 것이 혼돈상태로 뒤섞여 있는 까닭이 무엇일까 하고 의심을 품을지 모르지만, 그의 노력의 초점이 사회적 현실로부터의 도피, 반성적 自意識의 회피에 있었다는 것을 알면 이런 의심은 간단히 풀릴 수 있는 것이다. 그는 당장 아픔을 가라앉히기 위해서라면 아무 약이나 마구 사먹는 환자와 같다. 잠시라도 자아와의 쓰라린 대면을 면하게 해 주는 것이라면 무엇이든 좋은 것이다. 그 수단이 오직 自然과 性뿐이랴!

> 쓰지 않는 소설의 장면을 다각하여도 좋고 포그라니아치나 야라도 좋고 쌍모릿트라도 무관하며 무우동의 교외라도 좋을 것이다—마음의 꽃 휘날리는 곳에 혼자의 조그만 왕국이 있고 생활이 있으며 천국이 있다. 나는 그 속의 왕이다.
>
> (〈聖樹賦〉, 全集, 47, 48면)

이리하여 자기의 왕국을 쌓기 위해, 다시 말하면 달팽이처럼 껍질 속으로 고개를 처박기 위해 그는 모순, 분열, 대결, 긴장과 같은 일체의 실존적 고민을 의식하지 못하는 幼兒的 단계에 머무르면서 假存의 遊戱道具 중에서 두 가지만 더 지적해 두자.

첫째로 우리가 들 수 있는 것은 서양이 베풀어 주는 도피의 수단이다. 그것은 무엇보다도 한국이라는 고향이 답답하고 초라하기 때문이다. 화사롭지 않은 것, 달콤하게 감성을 자극하지 않는 것을 그는 인식의 대상에서 모두 제외하고 싶어한다. 그가 토속적인 것을 그릴 때라도 그것은 나무, 꽃, 달 그리고 아름다운 여인이 前景에 나오는 목가적인 것이며, 땀을 흘리는 농부의 모습이나 빈한한 가정의 드라마를 자기의 것으로 부둥켜 안고 신음하는 태도는 전혀 있을 수 없다. 한데 서양은 이러한 孝石의 기도에 호적한 재료들을 제공한다. 1930년대의 갑갑한 한국 사회에서 따분한 실생활을 영위하니까 학창시절에 느낀 서양의 매력은 그만큼 더욱 절실해 간 것이리라. 그렇다면 孝石을 유혹한 서양이란 도대체 어떤 서양일까? 「옛 사람들의 희생의 행복보다도 현대적인 문화의 혜택 속에 사는 행복한 후손인」인 〈日曜日〉의 「준보」는 호텔의 식탁에서 일요일의 행복의 마지막 봉우리에 다다르면서 이렇게 말한다.

> 빵과 포도주로 예수의 살과 피를 상징할 줄만을 알았지 옛 사람들은 버터로 지방과 비계를 상징할 줄을 몰랐나부지. 활동의 연료요 원동력인 비계를 난 버터를 먹을 때같이 행복을 느끼는 때는 없네, 구라파 문명의 진짜 맛이 여기에 있단 말야.
>
> (Ⅱ, 258면)

이 句節을 보면, 孝石은 서양문명의 진가가 그 지방질적 성격에 있다고 생각하는 듯이 여겨진다. 다시 말하면 식물적인 것이 아니라 동물적인 것, 靜的인 것이 아니라 動的인 것, 메마른 것이 아니라 풍요한 것이 孝石을 유혹하는 것 같다. 확실히 버터의 상징은 서양문명의 가장 중요한 일면을 말해 주고 있다. 우리는 미켈란젤로의 조각을, 발자크의 엄청난 창조력을, 혹은 쎙 떼그쥬뻬리의 용기를 연상하고 그들의 조직에 배어든 버터의 에너지를 느끼게 된다. 그러나 이러한 다부진 群像들에게서 孝石이 무엇 하나 배웠다는 흔적은 없고 그의 문학적 표현 전체는 버터의 에너지와는 바로 정반대되는 호리호리하고 연약하고 感傷化된 모습을 띠고 있는 것이다. 또 〈日曜日〉의 주인공이 불쑥 내뱉은 句節에도 불구하고, 孝石이 그런 적극적 창조적 활동을 부러워하고 그것을 이루지 못하는 자신을 한탄하고 있는 장면조차 찾아보기 어렵다. 따라서 이 인용구는 孝石의 서양을 구명하는 열쇠가 괴지 못하고 우리는 다른 곳으로 눈을 돌릴 수밖에 없다.

그때 우리의 눈에 띄는 것은 〈美의 辯〉이라는 짤막한 수필이다. 이 짤막한 글은 孝石의 美學的 宣言이라고 부를 수 있는 것이며, 그가 만들어 낸 작품의 美的 효과가 어떻든 간에 孝石의 主眼이 어디 있었는가를 잘 알려 주고 있다. 그 글은 이렇게 요약된다. ① 사철의 美의 근원은 꽃과 수목에 있다. 그것이 베풀어 주는 아름다움을 바라볼 때 詩心이 생기고 그럼으로써 생활 내용을 풍부하게 할 수 있다. ②美는 절대적 권력을 가지고 있다. 지상의 모든 것이 美 앞에서는 무장 해제를 당하고 만다. 「美를 말할 때 반드시 經濟를 설명하고 歷史를 캐야 한다면 稚劣의 비웃음을 면하지 못할 것이다.」 ③美는 가지각색이다. 구름도 장미도 저마다 다른 美를 가지고 있다. 개중에는 비극적인 것도 있고 퇴폐적인 것도 있는데 슬퍼하거나 눈살을 찌푸리기 전에 아름다움에 감동할 줄 알아야 한다. 따지는 것은 금물이다. ④우리나라에는 자연, 생활, 환경, 모든 면에서 美가 유난히 결핍되어 있다. 생활이 너무나 삭막하고 散文的이다. 아름다운 소설이나 음악을 위시하여 「그 모든 아름다운 것은 외래의 것이요, 이곳의 것은 아닌 것이다.」 우리도 바탕이 빈곤하긴 하지만 될 수 있는 대로 美의 창조에 힘써야 한다.

여기에서 孝石이 지적하고 있는 네 가지 요점의 상호 관계가 어떻게 되며, 감각적 所與로서의 美와 창조적 표현으로서의 美를 그냥 美라는 한 마디 말로서 묶어 버리는 것이 정당한 것이냐는 따위의 문제는 우선 접어두기로 하자. 다만 종류 여하를 막론하고 아름다운 것(혹은 아름답다고 느껴지는 것)은 무조건 좋은 것이며, 또 그것은 모두 서양에서 유래한다는 孝石의 강조점만을 주목해 두면 된다. 따라서 孝石의 서양은 知性을 포기한 美의 元祖로서의 의미를 띠며 기독교, 합리주의정신 또는 개인주의와 같은 개념과는 아무런 상관이 없는 것이다. 그러기에 그가 보기에 지이드의 〈田園交響樂〉은 그냥 아름답기만 하다. 우선 문장이 치밀하고 별보다도 아름다운 지이드의 구절구절이 「유쾌한 신경의흥분과 마음의 도취」를 갖다 준다. 그래서 孝石은 사뭇 감격하여 「아깝다! 아깝다! 문학이여, 인류와 함께 길이길이 영화롭고 다행하라」고 외치고, 이 작품을 總評하여 「음악 아닌 음문의 아름다운 교향학이었다」라고 말한다(〈田園交響樂의 밤〉,

全集 V. 133~136면).

또 베를레느의 〈가을의 노래〉를 서투른 한국어의 音으로 옮겨 놓고는 「아름다운 음악이 마디마디 살을 찌른다」고 한다(V. 181면). 그러니까 이 反知性 딜레탄트는 당연히 몽테뉴나 알랭을 싫어하여 그들의 「냉정을 귀한 것으로 생각하는 것은 좋으나 반면에 있어서의 인간미의 결여를 잊어서는 안도니다」고 고발한다(V. 91면).

그들은 「소여의 인생을 담담한 심사로 맛보지 않고 쓸데없이 관조하려고 하는 데서 오는 슬픔」(V. 54면)만을 느끼는 것이다.

이렇게 해서 孝石은 서양을 통해 제 나름으로 발견한 美의 관념을 계기로 知性의 고행을 송두리째 내던지고 마치 美의 사도와 같이 행세한다. 「文學의 知性이 아니라 文學의 審美性이야말로 환멸에서 人間을 구해 주는 것이다」라는 어마어마한 모토를 내세우고 비단 문학만이 아니라 생활에서조차 美를 찾아 우왕좌왕한다. 다방을 골라 다니고 음악을 골라 듣고 주로 레몬 스쿼시를 마신다(V. 101, 102면). 그럴수록 俗輩가 싫다. 아니 한국이 주는 모든 인상이 구질구질하기만 하다. 「천여년 동안 흙벽 속에 갇혀 있노라구 아름다운 것을 생각할 여지나 있겠습니까」(〈花粉〉, Ⅲ, 148면). 그러니까 「내 고향 속에 살면서도 또 다른 곳에 고향이 있으려니만 생각되어,」 流浪의 外人曲藝師들 틈에 파묻혀서 이국정서 속세 흠뻑 잠겨 들려고 한다(〈旅愁〉, Ⅱ. 172, 173면). 그보다도 〈花粉〉 전체가 한국의 현실과는 전혀 상관없는 狀況外의 소설이다. 여기에는 孝石이 아름답다고 느끼는 모든 낯설은 단어들이 즐비해 있다. 비이너스, 아도니스, 스틱뽀이, 아담과 이브, 비행기, 쇼팡의 환상곡, 아다지오, 콕토, 라벨, 포도주, 큐라소…… 그리고 이 호사스런 배경하에 同性愛가 있고 여자와 남자 사이의 갖가지 性的 奇態가 있고 또 천재와 음악에 대한 예찬이 있다. 특히 음악은 「조물주가 보낸 가장 아름다운 말」이며, 피아노를 아무렇게 두드리는 것은 음악에 대한 모욕이 된다. 그러나 음악의 아름다움이란 과연 무엇이며 음악을 통해서 우리의 영혼은 어떻게 재생되는지 孝石은 아무 말도 하지 않는다. 하기야 그에게는 감흥적 자극에 의해서 현실로부터의 意識의 유리만 얻어지면 되는 것이니까 이런 깊은 영혼과 관계되는 질문은 던져 봐야 쓸데가 없는 것이다.

美的 창조의 괴로움도 美의 신비에 대한 성찰도 없는 이 찬미자는 술에 취하듯 美에 취함으로써 현실적 세계와의 거리를 유지하고 싶어하는 것인데, 이 遠心運動을 위한 또 하나의 수단으로서 우리는 「現實의 意味轉換」을 들 수가 있다. 이것은 지금까지 예시한 自然, 性, 西洋, 美를 통한 도피와는 다르다. 그것은 모두 직접적 현실로부터 이탈하여 그와 관계없는 영역으로 의식을 이전시키는 것이었는 데 반하여, 이번에는 주체가 사회내에서 체험하는 현실을 의식하면서도, 거기에 비현실적인 의미를 부여하는 操作이 이루어진다.

흔히 말하듯이 대상을 똑바로 보지 않는 것이다. 만일 똑바로 보면 거기에서 문제가 튀어나올 것이며, 그 문제와의 대결은 결과로서 공포와 굴절감을 가져 오기가 쉽기 때문이다. 한데 孝石은 문제와 대결하려는 자세는 아예 가져보지 않았을뿐더러 그것이 가져올지 모르는 모든 쓰라림이 싫다. 그러니까 狀況外로의 이탈을 찾지만, 현실세계의 어떤 대상이 직선적인 이탈을 불가능케 할 정도로 의식을 중압할 때는 그 대상과의 충돌에서 빚어내지는 제일차적 의미는 배제하고 다른 각도—즉 존재의 위기를 생각하지 않아도 좋을 만한 각도에서 해석을 내리는 것이다. 한두 가지의 실례를 들어 보자.

우선 술에 취해서 娼家를 찾는 〈天使와 散文詩〉의 이야기가 있다. 「나」는 물론 그것이 娼家인지 알고 또 「내」 앞에 나타나는 여자가 창녀인지도 안다. 별로 아름답지도 않은 방이 「하늘에 속하는 것」처럼 보이며, 그녀는 「물론 지옥의 악마가 아니요, 천사인 것이다.」 더구나 「마음의 천사」이다(孝石은 독자를 설득시키기 위함인지 혹은 자신을 설득시키기 위함인지 「마음의 천사」라는 말을 여러번 되풀이한다). 「약혼자는 있었으나 한번도 정을 주어본 일이 없이 이런 세상에 빠져 들게 되었어요」라는 창녀의 신세타령도 그의 귀에는 동화 속의 이야기처럼 들릴 뿐이다. 또 그녀와 육체관계를 맺으려는 「나」의 욕정도 단순한 육욕은 아니다. 「사랑과 욕심은 서로 뗄 수 없는 것이니 사랑이 있으면 반드시 욕심이 생기고 욕심 솟는 곳에 자연 사랑도 붙는 것이다.」 따라서 「엄숙한 표정을 지니고 사랑과 욕심의 구별을 세우려고 골살을 찌푸림은 칼날로 바닷물을 가르려는 것과도 같아 거의 무의미한 헛수고인 듯하다.」 이렇게 天使化된 창녀와 욕정—사랑을 나누고 나니 「散文의 경험도 마음속에 적히우면 아름다운 되는 노래가 되는 모양이다.」

이 단편을 통해서 우리는 孝石이 현실 은폐를 위하여 얼마나 애쓰고 있는가를 알 수 있다. 창녀가 마음의 천사가 될 수 있다는 말을 몇 번씩이나 되풀이함으로써 그리고 욕정은 곧 사랑이라는 강변을 늘어놓음으로써 취중에 단순한 창녀와 성적 교섭을 했다는 자기의 초라한 眞貌와 대결하지 않아도 좋도록 자기 정당화를 해버리는 것이다. 그러기 때문에 이 단편에는 어떠한 아이러니도 분석도 또 감정의 교착도 엿보이지 않는다. 그렇다고 해서 몸은 버렸지만 마음만은 순결한 여자에 대한 同情과 同感이 깃들어 있는 것도 아니다. 장면은 오직 꿈의 입장에서 본 현실이며 애써 꿈꾸려는 「나」의 입장에서 묘사되어 있을 따름이다. 그는 성찰을 요구하는 현실의 한가운데에 처해 있으면서도 망상의 쾌감에 젖어 있기를 바라는 것이다.

이와 비슷한 은폐의 조작을 우리는 〈薔薇 病들다〉에서도 찾아볼 수가 있다. 현보와 남죽은 두 사나이가 싸우는 것을 본다. 한쪽은 강하고 한쪽은 약하다. 그러자 곧 자기 자신을 약자와 동일시한다.

> 강약이 부동으로 억센 장골 앞에서는 약질은 욕을 보고 그 자리에 폭싹 쓰러져 버리는 그 일장의 싸움 속에서 우연히 시대를 들여다본듯하여서 너무도 짙은 암시에 현보는 마음이 얼떨떨하였다. 흡사 약질같이 자기도 호되게 얻어 맞고 피를 흘리며 쓰러져 있는 듯도 한 실감이 전신을 저리게 흘렀다.
>
> (Ⅰ, 358면)

여기까지는 별로 탓할 것이 없다. 현실적 세계는 약육강식의 세계이며 나 자신도 약자에 속한다고 슬퍼하는 패배의 의식을, 한국의 지성인은 예나 지금이나 나누어 가질 수 있다. 그러나 문제는 그 다음부터 시작된다. 약자인 내게는 어떤 행동의 가능성이 남겠느냐는 괴로운 질문이 싹트는 것이다. 하지만 孝石은 앞서 말한 바와 같이 일체의 知的 반성의 권외에 서서 몸을 사린다. 도리어 「나는 弱者니까 할 수 없다」는 도덕적 알리바이를 세우는데 만족하지 않고 「약한 것=슬픈 것=아름다운 것」이라는 意味轉換作用을 통해서 자기를 정당화한다. 더구나 이것이 현대의 의식에서 온 것이니까 孝石은 근대인이며 대중과 다른 귀족으로 자처한다.

> 「영화의 한 토막과도 같이 아름답지 않아요? 슬프지 않아요?」
>
> 역시 그 장면에서 받은 감동을 말하는 남죽의 눈에는 눈물이 어리어 보였다. 아름답다는 것은 패한 현을 동정함일까? 아름다운 까닭에 슬프고 슬프리만큼 아름다운 것―눈물까지 흘리

게 한 것은 별수없이 그나 누구나가 처하여 있는 현대의 의식에서 온 것임을 생각하면서……

(Ⅰ, 356면)

여기에서 우리는 사회적, 윤리적 문제로서 제시되어야 할 현상이 美的 價値로 전환되고 만 두드러진 케이스를 보게 된다. 그 이외로도 우리는 수필 〈上下의 倫理〉에 있어서의 大他鬪爭의 거부, 〈人間散文〉에 있어서의 사회적 문화 콘텍스트의 무시, 사랑의 표현에 있어 여자에게 수동적으로 이끌려 가는 남자의 문제 (〈오리온과 林檎〉, 〈풀입〉, 〈聖餐〉, 〈가을과 山羊〉, 〈花粉〉의 세란 등)를 이러한 현실 은폐를 위한 의미전환의 각도에서 살필 수 있을 것이다.

Ⅴ. 僞裝된 順應主義

이상 본 바와 같이 孝石은 초기의 同伴者的인 경향에서 벗어난 이후로는 따분한 생활환경에서의 이탈을 위해서 그의 정력을 바쳐왔다. 그것은 본질적으로 反社會的 지향이었다. 「어떤 직업적 기관이나 단체 속에 객관과 직접으로 접촉할 때에 비로소 뼈를 가는 듯한 우울이라기보다 살인적 괴롬의 맛을 참으로 맛보게 되기」 때문이다(〈附錄〉, 全集 Ⅱ, 220면). 그래서 그는 자기가 이용할 수 있는 모든 수단과 구실을 이용해서 사회의 권외로 탈출하려고 했다.

여기에서 우리는 특히 19세기 이후의 유럽 문학의 한 중요한 표현이 된 사회와 개인의 敵對關係의 테에마를 볼 수가 있다. 플로베르가 말하는 「인간의 어리석음」이 지배하는 사회에서 지식인의 특권이며 정신적 귀족성이 그 지반을 확보하기는 어려운 노릇이었다. 그러기에 문학자는 실사회에서 벗어나고 그것을 거부함으로써 예술의 길을 걸어가려고 했다. 우리는 이러한 사회와 개인의 적대 관계의 소산으로서 플로베르와 보들레르와 네르발을 가지고 있다.

그러나 다같이 사회의 彼岸에 서려고 했던 이 아웃사이더들과 李石을 갈라놓고 있는 거리는 매우 크다. 反사회적 태도를 취함으로써 얻은 것, 얻고자 한 것이 무엇이었던가 하는 질문을 던져 보면, 그것을 쉽사리 알 수 있을 것이다. 우리는 플로베르나 보들레르나 네르발에게 逃避主義라는 레테르를 붙이고, 그들의 본질을 규정했다고 장담할 수는 없다. 그들은 사회와 보조를 맞추지 않음으로써 적극적 가치를 탐구해 나갔기 때문이다. 또 대중이 접근할 수 없는 그런 가치를 탐구하려니까 자연히 대중사회와 등을 지지 않을 수 없었다고도 말할 수 있다. 플로베르는 자기의 낭만적 기질과의 끊임없는 투쟁을 하면서 완전한 형식을 지닌 객관적 예술 작품을 만들어 냈다. 보들레르와 네르발은 현실의 초현실적 의미를 탐구하기 위해서 詩를 썼다. 그들에게는 구심점이 있었고 이 구심점을 향하려는 집념이 있었다. 그러나 우리는 이러한 말을 李石에게 적용할 수는 없다. 그가 직접적 현실을 떠나면서 얻은 것이 무엇이냐고 물을 때, 우리의 입에서는 슬프게도 「無」라는 대답밖에는 나오지 않는 것이다. 왜냐하면 李石이 남겨 놓은 것은 탐구의 軌跡 아닌 서글픈 망각의 반점이며, 구심적 운동 아닌 원심적 확산이었기 때문이다. 현실의 중압에서 벗어나기 위해 이용한 숱한 수단들—土俗, 自然, 性, 空想, 美, 隱蔽 또는 西洋的 風物—에 대해서 李石이 어떤 새로운 조명을 던져 그 자체의 독특한 의미를 찾아보거나 혹은 그 諸手段間의 상호관계를 구명하려는 노력을 바친 일은 없었던 것이다.

그는 다만 자아를 잊고 세상을 잊으려고 떠돌아다녔다. 그럼으로써 마치 현실에서 해방된 듯한 착각에 빠지고 이 착각 속에서 자기 기만을 시도했다. 그러나 이와 같은 도피의 행각마저 제스처가 아니었을까 하는 의심이 간다. 그것은 孝石이 다만 순간적으로만 사회의 실생활에서 이탈했을 뿐, 사회는 그를 억지로 잡아매고 다시 그 규범을 따르도록 강요했기 때문만이 아니다. 그보다도 孝石은 스스로 사회규범을 지키고 그 속에 안주하려는 태세를 보이고 있기 때문이다. 다시 말하면 孝石의 비극은 도피를 통해서 새로운 현실을 찾아내지 못했다는 점에, 혹은 도피가 불가능할만큼 큰 사회의 압력을 겪었다는 점에만 있는 것이 아니다. 그보다도 더 큰 비극은 필요에 따라 도피도 시도하고 또 자진해서 인습의 세계를 수용하기도 한다는 이중성을 아무 문제 제기도 없이 지녀 나갔다는 점에 있는 것이다.

〈花粉〉은 그러한 이중성을 가장 잘 나타내 보여 준다. 얼핏 보기에 그것은 기성의 한국 사회에 대한 도전처럼 여겨진다. 性의 해방이 있고 대중에 대한 멸시가 있고 음악의 예찬이 있고 서양의 동경이 있다. 이것은 孝石이 그의 단편을 통해서 강조해 오던 모든 것들이다. 그러나 孝石은 이러한 모험의 결과가 일가의 파멸이라는 것을 끝에 가서 보여 준다. 공연히 행복을 찾다가는 불행이 오는 것이니까 행복을 찾지 말고 이럭저럭 사는 가운데에 행복이 있으니 독자여 명심하라는 가장 나쁜 교훈을 남기면서 이 소설은 끝난다.

이와 같은 順應主義에의 귀착은 비단 〈花粉〉에서만 볼 수 있는 것이 아니라 그의 작품 도처에 산재해 있다. 〈聖畵〉에서 孝石은 인간을 움직이는 근본적인 힘이 애욕이라는 것을 보여 주는 한편 一夫一妻主義는 애욕보다 강하고 불가침이라는 것을 알려준다. 그래서 「나」는 이 제도를 당연한 것으로 받아들이고 자살을 기도한다. 또

〈粉女〉에서 性에 눈을 뜬 여주인공도 결국은 「허락만한다면 그와 나 마음을 잡고 평생을 같이 하여 볼까 하고 생각하여 보았다」(Ⅰ, 147면). 〈空想俱樂部〉의 失業者들은 차례차례로 직업을 얻자 「비로소 마음을 가라앉히고」 〈幕〉에 나오는 세운의 처신은 「온전히 선친의 이름을 그르치고 욕되게 함에 지나지 않는 셈이었다. 자기 한 몸의 번민뿐만이 아니라, 선친의 사적까지 들어서 생각할 때 세운의 괴로움은 뼈를 가는 지경이었다.(Ⅱ. 246면)

여기에 예시된 경우를 보면 孝石은 관례적인 도덕관과 사회 질서를 중시했던 사람이라는 것을 알 수가 있다. 그는 아담한 집에서 부모를 모시고 아내를 사랑하면서 안정된 직업을 가지기를 바랐으리라. 그러나 이러한 소시민적 생활은 가끔은 불편하다. 가정생활도 직장생활도 그렇게 유쾌한 면만을 가지고 있는 것이 아니다. 바로 이때 孝石의 도피의 문학이 태어난다. 시골의 목가적 풍경을 보고 위안을 느끼고 洋風이 물씬한 호텔을 찾아가고 음악의 삼매경에서 현실을 잊어 본다. 이것은 그의 인생의 장식품들이다. 거기에 어떠한 매력이 있어도 전생활을 그 속에 참여시킬 수는 없다. 孝石의 인물들 중에서 자연을 위해서나 性을 위해서나 생명을 내걸고 새로운 모험으로 떠나는 인물을 찾아 보기 어려운 것은, 한국 사회가 그런 것을 허락하지 않는다는 객관적 여건 때문만이 아니다. 그것은 孝石이 매우 보수적이며 관례적인 생활관을 가지고 있고, 구질구질하지만 안정된 생활의 가치를 섬기고 있기 때문이다. 따라서 그 모든 도피의 시도처럼 보이던 것은 사실은 인사이더로서 사회에 뿌리를 박고 있으면서 연출한 아웃사이더의 제스처에 불과하다. 그는 가면을 쓴 순응주의자였던 것이다.

이 점에서 孝石이 韓國文學史에서 차지하는 지위는 극히 미미하다고 밖에는 할 수가 없다. 그는 1930년대의 한국의 현실을 파헤치지도 못하고 자아의 분열을 날카롭게 의식하지도 못했다. 다만 한 가지의 공적이 있다면 그것은 스타일에 대한 관심이다. 그는 「대단치 않은 文章의 語句와 句節」을 주장하고 있다(〈人文評論〉 1939. 12). 그러나 〈모밀꽃 필 무렵〉을 제외하고는 언어와 토운에 대한 배려가 작품 전체를 관통하고 있는 작품을 찾아 보기는 어렵다. 한두 줄 매력있고 응결된 표현이 冒頭에 나오다가는 금시 무너져 버리고 만다(〈豚〉, 〈受難〉, 〈10월에 피는 능금꽃〉 등). 더구나 「主觀의 적절한 調節」은 孝石에게서는 전혀 異質的인 것이다. 우리는 도청서 무절제한 언어들이 孝石의 처량하리만큼 感傷的인 모습을 논평하고 있는 것을 보게 된다. 자아의 내적 경험에 있어서도, 또 창작된 인물을 통해서도 주체적 생성과 이에 수반되는 괴로움을 모르고 기존 질서 속에서의 안주를 바라면서 도피의 유희를 해 온 孝石, 그럼으로써 대중을 넘어서는 정신적 귀족으로서 자처한 孝石의 존재 양식은 자기 기만의 典型을 이루어 놓았다. 그의 경우에는 문학은 현실의 탐구를 위해서가 아니라 현실의 은폐를 위해서 있었다. 더구나 그와 같은 시대에 현실적 상황을 자진해서 수용하고 응시하려던 廉想涉이 있었고 自我分裂의 비극을 自我破産의 경지까지 몰고 간 李箱이 있었다는 것을 생각할 때 孝石의 유희는 더욱 더 간지럽게만 느껴지는 것이다.

2. 연표와 참고논저

1) 연표(전집을 기준으로 필자가 중요한 것을 정리한 것임)

1907 2월 23일 강원도 평창군 진부면 하진부리 196번지에서 부친 이시후(李始厚)의 1남 3녀 중 장남으로 출생

1910(4세) 서울에서 교편을 잡고 있던 부친(부친은 한성사범학교를 나옴)을 따라 서울로 이주

1912(6세) 가족을 따라 다시 평창으로 내려와 서당을 다니기 시작하여 한문 공부를 함

1914(8세) 평창공립 보통학교입학

1920(14세) 평창공립보통학교 졸업, 경성제일고등보통학교(5년제로 경기고의 전신) 입학

1925(19세) 경성제일고등보통학교 졸업, 경성 제국대학 법문학부 예과 입학

1926(20세) 대학예과 시절 학생회지 〈淸凉〉을 비롯한 잡지와 신문에 시와 콩트를 발표

1927(21세) 대학 예과 수료 후 법문학부 영문과에 진입

1928(22세) 단편 〈도시와 유령〉을 발표하여 문단의 주목을 받음

1929(23세) 단편 〈기우〉, 〈행진곡〉 및 시나리오 〈화륜〉 등을 발표

1930(24세) 경성제국대학 영문과 졸업.
단편 〈노령근해〉, 〈깨드려진 홍등〉, 〈약령기〉 등 발표

1931(25세) 이경원과 결혼.
고보시절 대학 시절 은사의 알선으로 총독부 경무부 검열계에 취직했으나 이내 그만둠. 〈프렐류드〉 발표, 처녀 단편집 《노령근해》 출간

1832(26세) 부인의 고향인 함북 경성으로 내려가 경성 농업학교

영어교사로 취임, 장녀 나미 출생. 〈오리온과 임금〉 발표

1933(27세) 김기림, 정지용, 이태준 등과 구인회 활동을 시작하였으나, 뚜렷한 활동은 없음

〈돈〉, 〈가을의 서정〉 발표.

1934(28세) 평양 창전리 48번지 소재의 "푸른집"으로 이사, 〈마음의 의장〉 등 발표.

1935(29세) 차녀 유미 출생, 〈계절〉, 〈성화〉 등 발표

1936(30세) 숭실전문학교 교수 취임, 〈인간 산문〉, 〈산〉, 〈들〉, 〈메밀꽃 필 무렵〉, 〈분녀〉, 〈고사리〉 등 발표.

1937(31세) 장남 우현 출생, 〈삽화〉, 〈개살구〉, 〈거리의 목가〉 등 발표

1938(32세) 숭실전문학교 폐교로 교수직 사임, 〈장미 병 들다〉, 〈부록〉, 〈가을과 산양〉, 〈해바라기〉 등 발표.

1939(33세) 차남 영주 출생, 숭실전문학교의 후신인 대동 전문학교 교수 취임, 〈산정〉, 〈향수〉, 〈일표의 공능〉 등을 발표, 장편 〈분녀〉 및 단편집 〈해바라기〉, 〈성화〉 등 간행.

1940(34세) 부인 이경원과 사별, 차남 영주 사망. 만주, 중국 등지로 여행 이후 평양의 기림리로 이사, 일본어로 〈은은한 빛〉, 〈봄 의상〉, 〈소복과 청자〉 등 발표, 장편 〈창공〉 연재(단행본 간생시 〈벽공무한〉으로 개제)

1941(35세) 단편 〈라오콘의 후예〉, 〈엉겅퀴의 장〉 들 발표, 〈이효석 단편선〉과 〈벽공무한〉 발간.

1942(36세) 결핵성 뇌막염으로 5월 25일 별세. 평창군 진부면 하진부리 논골에 매장. 사망 직전에 〈일요일〉, 〈풀빛〉 등을 발표.

1943 박문서관에서 창작집 〈황제〉 출간.

1960 춘조사에서 〈효석전집〉 전 5권 출판. (그리고 삼화사에서 1978년 8월에 전 5권으로, 1981년 대호출판사에서 전 5권으로 전집에 간행됨)

1972 묘를 고속도로 공사로 장평면으로 이장하였다가 1998년 다시 파주 경모 공원으로 이장하여 그곳에 잠들어 있다.

1983 창미사에서 〈전집〉 전 8권 간행

2) 참고논저

(1) 기본 자료

이효석, 이효석 전집, 창미사, 1983.

이효석, 전집, 춘조사, 1965.

이주형, 권영민, 정호웅 편, 한국근대단편소설대계, 태학사, 1988.

1930년대 비평자료집(1-20), 한일문화사, 1987.

(2) 주요 연구 목록

① 당대 평론

강영수, 『露領近海』를 읽고서, 『동광』, 1932.

계용묵, 단편형식의 체득-李氏의 〈일표의 공능〉과 최씨의 〈초상〉, 조선일보. 1939.10.12.

김남천, 산문문학의 일년간, 『인문평론』 3호, 1939, 12.

김남천, 이효석의 『화분』의 성모랄, 동아일보, 1939. 11.30.

김남천, 秋收記의 作壇, 『문장』, 1940.11.

김남천, 효석과 나, 『춘추』, 1942.6.

김동리, 산문과 반산문-이효석론, 『민성』, 1948.8.

김문집, 신춘창작대관-〈장미들 병들다〉와 당선작, 동아일보, 1938. 1. 22.

김종한, 바다 효석 하숙, 『춘추』, 1942.7.
김환태, 이월창작개관-이 달의 수확은 무엇인가, 조선중앙일보, 1936.2.22.
김환태, 문예월평, 이 달의 창작의 수확은?, 조선중앙일보, 1936.4.23.
박영희, '캅푸' 작가와 그 수반자의 문학적 활동, 중외일보, 1930.9.21.
박영희, 최근문예이론의 신전개와 그 경향-사회사적 及 문학사적 고찰, 동아일보, 1934.1.2-11.
박영희, 초창기의 문단 측면사, 『현대문학』, 1959.8-1960.5.
백 철, 문예월평-개성적 감상의 중요성, 조선일보, 1936.2.14.
백 철, 신춘지창작개평, 『조광』, 1937.2
백 철, 작가 이효석론 -최근 경향과 성의 문학, 동아일보, 1938.2.25-27.
백 철, 시월창작평-금일의 문학적 수준, 조선일보, 1938.9.28.
염상섭, 4월의 창작단, 조선일보, 1930.4.13.
유진오, 마지막 날의 효석, 『대동아』, 1942.7.
유진오, 모랄·성·영혼- 이효석씨의 『성화』, 동아일보, 1935.5.19.
유진오, 이효석과 나-학생 시대 신진작가 시대의 일들, 『조광』, 1942.7.
유진오, 작가 이효석론(일어), 『국민문학』, 1942.7.
윤규섭, 10월 창작평, 『인문평론』, 1939.11.
윤기정, 문예월평, 『대조』, 1930.6.
이갑기, 문단촌평, 『비판』, 1932.1.
이갑기, 이효석의 우판을 주함, 『비판』, 1932.3.
이원조, 이효석론-〈해바라기〉저자에 부치는 서한, 조선일보, 1939.

10.23.
이재현, 이효석선생 간병기, 『조광』, 1942.9.
이재현, 벌거숭이 인간의 창조, 『현대문학』, 1979.12.
임　화, 九月 창작평, 『인문평론』, 1939.10.
정인택, 작중인물의 중요성-효석, 혁주의 작품 등, 매일신보, 1940. 7.5.
채만식, 이효석씨 저 〈해바라기〉, 동아일보, 1939.2.21.
崔尙巖, 문단인물론, 『신세기』, 1939.9.
최정희, '쇼팡'치던 인상, 『삼천리』, 1942.7.
함일돈, 4월 창작평, 『대중공론』, 1930.6.

② 1950년대 이후 논저

구인환, 근대 작가의 삶과 문학, 서울대 출판부, 1994.
권영민, 한국문학사년표(1), 서울대 출판부, 1987.
권정호, 이효석 소설 연구, 성균관대 박사학위논문, 1989.
김교선, 조화미의 정점-이효석의 작품 세계, 현대문학, 1975.3.
김상태, 문체의 이론과 실제, 새문사, 1982.
김병걸, 이효석론-개인적인 내적 향락을 모색, 춘조사, 1976.
김영기, 이효석연구, 현대문학, 1972. 11.
김용구, 이효석의 순수소설 연구, 관악어문연구10, 1985.
김용직, 〈진달래꽃〉과 〈豚〉, 문학사상, 1978.8.
김우종, 화려한 '순수'에의 미몽, 문학사상, 1974.2.
김윤식, 모더니즘의 정신사적 기반- 이효석의 문학사적 위치, 문학과 지성, 1977. 겨울.
김윤식, 한국근대문학사상연구, 한길사, 1984.
김정자, 한국근대소설의 문체론적 연구, 삼지사, 1985.

김종철, 교외거주인의 행복한 의식-이효석의 작품 세계, 1974.2.
김해옥, 이효석 단편소설의 서정적 특질 연구, 연세대석사학위 논문, 1984.
김해옥, 이효석 소설연구- 서정소설의 특성을 중심으로, 연세대 박사학위 논문, 1993.
김 현, 이효석과 『화분』, 사상계, 1966.3.
나병철, 이효석의 서정소설 연구, 연세어문학 20, 1987.
명계웅, 이효석 연구, 현대문학, 1970.11.
박철희, 엑조티시즘의 수사학, 문학사상, 1974. 2.
서준섭, 한국 모더니즘 문학 연구, 일지사, 1971.
소두영, 이효석 문체 연구, 숙대논문집 17. 1972.
송하섭, 한국 현대소설의 서정성 연구, 단국대 출판부, 1989.
신동욱, 삶의 투시로서의 문학, 문학과 지성사, 1988.
우한용, 〈메밀꽃필무렵〉의 기호론적 해석, "한국근대장편소설연구", 모음사, 1992.
유순영, 이효석소설의 인물 유형 연구, 한양대 박사학위논문, 1992.
윤병로, 이효석의 생애와 작품, 여원, 1960.9.
이상섭, 이효석 문학 전부를 다시 읽는다. 세계의문학, 1984. 봄.
이상신, 이효석 문체의 기호론적 연구, 이화여대 박사학위 논문, 1991.
이상옥, 이효석과 심미주의, 문학과 지성사, 1977. 봄.
이상옥, 이효석- 문학과 삶, 민음사, 1992.
이익성, 한국현대서정소설론, 태학사, 1995.
이익성, 한국현대소설비평론, 태학사, 2002.
이재선, 한국현대소설사, 홍성사, 1979.
이태동, 이효석과 로렌스, 현대문학, 1983.6.

임헌영, 시적 구도의 산문-이효석, 『한국단편소설대계』 동화출판사, 1976.
정명환, 위장된 순응주의, 창작과 비평, 1968. 겨울, 1969. 봄.
정창범, 투신의 의미-이효석론, 『문예춘추』, 1964.11.
정한모, 문체로서 본 동인과 효석, 문학예술, 1951.5.
정한모, 이효석과 안톤 체홉의 거리, "이숭녕박사고희논총", 1977.
정한모, 효석과 엑조티시즘, 국어국문학, 15. 1957.
정한모, 효석문학에 나타난 외국문학의 영향, 국어국문학 20. 1959.
조남현, 한국 지식인소설연구, 일지사, 1983.
조남현, 동반자작가의 성격과 위상에 관한 연구, 인문논총26 (서울대 인문대), 1992.6.
조남현, "傾向"과 "新傾向"의 거리, 인문논총24 (서울대 인문대), 1990. 12
주종연, 이효석연구, 서울대 석사학위논문, 1965.
주종연, 이효석의 초기 작품론, 국민대 논문집, 1976.
주종연, 이효석 소설의 원천에 관한 연구, 이숭녕박사회갑기념논문집, 1976.
채 훈, 전기 이효석 작품고, 청파문학(숙대), 1984.
최진우, 1930년대 도시소설의 전개, 서강대 석사학위 논문, 1981.
홍기삼, 〈두파산〉과 〈분녀〉, 문학사상, 1978.8.
홍경표, 한국 근대소설 작가 의식연구, 형설출판사, 1984.
홍재범, 이효석 소설 연구, 서울대 대학원 석사논문, 1995.

3. 이효석 저술 목록

- 작품은 〈 〉 부호를, 작품집은 『 』 부호를, 잡지와 신문의 명칭은 《 》부호를 사용하였으며 발표순서대로 작성하였다. 제목의 철자법은 발표 당시의 것을 원칙으로 하였다.

1) 소설 및 소설집(발표순)

제목	발표지, 출판사	발표일
〈旅人〉	《每日申報》	1925.2.1
〈荒野〉	《每日申報》	1925.8.2
〈누구의 罪〉	《每日申報》	1925.8.23
〈나는 말 못했다〉	《每日申報》	1925.9.13
〈달의 파란 웃음〉	《每日申報》	1926.1.1
〈공소〉	《每日申報》	1926.1.10
〈매진〉	《每日申報》	1926.1.24
〈必要〉	《每日申報》	1926.2.7
〈노인의 죽음〉	《每日申報》	1926.2.14
〈街路의 요술사〉	《每日申報》	1926.4.4
〈주리면-어떤 생활의 단편〉	《靑年》 66	1927.3
〈都市와 幽靈〉	《朝鮮之光》 79	1928.7
〈行進曲〉	《朝鮮文藝》 2	1929.6
〈奇遇〉	《朝鮮之光》 85	1926.6
〈露領近海〉	《朝鮮講壇》	1930.1
〈깨뜨려진 紅燈〉	《大衆公論》	1930.4
〈追憶〉	《新小說》 3	1930.5
〈麻雀哲學〉	《朝鮮日報》	1930.8.9-20

〈弱齡記〉	《三千里》 8	1930.9
〈北國私信〉	《新小說》 5	1930.9
〈하르빈〉	《三千里》 8	1930.9
〈오후의 諧調〉	《新興》 5	1931.7
〈北國通信〉	《三千里》 18	1931.9
『露領近海』	同志社(〈도시와유령〉, 〈기우〉, 〈행진곡〉, 〈추억〉, 〈북국점경〉, 〈노령근해〉, 〈상륙〉, 〈북국사신〉 수록)	1931.
〈프렐류드〉	《東光》 28-30	1931.12.-32.2
〈北國點景〉	《三千里》 24	1932.3
〈오리온과 林檎〉	《三千里》 24	1932.3
〈十月에 피는 林檎꽃〉	《三千里》 34	1933.1
〈朱利耶〉(미완성장편소설)	《新女性》	1933.4
〈豚〉	《朝鮮文學》 3	1933.10
〈수닭〉	《三千里》 46	1933.11
〈가을의 抒情〉	《三千里》 47(1941년 박문서관에서 나온 『이효석단편선』에는 〈독백〉이라는 제목으로 수록)	1933.12
〈마음의 意匠〉	《每日申報》	1934.1.3-8
〈日記〉	《三千里》 56	1934.11
〈受難〉	《中央》 14	1934.12
〈風土記〉	《開闢》 ("부득이한 사정으로 게재치 못함"이라는 社告만 나와 있음)	1934.12
〈豚〉(재수록)	《三千里》 60	1935.3
〈聖樹賦〉	《朝鮮文壇》 24	1935.7
〈季節〉	《中央》	1935.7
〈聖畫〉	《朝鮮日報》	1935.10.11-31
〈데상〉	《朝鮮日報》	1935.12.25

〈山〉	《三千里》 69	1936.1
〈粉女〉	《中央》	1936.1-2
〈들〉	《新東亞》 53	1936.3
〈天使와 散文詩〉	《四海公論》 12	1936.4
〈人間散文〉	《朝光》	1936.7
〈석류〉	《女性》 5	1936.8
〈고사리〉	《四海公論》 17	1936.9
〈모밀꽃 필 무렵〉	《朝光》 12	1936.10
〈落葉記〉	《白光》 1	1937.1
〈露領近海〉(재수록)	《四海公論》 22	1937.2
〈聖餐〉	《女性》 13	1937.4
〈마음에 남는 風景〉	《朝鮮文學》 續刊10	1937.5
〈挿話〉	《白光》 6	1937.6
〈개살구〉	《朝光》	1937.10
〈거리의 牧歌〉	《女性》 19-25	1937.10-38.4
〈薔薇 病들다〉	《三千里文學》 1	1938.1
〈겨울 이야기〉	《東亞日報》	1938.3
〈幕〉(전6회)	《東亞日報》	1938.5.5-14
〈空想俱樂部〉	《鑛業朝鮮》	1938.9
〈附錄〉	《四海公論》	1938.9
〈영라〉	《農民朝鮮》	1938.9
〈해바라기〉	《朝光》	1938.10
〈가을과 山羊〉	《野談》 36	1938.12
『花粉』	《朝光》에 연재 시작	1939.1
『해바라기』(단편집)	학예사(〈豚〉, 〈挿話〉, 〈受難〉, 〈薔薇 병들다〉, 〈山精〉, 〈幕〉, 〈附錄〉, 〈해바라기〉 등 8편 수록)	1939.2
〈山精〉	《文章》 1	1939.2

〈皇帝〉	《文章》 증간호 7	1939.7
〈鄕愁〉	《女性》 42	1939.9
〈一票의 功能〉	《人文評論》 1	1939.10
〈사냥〉	미상	
〈旅愁〉(전20회)	《東亞日報》	1939.11.29-12.28
『聖畵』(단편집)	三文社	1939.
『花粉』(장편소설집)	人文社	1939
〈靑色塔〉	《國民新報》	1940.1.14
〈창공〉(연재장편소설)	《每日申報》	1940.1.25-7.28
〈괴로운 길〉	《三千里》	1940.7
〈은은한 빛〉(일어로 발표)	《文藝》 (일본잡지)	1940.7
〈봄 衣裳〉, 〈素服과 靑磁〉	미상(일어로 발표)	
〈哈爾濱〉	《文章》 19	1940.10
〈라오콘의 後裔〉	《文章》 23	1941.2
〈山峽〉	《春秋》 4	1941.5
〈엉겅퀴의 章〉(일어 발표)	《國民文學》	1941.11
『碧空無限』	박문서관(매일신보에 연재하였던 〈창공〉의 제목을 바꿈)	1941
『李孝石短篇選』	박문서관	1941
〈일요일〉	《三千里》	1942.1
〈풀잎〉	《春秋》 12	1942.1
〈書翰〉	《朝光》 80	1942.6
〈皇帝〉(김종한이 일역)	《國民文學》 9	1942.8
〈萬甫〉	《춘추》 30	1943.7
『황제』(단편집)	박문서관(〈鄕愁〉, 〈一票의 功能〉, 〈皇帝〉, 〈歷史〉, 〈旅愁〉 등 6편 수록	1943

2) 비소설 산문(수필 및 평론)

제목	발표지	발표일
新年 三願-1930年度 문단에 대한 希望과 建議	《朝鮮文壇》 3	1930.1
씨나리오에 관한 重要한 述語	《東亞日報》	1930.2.24-5
『깨뜨려진 紅燈』의 평을 읽고	《中外日報》	1930.4.23-4
書店에 비친 都市의 一面相	《朝鮮日報》	1930.11.14
初雪	《解放》	1931.1
過去 一年間의 文藝	《東光》	1931.12
蝶蝶子를 叱咤함-《批判》 新年號 所載 『文壇一針』 일부에 나타난 李甲基君의 過敏을 摘告함	《批判》 10	1932.2
'소포크레스'로부터 '고리키'까지	《朝鮮日報》	1933.1.26-7
無風帶(〈文人의 二十時代 回想〉 중)	《三千里》	1933.3
北緯 42度	《每日申報》	1933.6.3
崔貞熙氏에게, 長德祚氏에게	《每日申報》	1933.6.3
'리-알'의 꿈-文學手帖(1)(2)	《每日申報》	1933.8.31-9.1
描寫 · 觀念-文學手帖(3)-(5)	《每日申報》	1933.9.2-5
斷想의 가을	《東亞日報》	1933.9.20
創作活動의 旺盛과 批評의 天才를 待望	《朝鮮日報》	1933.10.4
浪漫 · 리알 中間의 길	《朝鮮日報》	1934.1.13
두 處女像	《月刊每申》	1934.9
二等邊三角形의 境遇	《月刊每申》	1934.9
近讀短評	《中央》	1934.9
說話體와 生活의 發明	《朝鮮中央日報》	1935.7.12
여름 三題	《중앙》	1935.8
作品解剖圖(秋燈讀書)	《朝鮮日報》	1935.9.18

卽實主義의 길로-民族主義이냐 階級주의이냐	《三千里》	1935.10
地峽의 가을-展覽會/異國村/山食堂	《朝鮮日報》	1935.10.5-18
산양(인생스케취)	《東亞日報》	1936.1.11
내가 꾸미는 女人-純眞한 情美를 느끼게 하는 '쁘랑슈'級의 여인	《朝光》	1936.2
北國春信(상 · 중 · 하)	《東亞日報》	1936.3.19-21
발발이	《中央》	1936.4
六月에야 봄이 오는 北鏡城의 春情	《朝光》	1936.4
素材의 貧困	《朝鮮文學》	1936.5
바다로 열린 綠帶-그리운 綠鄕	《東亞日報》	1936.6.24
制作과 時節	《新東亞》 56	1936.6
東海의 麗人	《新東亞》 57	1936.7
모기장	《中央》	1936.7
뛰여들 수 없는 거울의 세계	《朝鮮日報》	1936.7.10
隨想錄	《朝鮮文學》	1936.8
그때 그 港口의 밤-C港의 一齣	《朝光》	1936.8
靑葡萄의 思想	《朝鮮日報》	1936.9.29
샹송 도토오느	《朝光》	1936.9
處女海邊의 結婚	《女性》	1936.9
가을의 探勝處	《朝光》	1936.10
사랑하는 까닭에-에게 보내는 글방	《女性》	1936.10
生活의 기록-바다로 간 동무에게	《朝光》	1936.10
勤實한 編輯內容-創刊 一週年 紀念 各界 名士의 祝辭	《朝光》	1936.11
嶺西의 記憶	《朝光》	1936.12
고요한 '동'의 밤	《朝光》	1936.12

田園交響曲의 밤	《女性》	1936.12
出世作의 로멘스-실없는 出發	《風林》	1936.12
나의 十年計劃	《朝光》	1937.1
四溫진상	《朝鮮日報》	1937.2.17-20
인생관	《朝光》	1937.3
南窓迎陽	《朝光》	1937.4
HOTEL 附近	《四海公論》	1937.4
花春意匠	《朝鮮日報》	1937.5.4-8
에돔의 葡萄송이	《女性》	1937.5
瑣事	《白光》	1937.5
技巧 問題	《東亞日報》	1937.6.5
詩를 찾는 마음	《朝鮮文學》	1937.6
나의 修業時代-작가의 올챙이 때 이야기	《東亞日報》	1937.7.25-9
避暑地通信	《東亞日報》	1937.7.30-8.8
늪의 神秘	《朝光》	1937.7
마치 貧民窟에 사는 心情	《朝光》	1937.9
構圖 속의 가을(上下)	《東亞日報》	1937.10.17-9
知性 擁護와 作家의 敎養 - 〈評論家 對 作家 一問一答〉 중 朴致祐와	《朝鮮文學》	1938.1.1
나의 十年 計劃	《朝光》	1938.1
우리집의 花盆-菊花盆	《朝光》	1938.1
作家 短篇 自敍傳	《三千里文學》	1938.1
미른의 아침	《三千里文學》	1938.1
健康한 生命力의 追求-卑俗하게 鑑賞함은 讀者의 허물	《朝鮮日報》	1938.3.6
現代的 短篇小說의 相貌-眞實의 探求와 詩의 眞實	《朝鮮日報》	1938.4.7-9

채롱-시골/小說/映畵/牛乳/饗宴	《朝鮮日報》	1938.4.28-5.5
늪의 神秘	《朝光》	1938.6
西歐精神과 東方情趣-內體文學의 傳統에 대하야(上下)	《朝鮮日報》	1938.7.31-8.2
短篇小說-文學講座	《朝光》	1938.8
文士가 말하는 名映畵	《三千里》	1938.8
스크린 女王에게 보내는 편지-Miss 다니엘 다류	《朝光》	1938.9
日記一節	《東亞日報》	1938.9.16
林學洙 新刊-八道風物詩集	《朝鮮日報》	1938.10.16
樂浪茶房記	《博文》	1938.12
낙엽을 태우면서	『朝鮮文學讀本』(조선일보사 발행)	1938.12
文運隆盛의 辨	《朝光》	1939.1
絢和된 配列	《朝光》	1939.1
水仙花	《朝光》	1939.1
鳥と花(일문)	《國民新報》	1939.4.3
晩習記	《每日申報》	1939.5.19
느티나무 아래-金東仁氏에게	《女性》	1939.5
柳京食譜	《女性》	1939.6
내 少年時代의 꿈-나는 무엇이 되려 했나	《朝光》	1939.8
마랴 막달라	《每日申報》	1939.8.3
上下의 倫理	《文章》	1939.9
외국문학 專攻의 辯-새로운 方法과 啓示를	《東亞日報》	1939.10.29
첫 稿料-作家生活의 回顧	《博文》 12	1939.10

古陶器	《朝鮮日報》	1939.11.7
哀傷	《朝鮮日報》	1939.11.9
R의 消息	《朝光》	1939.11
創作餘談-『花粉』을 쓰고	《人文評論》	1939.12
今年의 收穫	《朝光》	1939.12
朝鮮的 性格의 反省-年頭頌	《東亞日報》	1940.1.9
新年 年頭誓	《朝光》	1940.1
文學振幅 擁衛의 辯	《朝光》	1940.1
季節의 落書	《新世紀》	1940.1
駑馬의 十年	《文章》	1940.2
異性間의 友情	《女性》	1940.2
花草	《人文評論》	1940.8
花草	《朝光》	1940.9
朝鮮文學賞을 준다면	《朝光》	1940.9
誤植	《博文》	1940.9
서울 改造案	《朝光》	1940.10
『花粉』과 『蒼空』	《朝光》	1940.12
朱乙가는 길에	《三千里》	1940.12
新體制 下의 余의 文學活動 方針-國民의 마음 訓練 過程	《三千里》	1941.1
兪鎭午作 『봄』	《人文評論》	1941.1
寒食日	《新世紀》	1941.6
名作읽는 作家感懷-北京好日	《三千里》	1941.7
草香庵으로	《三千里》	1941.7
綠陰의 香氣(장미/사랑/小說)	《朝光》	1941.8
非常의 秋와 나의 讀書	《每日申報》	1941.9.7
사랑의 版圖	《春秋》	1941.11

逍遙	《三千里》	1941.12
生活과 創造	《每日申報》	1942.1.30
歲月-昨今人物往來	《朝光》	1942.1
文學과 國民性-한개의 文學的 覺書	《每日申報》	1942.3.3-6
冬の旅	《朝光》	1942.3
新しい國民文學の道-私はかう 考へている(일본어로 발표)	《國民文學》	1942.4
讀書	《春秋》	1942.5
五月の空(일본어로 발표)	《新世代》	1942.5
『豊年歌』보던 날 밤	《大東亞》	1942.5

3) 시, 시나리오, 희곡 및 번역 작품

시		
봄	《每日申報》	1925.1.18
겨울 市場	《清凉》 3	1926.3.16
겨울 식탁	《清凉》 3	//
겨울 숲	《清凉》 3	//
거머리 같은 마음	《清凉》 3	//
夜市	《學之光》	1926.5
오후	《學之光》	//
저녁때	《清凉》 4	1927.1.13
6월의 아침	《清凉》 4	//
마을 숲에서	《清凉》 4	//
집으로 돌아가자	《清凉》 4	//
하나의 미소	《清凉》 4	//
빨간 꽃	《清凉》 4	//

老人의 죽음	《淸凉》 4	//
님이여 어디로	《文友》 5	1927.11
살인	《文友》 5	//
시나리오		
火輪	《中外日報》	1929
出帆時代	《東亞日報》	1931.2.28-31.4.1
희곡		
歷史	《文章》	1939.12
번역작품		
密航者(케랄드와 코닛쉬 作)	《現代評論》	1927.9
紀元後의 비너스(필명 曉晳)	《新興》	1930.4

4) 설문 및 좌담회

1935年頭 問答錄	《中央》	1935.1
싼타크로스는 무엇을 가져오나	《女性》	1936.12
平壤文人座談會	《白光》	1937.1
現代作家創作苦心合談會	《四海公論》	1937.1
文人과 女性·文人과 夫婦	《女性》	1937.2
5개항의 問答	《朝光》	1937.2
5개항의 設問	《朝光》	1937.3
설문1,2,3	《朝光》	1938.6
漫問漫答	《朝光》	1939.1
漫問漫答	《朝光》	1939.2
先生께서는 新女性과 舊女性을 무엇으로 구별하시렵니까	《女性》	1939.3
내 地方의 特色을 말하는 座談會-平壤篇	《朝光》	1939.3

書冊推薦	《女性》	1939.4
餘白문답	《朝光》	1940.2
餘白문답	《朝光》	1940.4
餘白문답	《朝光》	1940.8
今後如何に 書くべきか	《國民文學》	1942.1

5) 전집

『孝石全集』	春潮社	1959
『孝石文學全集』	省音社	1971
『李孝石全集』	創美社	1983

색인

(저자의 집필 부분에 한정하여 색인을 작성하였기 때문에
부록에 나오는 글과 목록 부분에는 색인을 생략하기로 한다.)

이효석의 서정미학 - 삶과 문학, 그리고 단편 소설

저 자 : 이익성
발행처 : 충북대학교 출판부
발행인 : 김승택
주 소 : (361-763) 충북 청주시 흥덕구 내수동로 52(개신동)
전 화 : (043) 261-2952, 3014
팩 스 : (043) 274-1256
이메일 : presscbu@chungbuk.ac.kr
등 록 : 제1983-2001-7호
초판1쇄 : 2011.08.31.
편집 및 인쇄 : 삼성디자인기획 042)221-3111

* 이 저서는 2009년도 충북대학교 학술연구지원사업에 의하여 발행되었음
(This work was supported by the research grant of the Chungbuk National University in 2009).

ⓒ충북대학교 출판부 2011, printed in KOREA
ISBN 978-89-7295-185-8 93810

값 20,000원